늙는다는 착각

COUNTER

하버드 심리학 거장이 전하는 건강하고 지혜롭게 사는 법

늙는다는 착각

CLOCK

엘렌 랭어
지 음

변용란
옮 김

WISE

Ellen J. Langer

유노
북스

노먼 랭어에게
브로드웨이에 안부 전해 주기를

COUNTER

CLOCK

WISE

이 책은 기존 의학에 대한 반론으로 읽힐 가능성이 있다.

그러므로 이 점을 밝혀 두는 것이 중요하겠다.

만일 건강을 위협하는 치명적인 증상이 찾아온다면

나도 마땅히 의사를 찾겠지만,

다만 그때는 전승 비법으로는 달리 손쓸 방법이 없어서일 거라고.

3장_ 모든 것은 변한다

| 변화에 주목하기 |

4장_ 무엇이 우리를 병들게 만드는가

| 고정 관념 버리기 |

1장

20년 젊어진 사람들

시계 거꾸로 돌리기

우리에게 필요한 것은 믿으려는 의지가 아니라
찾아내고자 하는 소망이다.

_윌리엄 워즈워스

COUNTERCLOCKWISE

COUNTER

CLOCK

WISE

나이가 들면
생기는
자연스러운 일

　시간을 되돌릴 방법은 없다. 흘러가는 시간에 조금씩 잠식당하며 1살, 1살 나이 들다 보면 젊음의 활력은 어느새 추억이 된다. 그러다 고질병이 건강과 기력을 좀먹어 갈 때 우리가 할 수 있는 최선은 우아하게 운명을 받아들이는 일 정도다. 병이 찾아오면 현대 의학에 몸을 의탁한 채 끝까지 희망을 잃지 않으려 애쓰지만, 우리는 시간의 행진을 가로막을 수 없다. 아니, 그런데 정말 불가능한 일일까?

　1970년대 동료 주디스 로딘(Judith Rodin)과 나는 요양원 거주 노인들 대상으로 스스로 더 많이 결정하도록 장려하는 실험을 했다.[1] 방문객을 맞이할 장소라든지 요양원에서 보여 주는 영화를 볼 것인지의 여부, 본다면 언제 볼 것인지를 직접 결정하도록 하는 식이었다.

각자 돌볼 화분을 선택하고 그 화분을 방 안 어디에 둘지, 언제 얼마나 물을 줄지까지 직접 결정하게끔 했다. 우리의 의도는 요양원 노인들이 좀 더 의식을 집중해서 세상과 맞부딪침으로써 보다 충만하게 살도록 돕는 것이었다. 대조군 집단 노인들에게는 스스로 결정하라고 하지 않았다. 화분은 똑같이 지급되었지만 요양원 직원들이 돌볼 것이라 이야기했다.

1년 6개월이 지난 뒤, 우리는 실험 앞뒤로 실시한 다양한 검사 결과를 바탕으로 첫 번째 집단이 더 쾌활하고 활동적이며 민첩해졌음을 확인했다. 다들 나이가 아주 많고 상당히 허약한 노인들이었기 때문에 처음에는 단순히 그들이 훨씬 더 건강해졌다는 사실에 기뻐했다. 그러다 적극적으로 생활해 온 노인들의 사망률이 그렇지 못한 대조군의 절반도 안 될 만큼 낮다는 사실에 깜짝 놀라고 말았다.

대체 무슨 일이 벌어진 것일까? 나는 오랫동안 이 문제에 대해 고민했다. 고민 끝에 내린 답은 선택의 힘과 그 힘에서 파생된 개인의 통제력 증가가 비슷한 노인들에게서 서로 다른 결과를 낳았다는 것이었다. 이 답에 꼭 들어맞는 사례를 제시할 수 없었기에 우리는 후속 연구로 이 믿음을 입증할 작정이었다.

20년 더 젊게 살 수 없을까?

우리의 연구는 훗날 '뉴에이지'라고 불리는 운동의 초창기에 시작되었다. 종교적·철학적으로 인간의 마음을 들여다보려고 하는 뉴에

늙는다는 착각

이지 운동의 영향력이 아직 심리학에게까지 미치지 않아 미국 내 연구소들이 몸과 마음의 연결에 대해 연구하기 훨씬 이전이었다. 이 무렵 좀처럼 떨쳐 버릴 수 없는 질문이 하나 생겨났다.

'비물질적인 정신에서 물질적인 육체로 이어지는 연결 고리의 본질은 무엇일까?'

이런 연결성의 본보기는 우리 주변에 널려 있다. 쥐를 보면 맥박이 빨라지고 피부에 땀이 배어 나오면서 공포의 징후가 나타난다. 소중한 사람을 잃는 상상에는 혈압이 상승하고, 누군가 구토하는 모습을 보면 욕지기가 올라온다. 이처럼 몸과 마음의 연결성을 보여주는 증거가 널려 있음에도 그 의미를 제대로 이해하는 사람은 거의 없다. 단지 선택권을 주었을 뿐인데 이렇게 엄청난 결과로 이어졌다는 것은 우리에게도 신기하고도 놀라운 일이었다.

그 후 나는 선택하는 과정이 의식의 집중(mindfulness)을 초래하며, 다른 사람들과 마찬가지로 우리 또한 무심(無心, mindlessness)한 상태였기 때문에 실험 결과를 의외로 받아들였다는 점을 깨달았다. 몸과 마음을 이분법적으로 나누는 것은 개념에 불과할 뿐, 둘을 분리하지 않은 시각이 더 유용할 수도 있음을 깨달은 것이다. 정신과 육체를 본래대로 결합해서 다시 한 사람이 된다면 우리가 어디에 마음을 두든 몸도 따라갈 수밖에 없다. 마음이 진정 건강한 곳에 있다면 반드시 몸도 따라갈 것이므로, 마음을 변화시키면 몸도 건강해질 수 있다.

이어지는 의문은 한계에 관한 것이었다. 정신은 어느 정도까지 육체에 영향을 미칠까? 갓 구운 도넛을 냄새만 맡으며 먹는다고 상상할 때도 혈당수치가 올라갈까? 평소 치아 상태가 최상이라고 자신하는 사람들은 치아 엑스선 촬영 결과가 더 좋게 나올까? 젊은 나이에 대머리가 된 사람들은 스스로 빨리 늙는다고 여기기 때문에 생리적으로도 머리숱이 많은 사람보다 신체 나이가 더 많게 나올까? 성형수술로 생김새가 젊어진 여자들은 남들보다 천천히 늙어 갈까? 이같은 의문이 '막연해' 보일지 몰라도, 의문을 품어 볼 가치는 있었다.

우리가 나이를 가늠하는 기준

요양원 노인들과 화분으로 시도한 첫 실험 이후 몇 년이 지난 1979년, 나는 이 문제를 노인 집단 대상으로 계속 실험해 보기로 마음먹었다. 학생들과 나는 심리적인 시계를 되돌렸을 때 인간의 생리 상태에 어떤 효과가 나타나는지 알아보기 위해 훗날 '시계 거꾸로 돌리기 연구(counterclockwise study)'라고 불리는 실험을 고안했다.[2] 이 실험에서 우리는 1959년의 세상을 재창조하여 피험자들에게 20년 더 젊은 나이로 살라고 요구할 작정이었다. 마음을 20년 전으로 되돌리면 몸에도 그 변화가 반영될까?

새로운 아이디어가 흔히 그렇듯, 이 아이디어도 처음에는 황당한 시도로 여겨졌다. 하지만, 생각할수록 가능성이 있을 것 같았다. 마침내 우리는 노력할 만하다는 결론에 도달했다. 우리는 연구 결과를 수치화할 수 있도록 노화의 뚜렷한 생물학적 지표를 찾고자 저명한 노인병 전문의들에게 의견을 구했지만, 놀랍게도 그런 지표는 존재하지 않았다. (아직도 마찬가지다.)

실제 나이를 모른다면 아무리 과학을 동원하더라도 누군가의 나이를 정확하게 알아낼 수는 없다. 그러나 연구를 위해서는 실험 이전과 이후에 달라진 피험자의 노화 정도를 측정할 수단이 필요했으므로, 우리는 정신적·신체적 노화 정도 판단에 적합한 기준을 정하기로 했다.

평가 기준에는 체중과 민첩성, 유연성과 더불어 안경으로 교정하기 전후의 좌우 시력과 통합 시력, 맛에 대한 민감성이 포함되었다. 우리는 실험 참여 예정자들이 종이와 연필로 얼마나 빠르고 정확하게 미로 찾기를 완수할 수 있는지 평가하기 위해 지능 검사를 실시하고, 시각적인 기억력도 측정하기로 했다.

사진도 찍을 작정이었다. 외모의 변화까지 평가하기 위해서였다. 마지막으로는 피험자 스스로 평가하는 심리 검사가 계획되어 있었다. 모든 검사 결과는 참가자 선별에 도움을 주고, 연구 말미에 잠재적인 심신 개선 여부를 측정하는 수단으로 이용될 예정이었다.

우리는 70대 후반부터 80대 초반까지의 노인들을 모아 일주일간 조용한 시골집에서 함께 지내며 과거 이야기를 나누면서 옛 추억에 관해 연구한다는 내용으로 지역 신문과 전단에 광고를 실었다. 연구를 단순화하고, 방 배정과 세부 계획이 쉽도록 대상은 남성으로 제한했다. 우리는 환자가 아니면서 계획된 활동과 토론에 적절히 참여

가능한 남성을 원했다. 소문이 퍼져 나가자 많은 젊은이가 연구에 대해 자세히 알고 싶어하며 우리 연구가 연로한 부모님에게 어떤 이득이 될지 물었다.

전화 인터뷰를 바탕으로 선정된 사람들은 사무실에서 기본적인 신체 검사와 심리 검사를 받았다. 인터뷰는 인상적이었다.

첫 모임에서 나는 아놀드라는 노인에게 본인에 대해서, 특히 자신의 건강과 신체 상태에 대해 말해 달라고 부탁했다. 다른 성인 자녀들과 달리, 아놀드의 딸은 뒤로 물러나 앉아 아버지가 아무 간섭 없이 이야기하도록 내버려 두었다. 아놀드는 자신의 인생에 대해서, 과거에 즐겼던 광범위한 신체적·지적 활동에 대해 이야기했다. 이야기 끝에는 기력이 없어 이제 그런 활동을 아무것도 못한다고 덧붙였다. 안경을 써도 글자가 거의 보이지 않아 독서도 포기한 상태였다. 느릿느릿 골프장을 걸어 다니는 것이 너무 민망해 더는 골프도 치지 않는다고 했다. 집 밖에 나가면 계절에 상관없이 아무리 많이 껴입어도 어김없이 감기에 걸렸다. 음식이 맛있는지 맛없는지도 모르겠다고 말했다. 이야기대로라면 더할 나위 없이 암울한 인생이었다.

이야기가 끝나자 아버지 스스로 이야기하도록 내버려 둬서 내가 마음속으로 칭찬 중이던 아놀드의 딸이 나섰다. 딸은 거들먹거리며 아버지가 '과장하는 경향'이 있다고 말했다. 아놀드는 서글프게도 자신의 푸념을 한마디로 부정해 버리는 딸의 말에 아무 반박도 하지 않았다. 나는 아놀드에게 이 연구로 무엇이 바뀔지 알 수 없지만 일주일간 즐거운 시간을 보낼 수 있으면 좋겠다고 말했다. 그는 우리 연구에 참여하기로 했다.

이어지는 인터뷰에서 건강과 육체적인 한계에 대한 참가자들의 불만을 들으면서 나의 의구심은 커지기 시작했다. 우리가 이 연구로 긍정적인 결과를 얻을 수 있을까? 그 결과가 과연 이렇게 노력하며 연구를 준비하고 실행할 만큼의 가치가 있을까? 나와 대학원생들은 이 연구가 만만치 않을 것임을 깨달았지만, 이미 진행한 일을 감안해 계속 밀고 나가기로 결정했다. 우리는 실험 참가자를 선정한 다음 각각 8명씩 실험군과 대조군으로 나누고, 실험을 위한 계획 수립에 착수했다.

1959년으로 시간을 되돌리다

나를 포함한 연구팀은 노인들이 일주일간 조용히 지낼 곳을 찾아 여러 도시를 돌아다녔다. 현대적인 편의시설이 거의 없어 세월의 흐름과 무관해 보이는 곳이 연구 장소로 적합했다. 마침내 우리는 뉴햄프셔주의 피터버러에 있는 옛 수도원을 찾아냈다. 완벽한 장소였다. 우리는 그곳을 단장해 1959년의 '복제품'을 만들어 냈다.

참가자 가운데 '실험군'은 일주일간 그곳에서 지금이 1959년인 것처럼 지낼 예정이었다. 모든 대화와 토론을 현재 시제로 이루어질 계획이었다. 우리는 모든 참가자에게 전반적인 설명과 일주일간의 대략적인 일정(식사 메뉴, 당시 영화와 정치 상황에 대한 토론 집단, 매일 저녁 시간의 활동 내용이 포함됨), 수도원의 평면도, 각자 방의 위치 표시가 담긴 안내문 꾸러미를 우편 발송했다. 참가자들에게 잡지나 신문, 책, 가족 사진도 1959년 이후의 것은 절대 가져오지 말라고 당부했다. 또한 1959년 당시인 듯 간단한 자기소개서를 써 달라고 한 뒤 젊은 시절의 사진을 요청해 다른 참가자 전원에게 그 사진을 보냈다.

두 번째 집단인 대조군은 일주일 뒤에 별도의 은둔 실험을 진행했다. 그들 역시 첫 실험군과 똑같은 환경에서 지내며, 1959년에 일어난 일에 관한 활동과 토론을 즐길 예정이었다. 그러나 자기소개서는 과거 시제로 작성되었고 사진도 현재의 모습이었으며, 일단 은둔처에 입소하면 과거를 회상함으로써 지금은 1959년이 아니라는 사실에 주로 정신을 집중할 예정이었다.

시계를 실감 나게 거꾸로 돌리려면, 상황 설정부터 설득력 있어야 했다. 따라서 우리는 1959년의 일상이 어떠했는지 주의 깊게 연구했다. 당시의 정치 상황 및 사회 문제의 특징과, 사람들이 즐겨 보고 듣던 TV와 라디오 프로그램, 그들이 실제로 맞닥뜨렸을 물건들을 파악했다. 어려운 일이었지만 다행히 꽤 그럴 듯하게 과거 환경을 흉내 낼 수 있었다.

오리엔테이션을 받기 위해 모인 실험군 참가자에게 이 연구에 참여하는 동안 과거의 경험을 현재형으로 말해야 한다는 점을 설명했다. 연구에 임하는 최선의 방법이 단순한 회상이 아님을 강조했다. 가능한 한 그들의 정신을 완벽하게 과거로 되돌려 놓아야 했다. 설

늙는다는 착각

명하며 느낀 흥분이 지금도 생생하다.

"그러니까 우리는 아주 아름다운 은둔처에서 마치 1959년인 양 살게 될 겁니다. 당연히 1959년 9월 이후에 일어난 일에 대해서는 누구도 언급할 수 없겠지요. 그렇게 하도록 서로를 돕는 것이 여러분의 일입니다. 저희가 여러분께 바라는 것은 '1959년을 살고 있는 것처럼 연기해 달라'는 것이 아니라 실제로 1959년 당시 본인의 모습으로 지내 주십사 하는 것입니다. 쉽지는 않겠지요. 하지만 저희는 여러분이 그것을 성공적으로 해내신다면, 실제로 어르신들의 몸도 1959년으로 돌아간 것처럼 느끼리라고 믿을 만한 근거를 갖고 있습니다."

우리는 노인들에게 모든 대화와 소통은 지금이 1959년이라는 '사실'이 반영되어야 한다고 이야기했다.

"처음에는 어려울지 모르지만, 자신을 빨리 놓아 버릴수록 더 많은 즐거움을 누릴 수 있을 것입니다."

나는 열정적으로 말했다. 두세 사람은 초조하게 웃음을 터뜨렸고, 한 사람은 흥분으로 킬킬댔으며, 나란히 앉은 둘은 냉소적으로 어깨만 으쓱할 뿐이었다.

육체를 지배하는 마음의 힘

그렇게 우리는 IBM 컴퓨터가 방 전체를 차지할 만큼 크고, 팬티스타킹이 미국 여성들에게 막 알려진 '50년대'에서 일주일을 보내게 되었다. 수도원에 들어온 뒤에는 매일 만나서 미국 최초의 인공위성인 익스플로러 1호 발사, 방공호의 필요성, 피델 카스트로의 아바나 진격 등과 같은 1958년(대조군의 경우에는 '작년')의 현안을 논의했다. 특히 공산주의에 관한 논의가 대단히 열기를 띠었다. 미국 프로 축구 리그 챔피언 결정전에서 볼티모어 콜츠가 31 대 16으로 뉴욕 자이언츠를 대파하고 2연패를 거둔 이야기도 그에 못지않았다.

우리는 프리크니스 경마대회에서 로열오비트가 우승하는 경기를 청취했으며, 흑백텔레비전으로 필코 상사가 나오는 드라마와 〈에드 설리번 쇼〉를 보았다. 이언 플레밍의 《골드핑거》, 레온 유리스의 《엑소더스》, 필립 로스의 《굿바이 컬럼버스》 같은 '최신' 도서에 관한 생각을 교환했다. 유명 코미디언인 잭 베니와 재키 글리슨은 우리의 웃음보를 터뜨렸고 페리 코모, 로즈메리 클루니, 냇 킹 콜은 라디오에서 노래를 들려주었으며 〈안나 프랭크의 일기〉, 〈벤허〉, 〈북북서로 진로를 돌려라〉, 〈뜨거운 것이 좋아〉 같은 영화를 보기도 했다.

어떤 일이 벌어졌을까? 일주일이 다 지나기도 전에, 우리는 두 집단 모두 행동은 물론 태도까지 변화했음을 알아차렸다. 실험 이틀째가 되자 다들 음식을 나르고 식사 후 치우는 일에 적극적으로 참여했다. 면접을 보러 처음 하버드 대학교 심리학과를 찾았을 때는 데려다 준 친지들에게 극단적으로 의존하던 노인들이 수도원에 도착한 직후부터 모두 독립적으로 행동했다.

실험군과 대조군이 각각 일주일간의 은둔 생활을 끝낸 뒤 우리는 모든 참가자를 대상으로 다시 검사를 했고, 육체를 지배하는 마음의 힘이 정말로 엄청나다는 사실을 확인했다.

두 집단 모두 공손한 대우를 받았고 토론에 활발히 참여했으며, 최근 일상과는 전혀 다른 일주일을 경험했다. 그 덕인지 모두 청력과 기억력이 향상되었다. 대부분 좋은 의미로 체중이 평균 1.5킬로그램 늘어났으며 악력도 현저히 향상되었다. 수많은 측정 결과에서 참가자들은 '더 젊어졌다'. 실험군은 관절 유연성과 손가락 길이(관절염이 줄어 손가락을 더 쭉 펼 수 있었음), 손놀림이 월등히 나아졌다. 키, 몸무게, 걸음걸이, 자세도 좋아졌다.

마지막으로 우리는 이 연구의 목적을 전혀 모르는 사람들에게 일주일이 끝나갈 때 참가자들이 찍은 사진과 연구를 시작하자마자 찍은 사진을 비교해 달라고 요청했다. 객관적인 입장의 관찰자들은 실험군 참가자 전원이 연구 말미에 훨씬 더 젊어 보인다고 판단했다. 다만 지능 검사에서는 대조군의 44퍼센트만이 결과가 향상된 데 반해 실험군은 63퍼센트가 더 높은 점수를 받았다.

건강한 삶이란 무엇일까?

이 연구는 이후 수십 년간 노화에 관한 시각뿐만 아니라 한계에 대한 나의 견해까지 전반적으로 바꾸어 놓았다. 시간이 흐르면서 나는 생물학이 곧 숙명이라는 믿음을 점점 멀리하게 되었다.

우리의 발목을 잡는 것은 신체가 아니다. 신체적인 한계를 믿는 사고방식이다. 지금 나는 질병의 진행과 관련해 우리가 반드시 옳다고 여기며 따르는 의학 지식 중 어느 것도 진실로 여기지 않는다.

일군의 노인들이 각자의 인생에 그토록 극적인 변화를 가져올 수 있다면, 다른 사람들도 그럴 수 있다. 그러려면 우선 우리가 인식하고 있는 한계가 정말로 존재하는지 의문을 품어야 한다.

예를 들어, 우리는 대개 나이가 들면 시력이 나빠지기 마련이고 고질병은 나을 수 없으며 바깥세상이 젊은 시절에 느끼던 것처럼 내게 '꼭 맞지' 않으면 뭔가 잘못하고 있다고 여긴다.

사회 전체가 건강에 엄청난 관심을 쏟는데도 정작 건강한 삶을 누리는 방법에 대해서는 거의 알지 못하는 이유가 무엇일까?

우리는 잡지에 실린 수많은 기사를 읽는다. 건강 증진을 목표로 하는 책과 TV 프로그램은 산처럼 쌓여 있으며, 많은 사람이 건강과 체력단련에 집착한다. 하지만 마음속 깊은 곳을 유심히 들여다보면 우리가 건강에 전혀 조율되어 있지 않음을 알 수 있다. 동기와 행동은 종종 우리가 추구하는 건강에 이르는 길에 오히려 직접적인 방해물이 되기도 한다.

우리는 건강에 관해 스스로 한계를 만들지 말고, 좀 더 의식을 집중해 건강 문제에 접근할 필요가 있다. 건강에 의식을 집중한다고 해서 올바르게 먹는다거나 운동해야 한다거나 의학적인 조언에 따라야 한다는 것은 아니다. 물론 그러지 말라는 의미도 아니다. 뉴에

이지풍의 대안 의술이나 질병에 대한 전통적인 이해 방식에 관한 이야기도 아니다.

우리를 위축시키는 사고방식뿐만 아니라 건강과 행복에 대해 스스로 설정한 한계로부터 자유로워져, 몸소 자신의 건강을 챙기는 수호자가 되는 일의 중요성을 깨닫자는 것이다. 변화의 방법을 배우려면 먼저 어떻게 잘못된 길을 가고 있는지부터 알아야 한다.

이 책의 목표는 독자 여러분이 마음을 열고, 본래 자신의 몫이던 건강 지킴이로서의 올바른 역할을 되찾도록 제대로 돕는 것이다.

'대다수'를 위한 가능한 최선의 추측들

사람들은 대개 '언제나'와 '절대로'라는 말이 인간사를 이해하는 방식으로 별로 적절하지 못하다고 믿는다. 이는 일반적인 경우에는 들어맞는 일이 다른 특정한 경우에는 들어맞지 않을 수도 있음을 인정하는 좀 더 과학적인 관찰법과 일맥상통하는 믿음이다.

드물게 예외가 있다면, 특정한 시점에 특정한 결과가 나올 것이라고 예측할 수 없다. 대부분의 경우 대다수의 사람들에게는 혹시 들어맞을지도 모른다는 사실보다 특정한 시점에 우리 가운데 누구 한 사람에게라도 들어맞는지가 더 중요하다. 내 다리를 절단해야 한다면, 그런 수술에서 대다수가 살아남는다는 사실은 거의 위로가 되지 못한다.

과학은 진지하고 중대한 질문들의 답을 찾으며 발전해 왔다. 그럼에도 과학적 데이터는 일반적인 경우에, 일반적으로 옳은 사실에 대해서만 이야기할 뿐이다. 의학 연구에 대해 이야기해 보자면 어떠한 특정 약물이나 의료 행위의 효과 여부는 그 문제가 있는 다수를 대상으로 한 임상연구 결과로 결정된다. 현실적인 이유만으로도 각기 다른 체형과 유전적 특징, 살아온 경험치 등을 가진 온갖 유형의 사람들이 균등하게 그런 연구의 대상으로 포함되었을 리 만무하다.

의학에서 모든 연구는 그 시점에 가능한 최선의 추측이다. 어떤 사람들을 피험자에 포함시킬지, 어떤 증상을 어떻게 조합할지, 연구 과정에서 특히 초점을 맞출 부분은 무엇인지, 어떤 방법을 취할 것인지 등은 모든 선택을 바탕으로 한다. 의학 앞에 놓인 과제는 엄청나게 복잡하므로 미지의 사실을 모두 실험에 포함시킬 수는 없다. 그러니 연구로 얻은 결과를 가능성, 즉 일반적인 사실로 제시하는 일은 타당하다.

우리가 지금 당장 해야 할 일

눈치 빠른 독자라면 이렇게 물을지도 모르겠다.

"당신이 하는 연구도 다를 바 없잖아요?"

내 연구의 목적은 대부분 가능성의 실험이지, 정답 찾아내기가 아니다. 만약 개 한 마리에게 요들송을 가르칠 수 있다면, 우리는 개가 요들송을 부르는 일이 가능하다고 말할 수 있다. 그렇지만 시계 거꾸로 돌리기 연구는 과거를 이야기한다고 해서 누구나 똑같은 결과를 얻으리라고 말하지 않는다. 다만 노력한다면 누구나 이처럼 개선될 수 있음을 보여 준다.

일반적으로 연구는 '대다수' 사람에 대해 이야기한다. 하지만 우리의 관심사는 대다수가 아니라 바로 우리가 지금 당장 해야 할 일이다. 때문에 현재의 의술만으로는 명확한 해답을 얻을 수 없다. 의학이 틀렸다거나 쓸모없다는 말은 아니지만, 개개인으로서 우리는 의학이 놓친 자신만의 데이터를 갖고 있다. 그러니 의학계가 일반적으로 옳다고 여기는 지식과 우리가 스스로에 대해서 알고 있는 것, 또는 찾아낼 수 있는 것들을 결합시킬 방법을 배워 나가야 한다.

하얀 셔츠에 빨간색 소스를 한 방울 흘리면 쉽게 눈에 띌 것이다. 그러나 셔츠가 복잡한 체크무늬라면 알아보지 못할 수도 있다. 우리는 대부분 스트레스를 받거나 우울하거나 과도한 업무에 시달리는 등의 이유로 자신의 내면과 동떨어져 있다. 그래서 내면을 들여다보려 할 때 체크무늬 셔츠가 보인다. 하지만 세상과 우리 자신에 대해서 무엇이 새롭고 또 다른지 관심을 기울인다면 눈에 보이는 것이 달라질 수도 있다. 새로운 것을 알아차리면 우리는 의식을 집중할 수 있다. 의식의 집중은 더 깊은 의식의 집중을 부른다. 의식을 집중할수록 우리는 점점 더 스스로를 하얀 셔츠로 볼 수 있게 될 것이다. 자연스럽게 빨간 얼룩을 찾아 없애기도 더 쉬워진다.

세상에 관심을 기울이라는 말은 과도한 경계심을 품으라는 의미가 아니다. 우리의 관심은 자연스레 무언가 다른 것, 흐트러진 것에 쏠리게 마련이다. 마음을 열기만 하면, 의식적으로 찾거나 특별한 관심을 기울이지 않더라도 그러한 작은 신호가 눈에 들어올 것이다. 그러려면 우선 가능성을 향해 마음을 열어야 한다.

우리 모두 입으로는 무엇이든 가능하다고 말하지만, 막상 '결코 전례가 없는' 사건 앞에 놓일 때마다 대부분 그 가능성을 감당하지 못하고 외면한다. 팔다리를 되살릴 수 있을까? 마비는 원상복구될 수 있을까? 다른 때 같으면 무엇이든 가능하다고 동의하던 사람들이 대부분 거의 생각해 보지도 않고 안 된다고 대답한다.

가능성에 대한 믿음

우리는 자기 입으로 믿는다고 공언한 일들을 왜 현실에서 용납하지 않을까? 한 가지 해답은 일상의 경험에서 형성된 사고방식이 다양한 가능성을 차단한다는 것이다.

우리는 배움을 무의식적으로 받아들이는 경향이 있기 때문에 세상에 대해 이미 배운 것은 대부분 돌이킬 생각조차 하지 않는다. 배움의 대상에 주목하지 않는다는 것이 아니라, 맥락에 주목하지 않는다는 뜻이다. 우리는 이쪽에서 옳은 것이 저쪽에서는 옳지 않을 수도 있다는 사실을 염두에 두지 않는다. 견해를 다시 고려해 보겠다는 생각조차 하지 않는다면 추가로 지식을 얻거나 견해를 향상시키기란 불가능하다.

우리는 현재의 지식을 어떻게 얻었는지, 근거로 삼은 사실은 무엇인지, 그 같은 사실을 도출한 과학을 믿어도 되는지 의문을 품지 않는다. 이처럼 아무런 비판 없이 정보를 받아들인 탓에 우리는 불가능하다고 받아들인 것이 실제로는 가능할 수도 있다는 사실을 모른 채 인생을 헤쳐 나가야 하는 엄청난 대가를 치르고 있다.

과학자들을 포함해 사람들은 대부분 가설 확인 과정에 사로잡혀 있다. 일단 무언가를 안다고 생각하면 그 믿음에 부합하는 정보를 찾는다. 구하라, 그리하면 얻을 것이다. 하지만 옳다고 믿는 사실에 반대되는 경우를 찾는다면 가설을 확인할 확률 또한 더 높으며, 많은 경우 우리에게 보다 도움이 될 수 있다.

사회 심리학자들은 논쟁 중인 가설의 효과가 어떤 경우에는 옳지만 다른 경우에는 옳지 않을 수도 있음을 예상해, 다양한 변수 간의 상호작용을 찾으면서 대체로 이 같은 방법을 사용한다. 우리 모두가 이 방법을 좀 더 광범위하게 사용한다면, 그간 몰랐던 것을 발견하거나 좀 더 미묘한 차이가 있는 믿음을 도출할 수 있을지 모른다.

단순히 기존의 믿음에 대한 확인만 추구한다면, 계속해서 동일한 가설에 대한 증거만 더 많이 수집하게 되므로 잠재적으로 틀릴 수도 있는 믿음을 떨쳐 버리기가 더욱 어려워진다. (심지어 가설 확인 현상에 대해 조사하는 연구자들도 가설 확인을 추구하는 문제를 똑같이 겪고 있다.)

우리는 흔히 믿음의 원천과 근거를 일반적인 통념과 전문가의 견해에서 찾는다. 예를 들면, 전문가의 견해인 과학은 알코올이 근본

늙는다는 착각

적으로 몸에 나쁘다는 일반적인 믿음을 지지하고 알코올 의존증 환자를 치료한 의사들 또한 그 사실을 확언한다.

많은 경우, 이 같은 '진실'에 우리가 의문을 제기하는 일은 웬만해선 일어나지 않는다. 하지만 만일 우리가 의문을 품는다면, 가능성에 대한 믿음이 불가능에 대한 믿음에 무릎을 꿇을 수도 있을 것이다. 이제 우리 모두가 레드 와인이 몸에 좋을 수도 있다는 사실을 알고 있듯이 말이다.

불가능이 없는
가능성의
심리학

대부분의 심리학에서 연구자들은 현 상태를 기술한다. 그들은 종종 대단한 통찰력과 창의성으로 그 일을 해낸다. 그러나 현 상태를 아는 것과 무엇이 될 수 있는지 그 가능성을 아는 것은 똑같지 않다.

기억하는 한 아주 오래전부터 나의 관심사는 무엇이 될 수 있는지의 가능성이었고, 어떤 종류의 미묘한 차이가 그 같은 결과를 낳는지 알아내는 데 있었다. 나의 연구는 사용하는 단어에 변화를 주고 사소한 선택의 기회를 제공함으로써 또는 물리적인 환경에 미묘한 변화를 줌으로써 어떻게 건강과 행복을 향상시킬 수 있는지 보여 주었다. 사소한 변화가 큰 차이를 만들어 낼 수도 있으므로 우리는 불가능을 향해 자기 자신을 활짝 열고 가능성의 심리학을 껴안아야 한다.

가능성의 심리학이 지닌 힘

가능성의 심리학은 우리가 할 수 있거나 될 수 있는 것이 무엇인지 모른다는 가정에서부터 시작되어야 한다. 현재의 상태보다는 우리가 원하는 모습을 출발점으로 삼아야 한다는 의미다. 그렇게 시작해야 어떻게 목표에 도달할지 또는 목표 쪽으로 전진할지 질문을 던질 수 있다. 이를 위해서는 생각을 약간 바꿀 필요가 있다.

우리가 잠재성을 제한하는 문화와 언어, 사고방식에 얼마나 얽매여 있는지 일단 깨닫고 나면 그리 어렵지는 않을 것이다. 가령 많은 사람이 '시도해 보지 않는 한 알지 못한다' 같은 표현을 즐겨 사용하지만, 이 말이 얼마나 그릇된 결과를 낳을 수 있는지는 깨닫지 못한다. 나는 시도해 보더라도 모를 수 있다고 생각한다. 실패했을 때 알게 되는 것은 우리가 시도한 방법이 성공적이지 못했다는 사실뿐이다. 우리는 그것이 정말로 안 되는 것인지 여전히 알지 못한다.

질병이나 질환에 맞닥뜨렸을 때 우리는 현 상태에 적응하는 방법을 찾는다. 반면, 가능성의 심리학에서는 단순히 적응하는 데 그치지 않고 어떻게 개선할 것인지 그 해답을 찾는다. 예를 들어, 우리는 대부분 40대에서 50대 사이에 시력이 감퇴하기 시작한다고 믿는다. 실제 연구 결과, 시력 손실은 대부분의 사람에게 나타나는 현상이다. 그렇다고 이 같은 확률을 아무 생각 없이 절대적인 사실로 여길 필요가 있을까? 글자 읽기에 문제를 겪기 시작하면 대부분 눈이 나빠졌다는 사실을 받아들이고 안경을 써서 나빠진 시력에 적응한다.

생리학적으로 필요 없는데 검안사가 우리에게 억지로 안경을 씌운다는 이야기가 아니다. 그 시점에 안경을 쓸 필요가 없다고 주장하는 것도 아니다. 하지만 만약 만성적으로 나빠지리라는 사실을 순순히 받아들이지 않는다면, 시력이 나빠지지 않을지도 모른다. 어쩌면 시간이 흘러 시력이 좋아질 수 있다고, 최상의 상태였을 때보다 더 좋아질지 모른다고 생각한다면, 실제로 그런 결과를 얻을 방법을 개발할지도 모른다.

시각 장애인의 청력이 더 예민하게 발달하는 것과, 마찬가지로 청각 장애인의 시력이 더 좋은 경우를 생각해 보라. 어떤 특정한 것들은 다른 것들보다 우리 눈에 더 잘 들어오므로 덜 명확해 보이는 대상을 좀 더 또렷하게 보기 위해 노력해 보라는 요구는 타당성이 있다. 아니, 요구할 필요도 없이 그저 실천에 옮기면 된다.

가능성의 심리학을 받아들이는 두 번째 단계는 가능성을 시도하되 그 과정에서 자신을 평가하지 않는 것이다. 계속해서 시력을 예로 들겠다. 작은 글자를 읽으려고 눈을 가늘게 떴는데 여전히 글자가 읽히지 않는다고 해서 특별히 자존심에 금이 가지는 않는다. 그저 그 시도의 성공 여부에 주목하면 그만이다. 이 같은 태도일 때 우리는 시력과 관련된 다른 문제점도 더 잘 인식할 확률이 높다. 예전에 보이지 않던 것이 가끔 보이기도 하고 또 보이지 않기도 하다는 사실에서 우리는 시력과 관련해서 무슨 문제가 벌어지고 있는지 단서를 알아낼 수도 있다.

이런 방식 때문에 가능성의 심리학은 대부분의 사적이고 과학적인 연구보다 좀 더 긍정적이면서 평가도 덜할 뿐더러 보다 과정 지향적이다. 건강과 관련해서 가능성의 심리학을 추구하면, 바라던 결과를 얻을 수 있다는 성과에 더해 과정 자체가 강력한 힘을 지닌다. 자기만의 임무를 갖는 것은 기분 좋은 일이고, 전반적으로 긍정적인 시각을 갖도록 해 주며, 다른 사람들도 전례를 따라 곧 무너질 것이라는 생각을 막아 준다.

가능성을 현실로 만드는 과정에서 자기 자신과 세상에 대해 또 다른 흥미로운 점을 발견할 수도 있다. 예를 들어 시력의 '한계'에 대해 탐구하며, 집 안에서 오래도록 무시하고 있던 것들을 볼 수 있을지도 모르고(보고자 하는 새로운 시도를 통한 '발견'), 새 소파를 사야 한다는 사실을 알아차린다든지(전에는 볼 생각조차 한 적 없었는데 너덜너덜해진 모서리가 눈에 들어온다든지), 수년 전 손을 떼긴 했지만 내가 벽에 페인트칠하기를 매우 좋아한다는 사실을 새삼스레 깨달을 수도 있다.

가능성의 심리학에서는 발견의 해석 과정 또한 다르다. 기술 심리학(記述心理學)이나 전통적인 심리학에서는 실험 대상의 다수가 효과를 나타내야만 그 효과가 참이라는 결론에 이른다. 즉, 원숭이가 말할 수 있다는 결론을 얻으려면 다수의 원숭이가 분명히 말할 수 있어야 한다는 뜻이다.

그러나 가능성의 심리학에서는 일단 실험자의 오류를 걸러 내면, 단 1명의 피험자만으로도 무언가가 가능함을 증명할 수 있다. 단 한

마리의 원숭이가 단 하나의 단어만 말했더라도 영장류의 의사소통 능력에 관한 결론을 도출할 증거로 충분하다. 보통 실험자의 가설에 부합하지 않는 피험자는 데이터상 달갑지 않은 잡음으로 여겨지지만, 나의 연구는 이처럼 예외적인 경우에 초점을 맞춘다.

물리학에서 '암흑 에너지'와 같은 개념은 플레이스홀더(placeholder, 논의나 맥락에서 알지 못하거나 빠져 있는 부분을 대체하는 기호나 언어-역주)의 기능을 한다. 대부분 이런 개념을 제대로 이해하지 못하지만, 과학은 무리 없이 '암흑 에너지'가 존재한다고 가정한다. 그런데 심리학에는 플레이스홀더가 없다.

심리학에서는 어떤 현상이 존재할 수 있는가보다 왜 그러한 현상이 존재하는지를 더 자주 문제 삼는다. 따라서 심리학 연구원들은 어떻게 그런 일이 있을 수 있는지 설명하는 중간 메커니즘을 찾으며, 만약 설명할 수 없다면 그 발견은 폐기될 수도 있다. 예를 들어, 수많은 심리학자가 기억력 상실을 노화의 자연스러운 부분이라고 여긴다. 기억력 상실을 겪지 않는 노인은 우리도 전부 그렇게 될 수 있을지도 모른다는 본보기로 여기는 대신 이례적인 경우로 간주한다.

그러나 가능성의 심리학에서는 중간 메커니즘(또는 그 부재)이 우리의 약점을 공격하지 않는다. 우리의 임무는 어떤 결과가 가능한지 우선 살펴보는 것이다. 이유와 방법에 대한 설명은 그다음에 찾으면 된다.

안정감이라는 환상에서 벗어나기

세상이 우리 스스로 구축한 산물이며 그렇게 만들어 가는 것이 아니라 발견되는 것이라고 믿는 사람이 너무도 많다. 우리가 불변의 존재가 아니라는 말에 많은 사람이 이론적으로는 동의하면서도, 우리 자신과 둘러싼 세상이 고정된 것처럼 반응한다.

우리는 변기 높이를 조절하면 더 편하게 이용할 수 있음을 깨닫지 못한 채 매일 화장실에서 앉아 있는 것일지도 모른다. 부러진 손목이 나을 때까지는 그림을 그릴 수 없다고 슬퍼하면서 다른 손으로 그려 볼 생각은 전혀 하지 않는다. 음악만 듣는 것도 지극히 풍요로운 경험일 수 있는데, 녹내장을 핑계 삼아 오페라를 보러 가지 않는다.

의문을 품으려는 생각이 들기만 한다면, 더 나은 삶을 누릴 방법이 가져다줄 변화는 무궁무진하다. 안정감이라는 환상, 즉 무심함이 얼마나 강력한 힘을 지녔는지 보여 주는 대목이다.

우리는 마음가짐이 주는 안정감을 근본적인 현상의 안정성이라 여기며, 대안을 찾을 생각조차 하지 않는다. 세상만사가 끊임없이 변화한다는 사실에도 불구하고 마음속에 가만히 붙들어 두려 한다. 마음을 열기만 하면 새로운 가능성의 세계가 스스로 모습을 드러낼 텐데 말이다.

세상이 고정되어 있으므로 예측 가능하다는 견해를 고이 간직한 채 확고하게 자신의 믿음에 매달리는 냉소적인 사람들은 사방에 널려 있다. 냉소적이지는 않지만 그러한 견해를 아무 생각 없이 받아들이는 사람들 또한 여전히 존재한다.

늘 실증적인 증거를 요구하는 회의론자들이 득세하기 때문에라도 심리학과 우리의 삶에는 새로운 접근 방법이 필요하다. 그들은 무엇이 가능하고 무엇을 성취할 수 있는지 결정함으로써 공동체로서의 우리에게 손해를 입힌다.

만약 현재 알려진 것과 동떨어진 것으로 여겨지는 어떤 가능성을 제시한다면, 그것을 입증해야 하는 부담감은 고스란히 우리 몫이다. 그렇지만 "어떻게 그게 가능하겠어?"라고 묻는 대신 "왜 그렇게 될 수 없다는 거지?"라고 묻는 쪽이 훨씬 이치에 맞는다.

회의론자들의 지식은 고작해야 기존 연구에 대한 고정된 견해에서 비롯된 확률을 근거로 삼을 뿐이다. 우리가 무언가 찾아내기 전에는 그렇다고 입증할 수 없는 것과 마찬가지로, 회의론자들 역시 무언가가 불가능함을 입증할 수 없다.

무엇이 가능한지에 대해 의문을 품지 않았다면, 나는 결코 시계 거꾸로 돌리기 연구를 시도할 수 없었을 테고 인간의 마음이 지닌 변화의 힘을 지켜보는 일 또한 불가능했을 것이다.

2장

건강한 삶에 관하여

통제력 되찾기

의학 서적을 찾아 읽고 여러 의사의 조언을 구하면서 그의 상태는 더욱 나빠졌다. 병세가 워낙 미미하게 악화되었고, 하루하루 차도를 비교해 보면 달라진 것이 거의 없었기 때문에 그는 자신을 속일 수 있었다. 하지만 의사의 조언을 구하면 모든 것이 매우 빠르게 악화되고 있는 듯했다. 그럼에도 불구하고 그는 아랑곳없이 계속 의사를 찾아가 상담했다. 이달 들어서 또 다른 저명한 의사를 찾아갔는데, 이 명의는 처음 만난 의사와 거의 똑같은 소견을 내놓으면서도 약간 다른 관점에서 문제를 제기했다. 이번 상담도 이반 일리치의 의구심과 공포만 더욱 악화시켰다… 옆구리의 통증은 갈수록 심해져 도무지 멈추지 않을 기세였다. 입안에서 느껴지는 맛도 점점 더 기묘하게 변해 입안에서 뭔가 역한 냄새가 나는 것처럼 느껴졌고 기력과 함께 입맛도 사라졌다.

_레프 톨스토이,《이반 일리치의 죽음》[3]

COUNTER

CLOCK

WISE

'사회적 시계'와
'올바른 나이'

의학계는 이반 일리치에게 별 도움을 주지 못했다. 그가 상담을 청한 저명한 의사 중 누구도 치료 방법을 알지 못했고, 상황 이해에 도움을 주기는커녕 심적인 위로조차 주지 못했다. 의사들이 추천한 다양한 식이 요법과 약은 아무것도 효과가 없었다.

이 이야기는 많은 사람이 질병과 관련해 상상할 수 있는 최악의 가능성을 보여 준다. 무슨 병인지 알지도 못하고 치유할 수도 없는 상태에서 환자가 무기력하게 소용돌이로 추락하는 상황 말이다.

이반이 겪는 갈등이 뜻하는 바를 두고 의견이 분분한 가운데, 한 가지는 분명해 보인다. 의학계가 이반 일리치를 얼마나 심하게 실망시켰는지와 상관없이 그 또한 썩 훌륭한 환자는 아니었다는 점이다.

그는 자신을 아무 생각 없이 의료진에게 내던졌다.

소설 초반부터 이반 일리치는 사회적·물질적인 세상으로 자신을 내던진다. 물론 우리도 대부분 그렇게 살아가지만, 그것은 행복해지기 위한 훌륭한 접근 방법이 아니다. 의사이자 저술가인 제롬 그루프먼(Jegome Groopman)은 이렇게 말한 적이 있다.

"우리 의사들이 더 나은 생각을 하려면 여러분이 우리를 도와야 한다. 우리가 언제 어떻게 제대로 생각하는지, 그리고 언제 어떻게 엉뚱한 길로 빠지는지 아는 입장에서 여러분이 우리에게 질문을 던지고 이끌어 주어야 한다…. 의사 노릇은 정말로 어렵다. 하지만 환자 노릇은 훨씬 더 어렵다."[4]

이반 일리치는 결코 이 같은 시도를 하지 않았다.

안 그래도 어려운 환자 노릇은 건강과 질병에 대해 우리가 지닌 고정 관념 때문에 훨씬 더 어려워진다. 1891년 윌리엄 제임스(William James)는 "눈, 귀, 코, 피부, 내장의 시달림을 동시에 받는 아기는 모든 것을 엄청나게 짜증스럽고 성가신 하나의 혼돈으로 느낀다"고 했다.[5] 이 문장은 종종 불확실성이 줄어들면 삶이 단순해질 수 있음을 뒷받침하는 내용으로 인용된다.

우리는 삶이 훨씬 더 단순해질 수 있으리라고 푸념하면서도 대부분 주저 없이 단순함을 껴안는다. 별로 상관없어 보이던 일이 훗날 결정적으로 중대한 역할을 하는 것을 직접 목격했으면서도, 지금 당장 상관없어 보이는 대상에는 그다지 관심을 기울이지 않는다.

우리는 맞닥뜨리는 것마다 편의상 이름을 붙임으로써 이치에도 더 맞고 훨씬 더 유용할 수 있는 대안적 사고방식으로부터 스스로의 눈을 가린다. 세밀한 이해보다는 확실성을 추구한다. 전문가들조차 확신할 수 없는 일이 생길 때는 좌절감을 느낀다.

배우자의 나이가 수명을 좌우한다

시계 거꾸로 돌리기 연구 이후 나는 학생들과 함께 행복이 사고방식과 얼마나 연관되어 있는지 계속 연구했다. 우리는 "만일 우리의 삶이 다른 나잇대 집단의 삶과 유사하다면 우리는 그 나잇대 사람들처럼 나이를 먹을까, 아니면 원래 나잇대 사람들에 가깝게 나이를 먹을까?" 하는 주제로 탐색 연구를 실시했다.

우리는 훨씬 어린 남자와 결혼한 여자들이 평균 수명보다 오래 사는 반면, 나이가 훨씬 많은 남자와 결혼한 여자들은 상대적으로 이른 나이에 죽는다는 사실을 확인했다. 여자와 평균 수명 기대치가 다른 남자들의 경우에도 결과는 같았다.

심리학자 버니스 뉴가튼(Bernice Neugarten)은 사람들이 '사회적인 시계'에 크게 영향을 받으며, 특정한 행동이나 태도에 어울리는 '올바른 나이'가 있다는 암묵적인 믿음으로 자신의 삶을 평가한다고 주장한 바 있다.[6]

우리는 본인의 사회적 또는 생물학적 시계를 배우자의 나이에 맞추면서 기준이 달라지는 것이 아닐까 추론했다. 상대적으로 젊은 배우자는 '더 늙게' 되어 기대 수명보다 일찍 죽는 반면에, 나이 든 쪽은 '더 젊어지고' 기대 수명보다 오래 사는 것이다.

또 다른 연구에서는 여자들이 생일 전주보다 다음 주에 죽는 경우가 더 많다는 사실이 드러난다.[7] 반면 남자들은 생일 전주에 더 많이 죽고, 생일 다음 주에 사망하는 확률은 평균보다 높지 않다. 이 같은 연구 결과는 데이비드 젠킨스(David Jenkins)의 표현대로 남녀가 '현실을 다르게 포장한다'는 사실을 시사한다.[8]

우리가 자기 자신을 위해 정보를 구성하는 방식이 실제로 효력을 발휘한다는 뜻이다. 예컨대 여자들은 자신의 생일을 준비하며 희망을 품고 주변 사람들의 축하를 고대하는 경향이 있지만, 남자들은 별로 신경 쓰지 않는다.

우리가 흔히 '알고 있는' 것들

내 학생이었던 심리학자 베카 레비(Becca Levy)와 동료들은 성격과 노화, 수명에 대한 연구에서 심리학자들은 물론 의사들도 일반적으로 초점을 맞추는 심리학적 요인보다 사람들의 사고방식이 건강에 훨씬 더 큰 영향력을 미칠 수 있음을 밝혔다.[9]

이들은 1975년 오하이오주 옥스퍼드에서 노화에 관한 긍정적, 부정적 진술에 응한 650명 이상의 피험자들 수명을 조사했다. 피험자들은 "점점 나이 들어 갈수록 만사가 계속 나빠진다", "나이가 들면 쓸모없어진다", "나는 젊었을 때만큼 지금도 행복하다" 등의 진술에

동의하거나 동의하지 않을 수 있었다. 이들은 응답 집계 결과에 따라 건강과 노화에 관해 긍정적인 견해를 지닌 부류와 부정적인 견해를 지닌 부류로 분류되었다.

설문 조사 이후 20여 년이 흐르고, 기록을 확인한 레비와 동료들은 노화를 좀 더 긍정적으로 바라보던 이들이 부정적인 이들보다 평균 7년 반을 더 살았음을 확인했다. 혈압이나 콜레스테롤 수치를 낮춤으로써 4년 정도 수명을 연장시킬 수 있는데, 단순히 긍정적인 사고방식만으로 이보다 훨씬 큰 차이를 만들어 낸 것이다. 이는 운동과 적정 몸무게 유지, 금연의 혜택으로 얻을 수 있는 1~3년의 추가 수명 또한 뛰어넘는 수치였다.

1999년 심리학자 하이너 메이어(Heiner Maier)와 재키 스미스(Jacqui Smith)는 지적 능력, 성격, 주관적인 행복, 사회적 능력을 포함한 열일곱 가지 심리학적 행복 지수와 도덕성 간의 관계에 대한 논문을 발표했다.[10] 이 연구 역시 1990년대 초 베를린 노화 연구소가 수집한 500명 이상의 신체적, 심리적 건강 상태에 대한 정보를 이용해 '노화에 대한 불만'이 인간의 수명을 결정하는 주요 요인 가운데 하나임을 발견했다.

이런 연구 결과를 보며 많은 사람이 '흥미롭기는 하지만, 나와는 별 상관없을 거야' 생각한다. 믿음이 수명을 결정하는 가장 중요한 요인 가운데 하나일지도 모른다는 생각이 우리가 진실이라고 '알고 있는' 내용과 심하게 어긋나기 때문이다.

우리는 기존에 '알고 있는' 것에 대해 무의식적으로 갖고 있는 믿음을 버려야 한다. 그러면 어떤 대상이 현재 어떻다고는 단언할 수 있지만 어떻게 될 수 없다고 말할 수는 없음을 이해할 수 있다.

아무리 정교하더라도 과학은 어떤 대상이 통제 불가능하다는 사실까지 밝혀내지는 못한다. 과학이 우리에게 알려 줄 수 있는 것은 기껏해야 그 대상을 정확하게 규정할 수 없다는 사실뿐이다.

통제할 수 없는 세상과 규정할 수 없는 세상 사이의 차이를 이해하면 중대한 이점이 생겨난다. 무언가 일어나지 않았다는 사실은 그것이 일어날 수 없음을 의미하는 것이 아니라 그것을 일어나게 만들 방법이 아직 알려지지 않았음을 의미할 뿐이다. 만일 어떤 질병이 치유 불가능하거나 통제할 수 없다고 믿었다면, 우리는 무의미한 노력이라며 병을 치료하려는 시도조차 하지 않았을지 모른다. 의학이 정복한 질병은 대부분 한때 통제가 불가능하다고 생각되었지만, 사실은 단지 규정할 수 없었을 뿐이다. 이러한 태도의 변화는 엄청난 차이로 이어진다.

믿음이 우리의 행복에 영향을 미친다면, 우리는 마땅히 믿음에 영향력을 행사하는 방법을 배워야 한다. 그러려면 우선 중대한 선택을 하나 해야 한다. 자신의 건강을 통제할 수 있다고 믿는 것 말이다. 언제나 성공을 거두리라는 보장은 없지만 우리가 옳다면 '통제 불가능한' 일도 정복할 수 있을 것이다. 만일 실패하더라도 그 과정 자체에서 다른 보상을 얻을 수 있다.

믿지 않기로 선택하면 손해만 커진다. 그런 경우 시도해 보았다는 최소한의 보상을 얻지 못할 뿐만 아니라 자신의 건강을 통제하고자 하는 의미심장한 노력의 기회 또한 잃고 만다.

누구나 건강을
통제할 수
있다

30년 이상 연구를 진행하며 나는 인간 심리에 관한 매우 중요한 진실을 발견했다. 바로 확실성이 잔인한 사고방식이라는 점이다. 확신은 가능성을 외면하도록 마음을 무감각하게 만들고 우리가 사는 실제 세상과도 단절시킨다.

모든 것이 확실하다면 선택은 불가능하다. 의구심이 없다면 선택의 여지도 없기 때문이다. 확신에 차 있을 때는 인식하든 아니든 간에 세상의 불확실성을 볼 수 없다. 그러나 건강을 생각한다면 우리는 기꺼이 불확실성을 껴안아야 한다. 그러면 선택하고 삶을 통제할 기회를 보상으로 얻을 수 있다.

사고방식이 우리를 얼마나 제한하는지 대다수가 알아차리지 못한다. 그 예로 많은 사람이 건강에 대해 믿고 있는 상식 몇 가지를 살펴보자. 우리는 병들었거나 건강하거나 둘 중 하나다. 몸과 마음이 별개라고 생각하는 것과 마찬가지로 언젠가부터 우리는 자신이 건강하거나 그렇지 못하다고 생각하게 되었다. 이러한 태도는 뜻밖의 결과를 낳는다. 건강할 때는 건강에 별 신경을 쓸 필요가 없다고 생각하고, 아플 때는 치료해 줄 전문적인 정보를 알아내야 한다고 생각한다. 정보의 출처가 전문가든 일반적인 통념이든 그것이 건강에 도움이 되는 처방일 것이라고 기대한다. 두 경우 모두 건강이 무엇인지에 대한 복합적인 이해보다 확실성을 선호한다.

아무 생각없이 받아들이는 의학 상식들

'의학계가 가장 잘 안다.' 의사들이 일반적으로 건강에 대해 남들보다 많이 알고 있는 것은 확실하지만, 그에 못지않게 확실한 사실이 하나 더 있다. 나에 대해 가장 잘 알고 있는 사람은 바로 나 자신이라는 것이다. 스스로에 대해 나보다 더 잘 알고 있는 사람이 없음을 감안하고, 우리는 자신만의 관점을 유지하면서 의학계를 이용해야 한다.

'건강은 의학적 현상이다.' 많은 사람이 지나치게 의학적인 관점에서 세상을 바라본다. 슬픔을 경험하는 일은 드문 대신 자주 우울해한다. 밤에 고민하느라 '꼭 필요한' 8시간 수면을 지키지 못하면 스스로 강박증 또는 불면증 환자라고 칭한다. 어떤 일을 할 때는 필요에 의해서든 상황 때문이든 반드시 할 수 없거나 하지 않는 다른 일이 존재하기 마련인데도, 자신의 선택에 책임지는 대신 스스로를 늑장 부리기 선수라고 여긴다. 왜 자신에게 그러한 이름표를 붙이는 것을 정당하다고 여기며, 그 대가는 무엇일까?

우리는 무의식적으로 건강한 경험을 의학적인 행위로 바꾸어 왔다. 그럴 때마다 거의 모든 행동이 병적인 상태나 증후군이 된다. 도전이나 어려움은 질병이 되고, 감각은 증상이 된다. 우리는 각자의 경험을 상당수 병적인 상태로 귀결 지으면서 그에 대한 이해를 제한하고, (사실 많은 사람이 이 같은 것들을 의사가 더 잘 안다고 믿으면서 처음부터 이해를 거부한다.) 병적인 상태가 적정 수준 이상으로 우리 삶에 영향을 미친다고 여긴다.

건강에 대한 통제력은 우리가 부지불식간에 이해를 포기한 이유를 이해함으로써 회복 가능하다. 의식의 집중에 대한 강연에서 나는 종종 자신의 콜레스테롤 수치를 아는 이가 있는지 묻는다. 그러면 대개 건강에 자신이 있는 누군가 손을 흔들어 관심을 집중시킨다. 그 사람이 자신의 콜레스테롤 수치를 알려 주면 나는 마지막으로 언제 수치를 확인했는지 묻는다. 대답은 늘 다르지만, 보통은 최소한 한 달 전이다. 나는 이렇게 대꾸한다.

"그럼 그 뒤로는 먹지도 않고 운동도 하지 않았나요? 앞으로 다시 수치를 확인하지 않는다면, 당신은 건강한 사람으로 죽겠군요."

나의 대꾸는 언제나 웃음을 유발하지만, 사실은 진지한 의미를 담고 있다. 의학계는 우리에게 콜레스테롤 수치 같은 숫자를 알려 준다. 우리는 마치 그것이 변하지 않을 것처럼, 최소한 다음번 병원에 갈 때까지는 변하지 않을 수치인 것처럼 행동하지만 지금 현재 우리의 건강은 과거에 맞춰 고정되거나 과거 경험으로 규정되지 않는다.

사람들이 얼마나 아무 생각 없이 건강을 대하는지, 그 접근 방식을 살펴보면 어이가 없을 지경이다. 우리는 전문가가 되어야겠다고 생각되는 시점이 오기 전까지는 아예 건강을 무시한다. 그래서는 곤란하다. 건강을 배운다는 자세로 의식을 집중하고 자신의 몸에 주의를 기울여야 한다.

왜 아무도
의사의 진단에
의문을 품지 않는가

우리는 세상이나 다른 사람과의 상호작용이 얼마나 생각 없이 일어날 수 있는지 깨닫지 못한다. 터무니없는 정보가 주어져도 그것이 기존에 지닌 믿음이나 깊이 뿌리박힌 행동 양식에 들어맞는다면 아무런 의문도 품지 않는 경우가 허다하다.

1978년에 나는 당시 제자 아서 블랭크(Arthur Blank), 벤지언 채노위츠(Benzion Chanowitz)와 함께 복사기 앞에 줄선 사람들에게 먼저 복사해도 될지 묻는 실험을 했다.[11] 우리는 "제가 복사기를 써도 될까요?", "제가 복사하고 싶은데 복사기를 써도 될까요?" 또는 "제가 바빠서 그러는데 복사기를 써도 될까요?"라는 세 가지 질문 중 하나를 던져 허락을 구했다.

예상할 수 있겠지만, 첫 번째 문장과 달리 두 번째나 세 번째 문장처럼 양보의 이유를 제시했을 때 더 많은 허락을 얻어 낼 수 있었다. 흥미로운 점은 복사해야겠으니 복사기를 쓰고 싶다는 요청이 딱히 줄선 차례에서 양보해야만 하는 별다른 이유가 아님에도, 두 가지 부탁이 동일하게 허락을 받았다는 사실이다.

복사 이외에 달리 무슨 목적으로 복사기를 쓴단 말인가? 양보를 부탁하는 이유가 더 자세한 "제가 바빠서 그러는데"라는 요청이 더 많은 사람으로부터 양보를 얻지 못한 까닭은 무엇이며, "제가 복사하고 싶은데"라는 요청에 사람들이 무심코 동의한 까닭은 무엇일까?

우리는 내용상으로는 그렇지 않지만, 차례 양보에 대한 타당한 이유를 담은 요청의 형식을 띠고 있기 때문일 것이라는 결론을 내렸다. 다시 말해, 사람들은 이유가 제시되는 한 그 이유가 아무리 엉터리여도 기꺼이 허락했다.

어리석어 보이는가? 우리도 일개 정보를 아무런 생각 없이 사실로 받아들이거나 조언을 처방으로 받아들일 때, 또는 의사들이 우리 건강에 대해 우리보다 더 많이 안다고 인정할 때 똑같은 짓을 저지르는 셈이다.

많은 사람이 무의식적으로 형식에 초점을 맞추고, 내용에 주목하지 않는다. 평상시에는 이러한 경향이 그다지 문제가 되지 않지만 건강이 위협당할 때는 엄청난 문제가 된다.

내용보다 형식을 우선시하는 태도가 너무도 깊이 뿌리박혀 있어서 우리는 의사의 명령에 의문을 품는 일이 드물다. 그렇지만 의학계가 자신들의 '명령'을 따르라고 요청하는 일도 못지않게 드물다. 그들은 그저 명령할 뿐이다. 명령이 아니라 조언이라고 부를 수도 있겠으나 우리는 질문 없이 따를 것을 요구받고, 대개 그렇게 한다.

복사 관련 연구에서 무의미한 이유가 허락을 얻어 낸 것처럼, 의사들은 '내가 의사니까'라는 암묵적인, 또는 '이 약이 문제를 줄이거나 없애 줄 테니까'와 같은 노골적인 이유로 호응을 얻어 낸다.

의학계를 신뢰할 수 없다는 이야기가 아니다. 일부 의사가 제아무리 확고해 보이려고 애써도, 의학 자체가 불확실성 속에 운영되고 있다는 단순하지만 중대한 사실을 이야기하려는 것이다.

의학계조차 상당한 불확실성 속에 운영되는데, 우리가 자신의 불확실성을 이유로 스스로 건강을 좌우하는 과정에 참여하지 않는다는 것은 말도 안 되는 일이다. 그 사실을 깨달아야만 한다.

신체의 변화를
관찰하고
스스로 진단하라

수년 전 나는 제자인 앤 베네벤토(Anne Benevento)와 이름표가 능력에 대한 우리의 감각에 미치는 영향, 즉 우리가 자발성 의존(self-induced dependence)이라 부르던 현상에 대해 연구했다. [12] 일련의 실험은 우리에게 '보조'라는 직함이 명백하게 능력을 깎아 먹는다는 사실을 보여 주었다. 추정컨대, 통제권을 다른 이에게 넘겨 주면 되찾는데 어려움을 겪을 가능성이 높아진다. 실제 능력과 상관없이 우리가 스스로를 무능력하게 여기기 때문이다.

우리 스스로를 의사보다 지식이 적은 환자에 불과하다고 여길 때에도 같은 효과가 나타날 수 있다. 실제로 의사 앞에서 우리의 능력은 위축된다.

'불치'라는 말의 진짜 의미

진단 역시 일종의 이름표다. 진단 내용은 특정한 감각의 의미가 무엇이며 어떻게 해석해야 하는지 우리에게 알려 준다. 일련의 경험이 만성인지 선천적인지, 어떤 질환이 재발인지 악화인지 또한 무엇을 예상하고 찾아야 하는지, 치유는 가능한지도 알려 준다. 어떤 통증이 증상인지, 부작용인지, 단순히 느낌에 불과한 것인지 알려 주는 것도 진단이다. 진단은 우리에게 무엇을 두려워해야 하며, 무시하거나 참아 내려면 어떤 것을 배워야 하는지 알려 준다.

진단은 의학적 결정의 필수 요소지만, 다른 이름표와 마찬가지로 여전히 하나의 렌즈로 서로 다른 다양한 현상을 이해하려 들기 때문에, 각기 다른 현상이 모두 합리적으로 진단에 반영되지는 못한다.

진단은 수많은 개인의 평균적인 경험을 설명하지만, 어떤 사람이 특정 시점에 겪는 경험에는 맞지 않을 수도 있다. 우리 몸과 감각, 경험의 타고난 다양성 면에서 볼 때, 무수한 증상을 지닌 어느 한 가지 진단에 한 가지 이름표를 붙이거나 이름표 하나로 한 사람의 정체성, 상태, 경험, 잠재성을 요약할 수 있다고 주장하는 것은 잘못이다.

진단 역시 다른 이름표들과 마찬가지로 해답이나 설명이 아닌 부가적인 의문을 던지기 위한 안내의 출발점으로 여기는 것이 최선이다. 안타깝게도 우리 주변에는 진단을 액면 그대로 받아들이고, 그 직접적인 결과로써 희망을 꺾어 버리는 경우가 너무도 흔하다.

건강을 효과적으로 학습하려면 전통적으로 의학 정보에 반응하던 방식에 의문을 품어야 한다. 의사들의 지식이 상당한 것은 사실이지만, 그렇다고 의학이 절대적인 진실의 집약체는 아니라는 점, 불치라는 말의 진짜 의미는 불확실이라는 점, 우리의 믿음과 관련된 외부 세계는 대부분 사회적인 구성물이라는 점을 인식한다면 우리는 언제라도 새로운 길을 찾아 나설 수 있다.

진단이 도움이 되지 않는다거나 건강 염려증 환자마냥 과도한 경계심을 품으라는 말이 아니다. 몸에 일어나는 작은 변화를 감지해 더 큰 문제로 발전하기 전에 해결할 수 있도록 의식을 집중해서 자신의 신체를 관찰하라는 말이다.

의식의 집중과 경계심은 완전히 다르다. 그것은 유연한 자각으로, 몸의 어느 특정 부위에(또는 그 문제와 관련해 다른 곳에) 아무 생각 없이 관심을 기울인 탓에 우리가 자아를 더욱 깊이 경험할 기회를 차단하는 태도를 버려야만 얻어진다.

의식의 집중 없이 새로운 사실을 배운다고 치자. 우리는 어떤 경험을 주시하고는 스스로 또 다른 누군가의 행동과 이어진다고 생각되는 결과 사이에 조건부 관계를 설정한다. 그러고는 다른 관점의 존재를 망각한 채, 단일한 관점으로만 그 경험을 해석한다.

반면 의식을 집중한다면 똑같은 경험도 다양한 방식으로 해석할 수 있으며, 언제든 새로운 정보를 이용할 수 있다는 점을 깨우칠 수 있다. 한 가지 이상의 관점으로 경험을 바라볼 수 있을 뿐만 아니라, 다양한 관점을 지니는 일이 매우 가치 있다는 점도 이해할 수 있다.

이러한 접근 방식은 우리가 진실이라고 '알고 있는' 내용은 물론 배우는 방식에까지 신중해지도록 이끈다.

30그램만큼의 치유가 필요하다

우리는 왜 경험으로 배울 수 있다고 생각할까? 특정한 경험의 단계에서 바라보는 모든 사건은 제각기 독특하기 마련이다. 어떤 사건이든 필연적으로 똑같이 반복되지 않는데, 하나의 사건이 미래의 사건에 대해 우리에게 가르쳐 주는 것은 무엇일까? 하나의 사건에서 겪은 하나의 고통은 우리에게 무엇을 가르치는 것일까?

어느 날 두 친구와 걷고 있는데, 한 친구가 몇 년 전의 끔찍한 경험을 털어놓았다. 나는 그런 불상사가 왜 일어났는지에 대한 이유보다는 도기로 만들어진 변기 꼭대기에 올라섰다는 이야기를 더 귀담아들었다. 친구는 변기가 부서지면서 자빠지면서 도기 조각에 다리를 난자당해 106바늘을 꿰맸다고 했다. 친구는 여기서 교훈을 하나 얻었다고 말했다. 내가 무슨 교훈이냐고 묻자 친구는 "도기 변기에는 올라서지 말 것"이라고 대꾸했다. 나는 그 말도 맞겠지만 다음 중 어느 것이라도 교훈이 될 수 있지 않을까 제안했다. "좀 더 주의할 것", "스스로 물건을 고치려고 하지 말 것", "뭔가 새로운 것을 시도할 땐 혼자 있지 않도록 주의할 것", "새로운 일은 무엇이든 시도하지 말 것", "뭔가를 수리할 때는 두툼한 옷을 입을 것", "인체가 스스로 치유하는 방식은 놀랍기 그지없으니 새로운 일을 시도하는데 두려움을

늙는다는 착각

갖지 말 것", "나는 타격을 입어도 패배하지 않을 수 있다" 또는 "변기에 올라서도 괜찮도록 살을 뺄 것". 무한정 계속할 수도 있었지만 우정을 생각해서 그쯤에서 그만두었다. 친구의 말이 틀렸다는 것은 아니지만, 그것은 그 경험을 바라보는 한 가지 방식일 뿐이다.

때로는 경험에서 배우려고 노력하는 대신 배움을 경험하는 편이 훨씬 더 나을 수도 있다. 경험이 보잘것없는 스승일 수도 있기 때문이다. 경험에서 배우려고 들 때, 많은 사람이 경험을 되돌아보면서 경험과 배움 사이에 한 가지 관계를 설정한다.

하나의 경험이 수많은 방식으로 이해될 수 있고, 다른 관계를 수없이 형성할 수도 있음에도 일단 하나의 관계를 염두에 두면 우리는 다른 가능성의 대안을 제거해 버린다. 이 때문에 경험은 이미 우리가 아는 것을 '가르치는' 경우가 유독 많다.

어제의 진전이 오늘의 실패일 수도 있다. 부러진 다리로 걸으려 애쓰는 것이 잘못은 아니지만, 스스로를 너무 심하게 밀어붙였다는 생각이 들면 다음 날에는 조금 더 쉬엄쉬엄 가야 한다. 우리는 경험을 바탕 삼아 무언가 포기하거나 쉬엄쉬엄하거나 아니면 더 열심히 노력하기로 마음먹을 수 있다.

건강을 학습하려면 세상 모든 가르침에 마음을 열어야 한다. 큰 것뿐만 아니라 작은 것에도 주의를 기울여야 하며, 시간이 지나면서 작은 변화도 중요해질 수 있음을 받아들이는 태도가 필요하다.

흔히들 어떤 일의 가능성을 알면서도 불가능하다고 느끼곤 한다.

살을 3킬로그램쯤 빼겠다고 생각하면 중압감이 느껴질 수도 있지만, 30그램 빼겠다는 생각에 기죽을 사람은 별로 없을 것이다. 우리는 30그램만큼의 치유법을 찾아야 한다.

3장

모든 것은 변한다

변화에 주목하기

어느 날 아침 그레고르 잠자는 불안한 꿈에서 깨어나 자신이 침대에서 한 마리 흉측한 해충으로 변해 있음을 발견했다. 그는 갑옷처럼 딱딱한 등을 대고 누워 있었는데, 고개를 약간 들자 불룩한 갈색 배가 마디마디 단단한 활 모양으로 나뉘어 있는 것이 보였다. 배 꼭대기에는 금방이라도 떨어질 것처럼 아슬아슬하게 담요가 걸려 있었다. 그의 다른 부분과 비교하면 애처로울 정도로 가느다란 여러 개의 다리가 눈앞에서 힘없이 흐느적거렸다. '어떻게 된 거지?'라고 그는 생각했다. 꿈은 아니었다.

_프란츠 카프카, 《변신》

COUNTER

CLOCK

WISE

조건을 알면
변화를
인식할 수 있다

우리는 스스로 관찰력이 뛰어나다고 생각하지만 실제로는 그렇지 못하다. 보이리라 예상하는 것을 보며, 심지어 다른 이들이 명백하게 알아차리는 것을 눈치채지 못하기도 한다. 우리의 예상이 세상을 제대로 바라보지 못하게끔 눈멀게 만들기 때문일 때도 있지만, 거대한 곤충으로 변하는 것만큼 극적이지 않음에도 우리가 두려움에 사로잡힌 나머지 변화를 알아차리지 못하는 탓일 수도 있다.

우리가 무엇을 보는지는 대개 그러한 상황에서 필요하다고 학습된 내용에 의해 결정된다. 매 학기 어느 시점에 도달하면 나는 세미나 학생들에게 시간이 있다면 수업 전에 이야기를 하나 들려주겠다고 말한다. 그럼 학생들은 손목시계를 쳐다본 뒤 대답한다.

"그럼요, 시간 있어요."

나는 곧바로 그들에게 몇 시인지 묻는다. 방금 시계를 봤다면 몇 시인지 알고 있어야 하지 않을까? 놀랍게도 그렇지 않다. 대부분 다시 시계를 본다. 처음에는 정확한 시간이 아니라 수업 끝까지 시간이 충분히 남아 있는지 확인했을 뿐이다. 그러므로 학생들이 몇 시인지 모르는 것은 놀라운 일이 아니다. 이처럼 우리는 하나만 보고 다른 것을 놓치기 십상이다. 예상은 보는 눈을 돕는 동시에 예상하지 못한 대상에 대해서 눈을 가리기도 한다.

전통적인 아날로그 손목시계와 디지털 손목시계의 차이를 생각해 보자. 디지털 손목시계는 시간을 명확하게 보여 주지만, 그것이 보여 주는 것은 시간이 전부다. 아날로그 손목시계는 우리에게 '거의', '방금 지난', '곧 될' 등의 이야기를 전한다. 아날로그 손목시계는 좀 더 조건부의 정보를 제공한다. 이 같은 조건부 정보는 우리가 가변성을 인식하도록 이끈다는 장점이 있다. 가변성의 인식은 의식의 집중으로 이어지는 핵심이다. 정보가 변한다는 사실을 알아차리면, "언제?", "그때는 아니고 왜 지금?" 등의 변화에 대해 중요한 질문을 던질 수 있는 유리한 입장에 놓인다.

우리는 모두 서로 다른 존재다

연구자에게 가변성은 일반적으로 저주다. 변동이 있다는 것은 연구 내용을 외부로 발표할 수도 있고, 아니면 곧장 서류 보관함에 처박아 버릴 수도 있음을 의미하기 때문이다. 그래서 연구원들은 약물 치료든 우쿨렐레 강습의 효과에 대한 평가든, 우연 또는 '자연적인' 가변성으로 인한 변화의 정도 이상으로 증상을 호전시킬 수 있는지 확인함으로써 자신의 가설을 시험한다.

예컨대 키 크는 약의 시험에서 약을 먹은 사람들은 키가 모두 크고, 먹지 않은 사람들은 아무도 자라지 않았다면 치료제의 효과를 확인하기가 쉬울 것이다. (부작용은 논외로 한다.) 당연한 이야기지만, 매사 이렇게 간단한 경우는 드물다. 실험 조건에 가변성이 높을수록 약효의 확인은 더욱 어려워진다. 양 집단에서 일부 피험자의 키가 자라기는 했지만 투약 집단의 키 증가 폭이 평균보다 약간 더 클 뿐이라면, 약물은 통계상 유의미한 차이를 낳을 수도 있고 그렇지 않을 수도 있다. 결과가 부정적이라면 논문 발표는 불가능하며, 그 약물을 시장에 내놓고 홍보하기도 어렵다.

1장에서 살펴본 주디스 로딘과의 연구를 돌이켜 보자. 우리는 요양원 환자들에게 화분 돌보기라는 책임을 부여하고, 그들이 좀 더 열심히 살아감으로써 보다 행복해질 수 있을지 알아보고자 했다. 실험의 효과를 판단하는 기준 가운데 하나는 담당 간호사들이 실험 참가자들의 심리 건강 상태에 매긴 등급이었다.

우리는 주간 및 야간 담당 간호사 모두에게 각 요양원 거주자들의 등급을 매겨 달라고 부탁했다. 연구의 관점에서는 보고가 모두 일치해야 완벽했지만, 응답 결과를 보니 어느 간호사는 잘 지내고 있다고 판단했지만 다른 간호사는 별로 잘 지내지 못한다고 여긴 실험 참가자가 더러 있었다. 어떤 이들은 오전 중의 활동이 더 낫다고 보고되었고, 어떤 이들은 야간에 더 나은 것으로 기록되었다. 이 같은 가변성은 우리의 치료 효과를 가릴 만큼 중요했을까?

노인들에 대해 간호사들이 매긴 등급은 우리가 처음 세운 가설이 옳다는 결과를 발표할 수 있을 만큼 상당히 유사했다. 이와 별개로 나는 가변성이 간호사들의 문제(같은 대상이라도 다른 간호사는 다르게 보았을 가능성)인지, 요양원 노인들이 변화를 알아차릴 수 있을 만큼 아침저녁으로 달라진 것인지 몹시 궁금해졌다. 앞으로 살펴보겠지만, 우리가 서로 다른 사람들이며 같은 사람이라도 시간대 혹은 상대방에 따라 달라진다는 사고방식은 우리 건강에 중대한 의미를 지닌다.

천 리 길도
한 걸음부터

대부분 학창 시절에 '제논의 역설'에 대해 들어보았을 것이다. 나는 제논이 틀림없이 비관론자였으리라고 생각한다. 그의 역설 가운데 잘 알려진 내용에 따르면, 우리가 현재 있는 곳과 가고자 하는 곳 사이의 거리를 항상 절반씩만 이동하면 결코 목적지에 도달할 수 없다. 달리 말해, 내가 옹달샘에서 두 걸음 떨어져 있더라도 줄곧 그 거리의 절반만 걸어가면 절대로 물을 마실 수 없다.

다른 사람들 눈에는 더할 나위 없는 낙관론자로 비칠지 모르겠으나 스스로 현실주의자라고 여기는 나는 이 같은 사고를 단순하고 긍정적으로 이용할 방법을 찾아내고, '뒤집힌 제논의 전략'이라는 이름을 붙였다. 우리가 놓여 있는 지점에서 가고자 하는 지점까지는 언제든 아주 작은 한 걸음이 존재하기 마련이다. 그 작은 한 걸음을 뗀다면 언제든 또 다른 걸음을 뗄 수 있으므로, 언젠가는 멀게만 느껴지던 목표 지점에 도달할 수 있다. 시계 거꾸로 돌리기 연구의 어느 순간 나는 이 같은 접근 방식의 매우 명백한 본보기를 깨달았다.

한계가 곧 운명은 아니다

모든 입소 준비를 마치고 참가자들은 심리학과가 자리 잡은 하버드 대학교 윌리엄 제임스 홀 주차장에서 대학원생들과 나를 만났다. 가족과 작별 인사를 끝낸 그들에게 우리는 숙소로 향할 버스에 오르라고 말했다. 절뚝거리며 버스에 올라타는 그들을 지켜보면서 (어떤 경우에는 거의 들어 올려 태워야 했다.) 또다시 내가 무슨 짓을 벌이는 중인가 하는 의구심에 빠져들었지만, 이내 모두가 버스에 몸을 싣고 수도원으로 향했다.

이동하는 내내 우리는 냇 킹 콜이 부르는 〈모나리자〉, 조니 레이의 〈크라이〉, 행크 윌리엄스의 〈거짓된 마음〉을 포함해 1950년대 음악을 들었다. 인터넷이 존재하기 이전 시대로 되돌아가는 효과를 얻기 위해 이 음악들은 카세트테이프로 녹음된 상태였다. 학생들은 카세트테이프에 녹음하기 적당한 음악을 찾아 음반 가게를 샅샅이 뒤졌는데, 1950년대 음악을 거의 알지 못하는 터라 생각보다 훨씬 일이 어려웠다.

버스 안에서 몇몇 노인은 조용히 차창 밖을 바라보았고 어떤 이들은 옆 사람과 환담을 나누었다. 여정은 순조로웠고, 나는 앞으로 펼쳐질 일주일을 생각하며 새삼스레 기대에 부풀었다.

수도원에 당도하자 학생들은 일주일간 필요하지만 미처 준비 못한 장비를 가지러 순식간에 사라졌다. 그리고 나는 8명의 노인과 그 수만큼의 여행 가방 틈에 홀로 남겨졌음을 깨달았다. 나는 각자의 짐은 스스로 책임져야 한다고 공표했다. 노인들은 무거운 가방을 옮겨야 한다는 사실에 불만을 표했다.

"나는 10년 넘게 짐 가방을 들어본 적이 없어요. 어딘가 벨보이가 있겠지요."

나는 걱정하지 말라고 그들을 달랬다. 방까지 곧장 가방을 들고 갈 수 없다면, 천천히 한 번에 몇 걸음씩 방 쪽으로 옮기면 될 것이라고 제안했다. 그것도 너무 어렵다면 한 번에 한 뼘씩 옮기면 될 일이었다. 그 자리에서 가방을 열어 한 번에 한 가지씩 물건을 나르면서 옮기는 방법도 있다고 말했다. 몇몇 노인이 잠시 인상을 찌푸렸으나, 다행히도 더 반대하는 사람은 없었다.

계획한 일은 아니었지만, 처음부터 노인들은 그동안 익숙해진 과잉보호와는 전혀 다른 경험을 하리라는 사실을 깨달았다. 그들은 각자 자신에게 맞는 최선의 방법으로 가방을 옮겼다. 몇몇은 가방을 들고 곧장 건물 안 자기 방으로 향했지만, 대부분 조금씩 옮기고는 멈춰 서서 쉬다가 다시 짐 옮기기를 시도했다. 나는 그들의 표정에서 이 과제의 힘을 느꼈다. 그들은 스스로 그럴 만한 능력이 없다고 생각했고, 일부는 그야말로 한 번에 한 걸음씩 가방을 옮겼지만 결국 모두 남의 도움 없이 방까지 자기 짐을 가져갔다. 그 과정을 지켜보며 오래된 속담을 떠올렸다.

"천 리 길도 한 걸음부터."

뒤집힌 제논의 전략에서는 한 걸음이 다르게 정의된다. 바로 지금 우리가 있는 곳에서 도달하려는 곳 사이의 절반 쯤으로 말이다.

사람들은 현재의 모습이 필연적이라고 생각하는 경향이 있지만 목표를 향해 우리가 내디딜 수 있는 아주 작은 한 걸음이 언제나 존재한다면, 우리가 흔히 필연이라고 가정하는 한계는 스스로 또는 문화적으로 만들어 낸 소산에 불과할지도 모른다.

통제력이 있다는 믿음

몇 해 전 어느 요양원의 상담을 맡았을 때 상반신이 마비된 할머니와 만난 적이 있다. 나는 이렇게 물었다.

"하고 싶은데 할 수 없는 일이 무엇입니까?"

할머니는 자기 손으로 코를 풀고 싶다며, 다른 사람에게 코를 풀어 달라고 부탁해야 한다는 사실이 수치스럽다고 답했다. 상담이 시작된 날 나는 할머니에게 옆구리에서 코 쪽으로 팔을 30센티미터 옮겨보라고 요구했다. 할머니는 내 요구대로 하지 못했지만 우리는 계속 그 거리를 줄여 나갔고, 이윽고 약간의 움직임을 얻어 냈다. 이후 수많은 작업과 여러 단계를 거쳐, 할머니는 손수 코를 풀게 되었다. 회의론자들은 이렇게 주장할 것이다.

"그 노인의 마비는 아마 오진이었을 수도 있다. 따라서 누구나 내디딜 수 있는 한 걸음이 항상 존재한다는 사실을 뒷받침하는 증거는 될 수 없다."

첫 번째 이의에 대한 나의 대답은 "그렇다"이다. 진단이 잘못되었을 수도 있기 때문에, 팔을 움직이려는 시도는 정확히 옳은 방법이었다. 이와 유사한 오진을 받는 사람이 우리 중 얼마나 많을까?

두 번째 이의에 대해서는 우리의 노력이 허사였더라도 다른 사람의 노력 또한 허사로 돌아가리라는 의미는 아니라고 대답하겠다. 부정적인 결과는 가설을 입증할 증거가 없음을 의미할 뿐이다. 반대 증거가 있는 것과는 매우 다르다. '불가능한' 일이 일어날 때마다 오진으로 간주하는 것은 우리 스스로 최초의 가설을 질문할 기회조차 박탈하는 짓이다.

우리는 누구나 나아질 가능성을 믿는다고 말할 수 있지만, 실천에 옮기지 않는 한 믿음을 확인할 수는 없다. 즉, 알아낼 수 없으리라고 가정하는 것보다는 살펴봄으로써 알아낼 확률이 더 높다. 우리는 통제력이 없다고 생각하며 살아갈 수도 있다. 만약 그 생각이 옳다면 인생은 무의미할 뿐이고 그르다면 인생을 낭비하는 셈이다.

반대로 우리에게 통제력이 있다고 생각하면 혹시 한 번쯤 틀리더라도 그것이 앞으로도 절대 방법을 찾지 못하리라는 의미는 아니며, 그 방법을 찾는 과정에서 얻는 것도 있기 마련이다. 게다가 통제력이 있다는 생각이 옳다면 소위 말하는 통제 불능을 정복하는 셈이기도 하다.

통제할 수 없는 병에 걸렸다면 왜 굳이 스스로 나으려고 노력해야 할까? 아무 소용도 없을 텐데 말이다. 지금까지 약으로 정복된 모든 질병은 한때 통제할 수 없다고 생각되었다. 그러한 질병을 정복할 수 있었던 것은 누군가 그것을 불확실한 대상으로 여겨졌다. 우리는 이 사실을 기억해야 한다.

노인에 대한 잘못된 믿음

과학자들도 종종 비슷한 실수를 저지른다. 가령 누군가 어떤 현상을 발견하고 뒷받침하는 이론까지 구축했다고 치자. 이어 그 이론은 실험을 거치는데, 옳거니, 예상한 그 현상이 그대로 일어나 그 이론은 진실로 받아들여진다.

이렇듯 회귀적인 방식으로 얻어진 이론은 종종 카드로 만든 집과 같다는 문제가 있다. 즉, 이론으로 첫 번째 층을 쌓은 다음 그 위로는 이론에 들어맞는 사실들(다른 대안을 설명하는 데 쓰일 수도 있었던)만 쌓아올리는 것이다. 이러한 구조에서 현상은 이론에 의해 예측되기 때문에 현상이 실제보다 더 안정적이라고 가정된다.

이 같은 확인이 사물들이 제각기 다를 수 없음을 의미하는 것은 아니다. 몇 해 전, 노인들은 왜 젊은 사람들보다 사회 참여도가 떨어지는지 설명하는 사회유리(社會遊離) 이론이 나왔다. 이에 대한 연구 결과, 정말로 노인들은 대체로 사회 참여도가 떨어진다는 사실이 확인되었다. 하지만 이는 처음부터 관찰이 낳은 이론이었다. 노인이 사회에서 유리되어 있다는 예상을 바탕으로 하는 그 이론 때문에, 사회유리 현상이 꼭 노화의 결과는 아니라는 사실을 사람들이 이해하기까지 시간이 걸렸다.

건강에 관한 한 이 같은 이론은 무궁무진하다. 몇 가지 예를 들면 인간이 얼마나 빨리 달릴 수 있는지, 얼마나 많이 또는 적게 먹어야 하는지, 뼈는 얼마나 빨리 치유될 수 있는지, 효율적으로 활동하려면 얼마나 잠자야 하는지에 대해 밝혀진 한계 기준이 있다고 우리는 믿고 있다.

믿고 싶은 대로
생각하는
인간

꼭 짜인 생각과 이론은 만사가 달라질 수 있음을 깨닫기 어렵게 만드는 허상일지도 모른다.

과학자들은 일련의 가능성들을 촘촘히 연결해 자신의 이론을 정교하게 다듬는다. 그러다 보면 그 이론을 '뒷받침하는' 수많은 데이터 때문에 이와 다른 진실을 외면해야 하는 지경에 놓이기도 한다.

예를 들어, 우리는 공룡의 생김새에 관해 꽤 그럴듯한 그림을 갖고 있다. 그렇지만 진짜 공룡을 본 사람은 아무도 없다. 처음에는 우연히 발견된 몇 개의 뼈를 어떻게 맞출 것인지에 대한 누군가의 견해를 바탕으로 공룡의 모습이 구성되었을 것이다. 이어 더 많은 뼈가 발견되었다. 앞서 만들어진 예시가 있으므로 다른 공룡의 모습을 조합하는 일은 최초보다 쉬워진다. 완전히 새로운 뼈들까지 발견되더라도 마찬가지다.

과학자들은 완벽한 형태의 구글리아사우루스를 상상해 냈다. 그런데 작업이 끝난 후에야 발견된 새로운 뼈 하나가 이미 완성된 구글리아사우루스의 개념과 맞지 않는다고 상상해 보자. 들어맞지 않고 빠진 조각들이 새로이 몇 개나 발견되어야 우리는 구글리아사우루스의 모습을 다시 구상할까?

우리는 특정한 두뇌 부상이 '되돌릴 수 없는' 뇌 손상으로 이어진다는 사실을 '알고' 있다. 하지만 '되돌릴 수 없는' 뇌 손상이 무엇인지 의문을 갖는다면, 고정불변의 진실이라는 이름표를 붙인 기존의 이론을 단순히 검토하는 것과는 차원이 다른 정보를 찾을 수 있다. 이런 노력이 지속되면 더 많은 질환이 기존의 이론을 넘어서 연구될 것이다.

가변성에
관심을 기울이는
것만으로도

　1961년 예일 대학교의 심리학자 닐 밀러(Neal Miller)는 혈압과 심박수를 통제하는 자율신경계도 팔을 올리고 내리는 것처럼 훈련 가능하다는 견해를 제시했다.[13] 이 견해는 곧 엄청난 회의에 직면했다. 자율 신경계란 말 그대로 자율적이라 인간의 통제를 넘어서는 것이라고 다들 알고 있었기 때문이다. 그러나 닐 밀러는 생체 자기 제어(biofeedback) 연구에서 심박수 같은 자율신경계 작용을 눈으로 볼 수 있게끔 모니터를 연결하고, 인간이 훈련을 통해 자율 신경계도 통제할 수 있음을 사람들에게 보여 줬다.

　눈에 보이지 않는 것까지 통제할 수 있음을 깨달으면, 보이는 것의 통제는 상대적으로 해 볼 만하게 여겨질 수도 있다. 일단 가변성에

　　　　　　　　　　　　　　　늙는다는 착각

주목하는 법을 배우면, 즉 변화를 알아차릴 수 있다. 관찰된 변화의 이유는 물론 그러한 변화의 통제를 위해 무슨 일을 할 수 있을지 좀 더 나은 위치에서 의문을 품을 수 있게 된다.

우리는 심박수를 통제할 수 있을까?

나는 동료 교수인 로라 델리조나(Laura Delizonna), 라이언 윌리엄스(Ryan Williams)와 함께 사람들이 자신의 심박수 변화에 주의를 집중함으로써 심박수 제어 방법을 배울 수 있는지 알아보았다.[14] 우리는 실험 참가자들을 네 집단으로 나누어 다른 조건을 부여한 다음, 일주일간 매일 맥박을 잰 뒤 심박수를 기록해 달라고 요청했다.

첫 번째로, 우리가 '안정 집단'이라 이름 붙인 무리의 참가자들은 일주일간 매일 잠자리에 들기 전과 아침에 잠에서 깨자마자 심박수를 쟀다. 우리는 이 집단의 심박수가 매번 거의 변화 없이 상당히 안정적일 것이라고 예상했다.

두 번째로, '가변성에 적당히 관심을 기울이는 집단'에게는 하루에 2번, 우리가 사전에 지정한 매일 다른 시간에 심박수를 재 달라고 요청했다. 우리는 이들의 심박수에 좀 더 다양한 변화가 있으리라고 예상했다.

세 번째로, '가변성에 높은 관심을 기울이는 집단'에게는 3시간마다 심박수를 재 달라고 부탁했다. 이 집단의 기록이 가장 큰 변화를 보이지 않을까 기대되었다. 우리는 심박수를 잴 때 어떤 활동 중이었는지 기록하고, 이전 측정치와 비교해서 심박수가 어떻게 달라졌는지까지 주목해 달라고 당부함으로써 이 집단 참가자들이 가변성을 좀 더 의식하도록 유도했다.

마지막 집단인 대조군 참가자들에게는 심박수는 주지하지 않고, 일주일간 무슨 활동을 했는지만 모니터해 달라고 부탁했다.

모든 참가자는 사전에 심박수 통제 능력에 대한 간단한 설문지를 작성하고 의식 집중도 테스트까지 끝낸 뒤 집으로 돌아갔다. 일주일간의 관찰을 끝내고 연구소로 돌아온 참가자들의 데이터 집계 뒤에, 우리는 심박수를 우선 높였다가 이어 낮춰 보라는 과제를 냈다. 심박수 통제 방법을 따로 알려 준 것은 아니다. 근육에 힘을 주거나 호흡을 변화시키지 않은 채 정신력으로 각자의 심박수를 변화시켜 보라고 요청했다.

가변성에 대한 주목 효과

'안정 집단'과 '가변성에 적당히 관심을 기울이는 집단'은 둘 다 심박수를 잘 높이지 못했지만, 의식 집중도가 높았던 '가변성에 높은 관심을 기울이는 집단'은 훨씬 잘해 냈다. 차이는 적었지만 의미가 깊었다. 흥미롭게도 대조군은 심박수를 높이려 시도하는 데 오히려 줄어드는 경향을 보였다.

소속 집단에 상관없이 의식 집중도에서 높은 점수를 기록한 사람들이 심박수 높이기에도 성공률이 더 높았고, 심박수 조절 능력도 더 뛰어났다. 그들이 어떻게 성공했는지는 알 수 없지만, 방식은 크게 상관없었다. 우리의 관심사는 의식의 집중과 자각이 그들에게 심박수 조절 방법을 찾아내게 만드는지의 여부였다.

사람들에게 가변성과 생체 자기 제어를 인식하라고 지시하자 의식 집중도가 높아졌다. 이 둘은 유사해 보이지만 가변성에 집중하는 주요 방식이 서로 다르다.

생체 자기 제어는 심박수 모니터 같은 외부 장치로 자율신경계의 작용에 접근함으로써 인간이 자율신경계를 제어하도록 돕는다. 생체 자기 제어에는 좀 더 광범위한 탐구가 필요한 매우 중요한 장치가 필요하다.

하지만 가변성에 주목하는 것은 외부 장치에 의존할 필요가 없을 뿐만 아니라 생물학적 현상에만 초점을 맞출 필요도 없다. 가변성에 대한 주목의 효과는 매우 광범위하다. 우리는 가변성에 주목함으로써 생리학적인 반응과 감정, 행동을 우리 마음대로 통제할 수 있다.

둘 사이의 가장 중요한 차이점은 아마 생체 자기 제어 실험에서 사람들이 자기 신체를 변화시키는 방법을 배운다는 점일 것이다. 우리 연구에서 변화의 주시를 부탁받은 '가변성에 높은 관심을 기울이는 집단'은 이 같은 배움을 강화시키는 환경에 노출되었을 뿐이다.

안정감에 대한
환상

가변성에 주목하는 것이 심박수처럼 '통제 불가능한' 과정에도 영향을 미친다면, 통제 가능한 상황에서는 그 효과가 더 클지도 모른다.

일례로 천식 같은 질병을 살펴보자. 많은 사람이 예측 가능한 형태로 접근하는 법을 꾸준히 배우면 천식 등의 만성 질환이 '다루기 쉬워진다'고 믿는다. 하지만 모든 질병은 날마다 약간씩 증상의 차이를 보인다. 천식 환자는 자신의 질병에서 가장 안정적인 부분이 병에 대한 본인의 마음가짐임을 인식해야 한다.

많은 환자가 미처 알아차리지 못하고 지나치지만, 환자가 경험하는 호흡 곤란은 매번 다르다. 지난번이나 그 전의 경우와 결코 똑같지 않다.

흡입기 같은 의료 기기는 안정감에 대한 환상을 조장한다. 흡입기는 우리의 필요와 상관없이 동일한 분량의 약을 분사한다. 특정한 순간에 어느 정도 약이 필요한지 생각하고 투약할 수 있게끔 눈금이 정해져 있지 않다.

이번 호흡 곤란이 지난번만큼 심하지는 않았다거나 더 심했다거나 하는 사실을 알아차린다면, 환자 스스로 대체 왜 그런지 의문을 가질 것이다. 예를 들어 제인의 집을 방문했을 때는 흡입기가 필요 없었는데, 스티븐의 집에서는 추가 흡입의 필요가 있었다든지 하는 식이다.

이 같은 정보를 바탕으로 환자는 천식을 유발하는 요인은 물론 호흡 곤란에 좀 더 잘 대처할 방법까지 고민할 수 있다. 제인과 스티브의 집 환경에 어떤 차이가 있는지 조사할 수도 있다.

증상과 관계된 뚜렷한 외부 정황을 알아차리는 일은 그 자체로 우리에게 힘이 된다. 우리는 그러한 정보를 바탕으로 해결책을 찾기 위한, 자기 보상적이며 의식에 집중한 여정을 떠날 수 있다.

행복을 뒷받침하는 근거가 빈약하기 때문에

모든 유형의 질병과 심리 작용이 우리가 주목해야 할 대상이다.

우울증을 예로 들어 보자. 일반적으로 우울할 때는 사람들을 만나고자 하는 욕망이 거의 또는 아예 없다. 우울함을 떨쳐 줄 활동에 대한 관심도 사라진다. 이럴 때는 사람도 취미 활동도 아무 도움이 되지 않으며, 오히려 기분만 괜스레 상하게 되리라고 느끼기도 한다.

이런 대처법은 상황 악화를 두려워한 나머지 숨어듦으로써 환경 변화를 회피하는 것이다. 익숙함에서는 위안을 얻을 수 있다. 실제로 우리는 스트레스의 가능성을 피해, 익숙한 것에 매달린다. 우울할 때는 일상의 틀 안에서 위안거리를 찾으며, 틀에 박힌 일상 때문에 사회로부터 점점 유리되는 데도 아랑곳하지 않는다. 우울한 사람들은 대부분 자신이 항상 우울하다고 믿으며 우울증이 자기 삶의 지속적인 요인이라고 여긴다.

다른 접근법도 있다. 우울해지면 사람들은 자신이 과거 경험한 우울한 상황과 다를 바 없는, 익숙하고도 필연적이기까지 한 상황으로 다시금 빠져든다고 상상하기도 한다. 과거와 현재의 상황에는 차이가 있다는 사실을 고려하지 않거나 알아보려 하지 않는다.

곰곰이 생각해 보면 무슨 일이든 첫 번째 경험은 열 번째 경험과 다르기 마련이다. 처음으로 우울증을 겪을 때는 강렬한 자극이 있었을지 모르지만, 다음번에는 감지하기 어려운 미묘한 단서만으로도 우울해질 수 있다. 이 같은 발병의 차이점을 알아낸다면 좀 더 성공적으로 대처할 방법을 찾을 수도 있다.

사람들이 지속적으로 우울하다고 느끼는 이유 중 하나는 삶이 흡족할 때의 감정 상태를 스스로 확인하지 않기 때문이다. 기분 좋을 때는 대다수가 감정의 근거를 찾으려 하지 않는다. 반면 우울할 때는 불행을 뒷받침하는 근거를 찾으려 든다. 우울할 때는 이유를 묻고, 행복할 때는 묻지 않는 것이다. 그 결과 우리는 스스로의 정신 상태에 대한 완벽한 정보를 얻지 못하며 행복을 뒷받침하는 근거가 빈약하기 때문에 항상 우울하다고 가정해 버린다.

오늘 느끼는 우울함이 어제와 어떻게 다른지 알아차리도록 격려하면 어떤 일이 벌어질까? 우리는 각자의 정신 상태에 좀 더 의식을 집중할 것이다. 모든 감정에 '우울'이라는 단일한 속성을 적용한다면, 감정은 그 용어의 익숙하고 무심한 의미 속으로 숨어 버린다. 이런 상태는 제대로 살고 있는 것이 아니다. 단지 존재하고 있을 뿐이다. 부분적으로든 전체적으로든 활력을 느끼기 어려울 수밖에 없다.

과학의 도움으로 우울증에 유사하지만 뚜렷하게 구분되는 다섯 가지 이상의 종류가 있음이 밝혀지고, 각자의 우울증이 어떤 종류인지 알아내는 것이 우리의 일임을 깨우쳤다고 가정해 보자. 의사로부터 한 가지 이상의 우울증을 동시에 경험할 수도 있고, 아침과 저녁에 각기 다른 종류의 우울증을 느끼거나 심지어 온종일 여러 가지 우울증을 번갈아 겪을 수 있다는 이야기를 들었다고 치자. 이제 우리는 아무 고민 없이 한 가지 관점에만 초점을 맞추는 대신 (나는 그것이 우울증의 특징이라고 믿는다.) 스스로를 대할 때 의식을 집중할 것이다. 역설적으로 이러한 노력의 결과가 우울증을 완화시켜 줄지도 모른다.

안정감과 맞서
싸워 이겨야
한다

현실에서 우리가 안정감에 대한 환상에 매달리는 데는 몇 가지 이유가 있다. 첫째로, 우리는 세상이 언제나 변하고 있음을 어느 정도 인지하는 동시에 무의식적으로 세상을 고정시키고 있음을 망각한다. 의식을 집중할 때는 이러한 사실을 알아차리지만, 의식을 집중하지 않은 상태라면 그 순간 '그곳에 없기' 때문에 그곳에 없다는 사실을 알아차리지 못한다.

둘째로, 우리는 태어나는 순간부터 정황보다 절대적인 사실과 직면한다. 젊음과 늙음, 건강함과 건강하지 못함 같은 구분은 사회적인 구성물이며 맥락에 따라 의미가 달라진다는 사실을 어디에서도 배우지 못한다. '1+1=2'와 같이 일련의 사실만으로 세상에 관해 배

늙는다는 착각

우고 바라보도록 훈련받는 것이다. 하지만 세상은 그보다 훨씬 더 미묘하다. '1+1'의 답은 십진법이 적용될 때는 2이지만 이진법에서는 10이고, 씹던 껌 뭉치에서 다른 껌 뭉치 하나를 더하는 경우에는 '1+1=1'이 될 수도 있음을 배워야 한다.

교육계는 확실성을 선호하기 때문에 좀 더 미묘한 접근 방식을 포기한다. 세상을 최대한 단순화해 실제보다 더 예측 가능해 보이도록 만드는 것이다. 우리 역시 이와 마찬가지로 의식을 집중하지 않도록 스스로를 교육한다.

심리학자 실번 톰킨스(Sivan Tomkins)의 지적처럼 어떤 이들은 세상이 발명된다고 믿지만 어떤 사람들은 세상이 발견되는 것이라고 믿는다. [15] 이처럼 '진실'을 발견하고, 안정감이라는 환상에 매달림으로써 생겨나는 이득은 상당하다.

그러나 우리가 무심코 받아들이는 안정되고 한결같은 세상은 실제가 아니다. 나와 다른 사람의 우울증은 서로 다르며, 우리가 차이를 알아차리든 그렇지 못하든 간에 매번 모습이 달라진다. 이때 우울증의 성격을 알아보려면 삶에 몰입해야 하는데, 이 같은 몰입은 우울한 느낌과 공존할 수 없다.

단순하게 있는 그대로 받아들이기

치매 진단을 받은 배우자와 대화한다면 얼마나 의식을 집중해서 다가갈지 생각해 보라. 많은 이가 동감하겠지만, 매일 매 순간 쉬지 않고 치매 증상을 보이는 사람은 거의 없기 때문에, 아무런 증상도 나타나지 않을 때는 진짜 치매에 걸린 것인지 의문스럽기도 하다. 너무도 중요하지만 곤란한 이 문제를 일단 제쳐 두고라도 우리는 여전히 정신이 말짱한 순간을 이용할 수 있다. 이따금씩 제정신으로 돌아온다는 사실, 우리가 알고 사랑하는 사람이 아직 저기 어딘가 있다는 점은 치매의 가슴 저미는 특징 가운데 하나다.

치매 진단이 가능성일 뿐임을 감안한다면 우리는 배우자가 좀 더 관심을 보이는 순간을 더욱 면밀히 살필 수 있다. (제정신으로 돌아오는 순간이 없다고 확신한다면 잠들기 직전이나 식사 직후를 생각해 보라.) 이런 방식으로 접근하면 우리는 좀 더 의식을 집중해 상대방과 상호작용할 수 있다. 우리 모두 이처럼 '제정신'인 순간을 소중히 여기고 간직할 기회를 마땅히 누려야 하지 않을까? 예를 들어, 요양원에서 이러한 전략을 채택했다고 생각해 보자. 직원들은 노인들의 가변성을 살피고 가족들에게도 그렇게 하도록 당부할 것이다. 즉, 서로 상대에게 주목할 뿐만 아니라, 각자 자신과 직원 또는 가족 간의 가변성에 관심을 기울이는 것이다. 그러면 훨씬 더 긍정적인 접근이 가능해진다. 심지어 요양원 거주자들도 이 과정에 참여할 수 있다.

어떤 가족 구성원들은 이미 그렇게 하고 있다. 이런 가족들은 매일매일 달라지는 아주 작은 징후까지 포착함으로써 계속되는 관계와 친밀감에 대한 희망이 그 안에 있음을 깨닫는다. 이러한 모습을 관찰하다 보면 사람들이 평생 함께한 소중한 사람의 인생이 그토록 피폐해진 뒤에야 비로소 매일 나타나는 사소한 징후의 차이를 알아차린다는 사실이 흥미롭기도 하고 서글퍼지기도 한다.

이처럼 의식을 집중해 관심을 기울이면 직접적으로든 간접적으로든 만족감이 높아진다. 의식을 집중해 관심을 기울이면 우리의 배우자는 직접적으로 주목받으며 보살핌을 받는다고 느낄 것이다. 사람들은 은연중이든 확실하게든 무언가를 항상 한다거나 결코 하지 않는다는 식으로 매도되고 싶어 하지 않는다. 정형화되기를 원하지 않는 것이다. 대신 있는 그대로의 모습으로 받아들여질 때 존중받는다고 느낀다. 존중받을 수 있는 유일한 방법은 사람들이 우리 행동에서 변화를 알아차리는 것뿐이다.

나는 제자 레슬리 코츠 버피(Leslie Coates Burpee)와 함께한 연구에서 부부처럼 친밀한 관계에서도 서로에게 의식을 집중해 특별히 대할 때 만족감이 높아진다는 사실을 확인했다. [16]

인간관계에서 의식을 집중하면 상대방의 행동과 감정에서 미묘한 차이를 알아차릴 가능성이 높아진다. 그럼 상대방의 행동에 세상의 잣대를 들이대는 대신 상대방이 처한 특별한 상황을 감안하고, 이해해 주기도 쉬워진다. 관계에 있어서 서로에게 의식을 집중한다면 상대방의 관점에서 행동을 바라볼 확률이 높아진다. 그러면 상대방을 충동적인 사람이 아니라 거침없는 사람으로, 융통성 없는 사람보다는 한결같고 안정된 사람으로 바라보게 될 것이다.

수년 전 우리 할머니가 치매 진단을 받았을 때, 나는 그토록 정상적으로 보이는 사람이 그런 진단을 받을 수 있다는 사실에 깜짝 놀랐다. 함께 있을 때 할머니는 아무렇지 않아 보였고, 나 또한 아무렇지 않게 할머니를 대했다. 나는 우리가 의미 있는 시간을 함께 보낼 수 있었음을 행운이라 느낀다.

솔직히 처음에는 진단이 잘못됐다고 생각했다. 그러다 몇 년 뒤 치매 진단을 받은 사람들도 정신이 말짱한 순간이 있음을 알게 되었고, 그제야 치매 진단을 받은 사람과도 여전히 의미 있는 관계가 가능함을 이해했다. 나는 정신이 말짱한 순간 그들의 뒤에 무엇이 있을까 하는 의문에 도달했다. 이런 의문을 품는다면, 정신이 돌아오는 순간을 더 자주 누릴 방법을 찾아낼 수 있을까?

질병의 증상이 사라지거나 덜해진 순간에 무슨 일이 일어나는지 무시하는 경우에는 의도하지 않은 결과와 맞닥뜨릴 수 있다. 무의식적으로 매번 별 차이 없는 증상이 반복되리라고 기대한다면? 서로 차이를 짚어 봄으로써 더 잘 이해할 수 있을지도 모르는 경험들을 하나의 유사한 경험으로 뭉뚱그릴 가능성이 높다.

예를 들어 관절염 환자가 허리에 통증을 느끼는 경우, 매트리스를 바꿀 생각은 하지 않고 모든 통증이 관절염 탓이라고 추정할 수 있다. 하지만 안경 없이도 가까이에서 작은 글씨를 읽을 수 있다면, 시력이 나빠졌다고 말하는 것이 무슨 의미가 있을까? 짧은 문단은 문제없이 읽는데도 난독증이라 말할 수 있을까? 우리가 앓는 병이 곧 우리 자신은 아니므로, 병명으로 정의되거나 속박당해서는 안 된다.

주객이 전도되지 않도록

나는 지난주에 88세인 아버지와 카드 게임을 했다. 아버지는 내가 집은 카드를 모두 기억하고 그 정보를 교묘히 이용해 게임에서 이겼다. 이후 함께 수영장에 갔을 때 아버지는 몇 바퀴를 돌았는지, 그리고 앞으로 몇 바퀴를 더 오가야 하는지 기억하며 운동했다.

그날 저녁 아버지는 나에게 기억력에 문제를 겪고 있다고 말했다. 어떤 종류의 정보를 잊어버리는지 묻자 딱히 짚어 내지는 못했다. 그저 여기저기에서 몇 가지 까먹었다는 사실을 알아챘을 뿐인데, 기억력에 확실히 문제가 있다고 받아들이고 있었다. 아버지는 왜 자신의 문제점들을 구별하지 않았을까? 굳이 보려고 애쓴다면 얼마든지 사물들을 볼 수 있는데도 나는 어째서 근시라는 사실을 받아들여야 할까?

해결책은 문제점을 구체적으로 콕 짚어 볼 때 나타나는 경향이 있으므로 나는 아버지에게 어떤 정형화된 특징이 있는지 알아보기 위해 기억나지 않는 것의 유형을 될 수 있는 대로 적어 보라고 말했다. 아버지가 별로 관심을 두지 않아서 애당초 기억에 새겨 두지 않았기 때문에 (이는 망각의 필수 전제조건이다.) '깜박'하는 경우가 더러 있으리라 짐작했기 때문이다. 만약 그런 경우라면, 아버지는 자신의 상태에 대해 편하게 마음먹거나 혹은 깜박하는 일들에 좀 더 신경 씀으로써 기억을 더 잘할 가능성이 높았다. 아버지가 특히 잘 잊어버리는 부분에 대해 기억하려 노력하는 것은 기억력을 전반적으로 향상시키려 노력하는 것만큼 부담스럽지 않을 것이다.

　우리는 대개 특정 정보를 까먹는데, 기억을 위한 보조 장치는 대부분 기억력 전반에 관한 것이어서 유용성 면에서 한계가 있다. 아버지는 하루 종일 상당히 많은 일을 기억했음에도 까먹은 일 몇 가지에만 초점을 맞추고 있었다.

기억력은 나이와 관련이 있을까?

　우리는 자신에게 의미 있는 정보를 더 잘 기억할 가능성이 높다. 초창기 연구에서 동료들과 나는 요양원 거주자들의 의식 집중도를 높이기 위한 혜택을 제공했다.[17] 실험 집단이 특정 활동을 한 시기, 간호사의 이름 등 우리가 요청한 정보를 찾아내거나 기억할 때마다 선물과 교환할 수 있는 칩을 준 것이다. 실험 참가자들은 선물을 원했고, 그 때문에 우리가 청하는 정보는 그들에게도 중요했다.

　우리는 이 실험을 3주간 지속한 후에 개입의 효과를 확인하기 위한 평가를 실시했다. 그 결과 기억력의 향상을 확인하고, 기억해야 하는 일이 중요해지면 기억력도 향상된다는 결론을 얻었다.

　마지막 날에는 룸메이트를 묘사해 보라거나, 익숙한 물건의 참신한 용도를 찾아보라는 등의 요청을 포함해 몇 가지 인지 능력 검사도 실시했다. 우리는 의식 집중도가 좀 더 높았던 집단이 '새로운 용도' 부분에서 다른 집단을 능가했음을 확인했는데, 그들은 특별히 기록해 달라는 부탁이 없었음에도 룸메이트와 방에 대해 훨씬 더 상세하게 묘사했다. 이 같은 기억의 개입은 놀랍게도 수명까지 연장시키는 결과로 이어졌다. 후속 연구에서 우리는 대조군의 사망률이 4배 이상인데 반해 의식 집중도를 높인 집단의 사망률은 불과 7퍼센트라는 사실을 확인했다.

장기 기억력은 나이가 들어도 변함없이 유지되지만 단기 기억력은 나빠진다는 것은 일반적인 견해다. 많은 노인이 방금 만난 사람의 이름을 기억하는 데는 애를 먹지만 자기 과거를 자세히 이야기하는 데는 아무 문제가 없다는 것이다. 그러나 신경 과학 분야의 연구에 비춰 보면 기억되는 것은 나이와 상관없이 의미 있는 것이다.

미시건 대학교의 심리학자 데릭 니(Derek Nee), 마크 버먼(Marc Berman), 캐서린 슬레지 무어(Katherine Sledge Moore), 존 조니데스(John Jonides)의 연구 결과는 기억이 단일하므로 장기 기억력과 단기 기억력 간의 오랜 구분을 뒷받침할 만한 근거는 거의 혹은 아예 없다는 견해를 옹호한다.[18] 이 같은 증거를 바탕으로 새로이 기억을 조명한다면, 노화에 따른 기억력 감퇴 정도가 과거의 생각보다는 덜하다고 믿게 될지 모르겠다. 의미 있는 일일수록 기억할 가능성이 높다는 게 사실이라면, 젊은이들을 중심으로 돌아가는 세상에 사는 탓에 노인들에게는 세상일이 개인적으로 별 의미가 없을 수도 있다.

문제가 아닌 차이를 발견할 수 있다면

우리가 세상을 바라보는 방식에는 네 가지가 있다. 다른 것에 언제나 똑같이 반응할 수도 있고, 같은 것에 달리 반응할 수도 있다. 같은 것에는 같은 방식으로 반응할 수도 있고, 다른 것에 다르게 반응할 수 있다. 이때 우리는 유사성과 차이를 만들어 내는 장본인이 바로 우리 자신이라는 점을 간과한다.

우리는 주변 세상을 구체성의 중간 단계로 대하는 경향이 있다. 예를 들어, 탁자를 관찰한다고 치자. 포괄적으로 말하면, 그것은 가구다. 좀 더 구체적으로 말하면 그것은 특정한 종류의 탁자다. 가구 사업 종사자나 새 집을 꾸며야 할 필요가 있지 않는 한, 다수의 사람에게 탁자는 탁자로 남는다. 하지만 모든 탁자는 어느 면에서든 다르기 마련이다. 위치를 달리하면, 이를테면 협탁을 옮겨 커피 탁자로 쓴다면 같은 탁자도 매우 다른 물건이 된다.

우리는 사물이 늘 똑같은 모습으로 남아 있기를 바란다. 그러면서 의식을 집중해 미묘한 차이를 감지하거나 만들어 낼 기회를 포기한다. 하지만 그래서는 안 된다. 우리는 의도적으로 차이점을 찾아보고 달리 반응할 것인지 아닌지를 선택할 수 있다. 구체적으로 들여다보면 똑같은 것이 하나도 없다.

ADHD(주의력 결핍 및 과잉행동 장애-역주)는 학습, 기억 및 기타 고차원적 기능과 함께 주의력에 결핍을 겪는 전반적인 장애로 여겨진다. 하지만 실제로 우리가 하는 모든 행동에는 어느 정도 주의력이 요구되므로, ADHD 진단을 받은 사람도 적잖은 일에 주의를 기울일 수 있다.

만약 문제가 있다는 사실 대신 구체적인 사례에 주목한다면 어떤 일이 벌어질까? 아침, 저녁, 주중, 휴일 중 정확히 언제 주의력에 문제를 겪는가? 주의력에 문제를 겪는 대상은 정확히 무엇인가? 의사 진료실로 가는 방향이나 새로 사귄 지인의 이름 따위인가? 그런 부분에 대해서는 문제를 겪지만 다른 때는 괜찮다면 그 이유는 내가 정말로 정보에 신경을 쓰지 않기 때문일까, 아니면 스트레스를 받았거나 지시받는 일을 싫어하기 때문일까?

바람과 욕구, 재능, 기량 안에서 가변성에 주목하면 결과적으로 우리가 추구하는 더 큰 행복을 누릴 수 있다. 안다고 생각하고 대상을 고정시켜 버리면 비유적으로든 문자 그대로든 개선이 필요한 부분을 볼 수 없다.

작은 종양, 호흡, 소변 색깔 같은 것들은 아주 두드러지지 않는 한 변화를 알아차리지 못하고 지나치기 쉽다. 변화를 알아차리더라도 속수무책이라고 느끼며 맞서고 싶어 하지 않을 수 있다. 그러나 이것은 주목할 필요가 있다는 신호다. 이런 신호, 즉 첫 번째 변화는 우리가 인식하기 훨씬 전에 나타난다. 변화를 무시하고 싶어 하는 이런 경향은 평범한 사람들에게만 나타나는 것이 아니다. 의사들도 중요한 의미가 있을 법한 사소한 변화를 놓치곤 한다.

건강 관리는 가능할 때마다 대인 관계의 관점에서 바라보아야 한다. 체계적으로 함께 변하는 듯 보이는 증상의 외적 요인을 알아차릴 수 있도록 서로 도와야 한다. 궁극적으로 책임은 개인에게 있지만, 우리는 주치의나 반려자 또는 가까운 친구들이나 친지의 도움을 받을 수 있다.

이 점을 고려해 연로한 부모님에 대해 생각해 보자. 어른이 된 자식들은 늙은 부모님을 대할 때 종종 무기력함을 느낀다. 그래서 그들은 부모를 아기처럼 다루거나 과잉보호하는 경우가 드물지 않다. 이를테면 보청기를 낄지 말지는 자신이 아닌 부모의 선택임을 잊는 것이다.

관대한 민주당 지지자인 내 친구의 고모할머니는 최고의 공화당 지지자인 남편과 함께 차로 보스턴을 떠나 투표할 도시까지 이동하는 동안 보청기를 끈다. 옆 사람의 말을 듣고 싶지 않기 때문이다.

중요한 점은 한꺼번에 청력이 사라질 가능성은 없으며, 우리의 듣기 능력이 온갖 종류의 소리와 온갖 종류의 환경에 똑같이 발휘되지도 않는다는 사실이다. 관심의 결핍이 청력 상실이라는 가면을 쓸 수도 있다.

우리가 부모님의 듣기 능력이 보이는 차이를 알아차린다면, 즉 청력 상실이 두드러지는 때와 그렇지 않은 때를 분간하면 두 가지 일이 발생한다. 첫째, 우리가 쓸모 있다고 느낀다. 둘째, 우리 부모님이 내 이야기를 쓸모 있다고 여길 수도 있다. 그러나 우리는 대부분이 같은 구분을 하지 않는다. 대신 부모님이 노쇠했다고 여기며 듣지 못하는 상태에 대해 도움이 안 되는 발언을 하거나 불필요하게 고함을 지른다.

차이를 알아차리는 일은 의식 집중의 정수다. 매사에 신경을 쓰면 피곤해질 것이고 다른 일을 할 시간이 거의 없을 것이라고 생각하지 않길 바란다. 의식 집중은 활기를 불어넣지, 절대로 떨어뜨리지는 않기 때문이다.

4장

무엇이 우리를 병들게 만드는가

고정 관념 버리기

우리는 사물을 있는 그대로 보지 못하고,
우리의 모습대로 사물을 바라본다.

_아나이스 닌

COUNTER

CLOCK

WISE

모든 것이
나이 때문일까?

여행 가방을 든 8명의 할아버지는 각자의 방에 도착했다. 개인에게 주어진 각각의 방은 딱히 고급스럽지 않았지만, 1950년대 물건으로 보일 만한 도자기나 꽃병 같은 물건이 간간이 놓여 있었다. 요양원에서 일주일을 보내리라 짐작하던 실험 참가자들은 시간을 초월한 이 같은 환경에 놀라워했다.

요양원에서 지내 보지 않은 사람이 그곳의 삶을 상상하기란 쉽지 않다. 개인의 방으로 이어지는 문이 언제나 열려 있고, 모든 일이 나를 위해 이루어지지만 일정에 내 의사가 반영되지는 않는다. 식사는 물론이고 샤워는 언제 할지, 어디에 갈 수 있고 없는지 결정하는 일이 모두 나의 권한 밖이다. [19]

요양원에서 노인 환자들과 처음 일을 시작했을 때, 나는 눈앞에 펼쳐진 광경에 서글퍼졌다. 노인들은 할 일 없이 그저 멍하니 앉아 있었다. 그들에게는 어떤 식으로든 삶에 대한 선택권이 주어지지 않았다. 노인들의 방문이 왜 열려 있는지 묻자, 문을 닫으면 화재의 위험이 있다는 답이 돌아왔다. 그러나 마지막 화재가 언제인지 묻는 질문에 대한 대답은 "한 번도 없었다"는 것이었다.

우리는 모든 참가자에게 20년 전에 누리던 사생활을 제공하고, 책임을 요구했다. 식사 메뉴를 정하는 일부터 음식 준비와 설거지까지 직접 참여했다. 노인들에게 이 일주일은 뭔가 다른 나날이 될 터였다. 안전을 염려해 주의 깊게 지켜보기는 했지만, 그들은 근본적으로 독립적인 생활을 했다.

나이에 대한 재해석이 필요하다

시계 거꾸로 돌리기 연구의 최초 계획 시, 우리는 노화를 되돌리거나 늦출 수 있을지 알아보기 위해 나이를 가늠하기 위한 최선의 방법을 찾아보다가 난관에 부딪쳤었다. 우리는 전국의 유명한 노인병 전문의 여럿에게 전화로 이렇게 물었다.

"어떤 방에는 70세인 사람이, 다른 방에는 50세인 사람이 있을 때 그들의 신체에 관한 어떤 수치라도 측정할 수 있다면, 누가 70세이고 누가 50세인지 확실하게 구분할 수 있는 기준은 무엇일까요?"

그러자 오직 수치상의 나이만이 둘 사이의 차이를 확실하게 드러

늙는다는 착각

낼 수 있다는 대답이 돌아왔다.

나이는 재해석을 요구한다. 왜 우리는 질병과 쇠약을 나이에 융합하는가? 왜 우리는 50세가 넘으면 감각, 성욕, 균형, 지구력이 줄어든다고 가정하는가? 그렇게 말한 이는 누구이며, 그것이 진실인지 확인할 방법은 무엇인가?

현재 많은 사람이 65세가 공직에 출마하거나 아이를 입양하거나 테니스 싱글 경기에 참여하기에는 너무 늙은 나이라고 믿는다. 80세가 되면 아주 쇠약해 홀로 지낼 수 없고, 가스레인지를 켜 놓을까 봐 두려워 요리할 수 없으며, 균형 감각이 심하게 떨어져 자전거도 탈 수 없다고 생각한다. 그것이 무슨 병이든 악화되지 않고 점점 나아지리라고 생각하면 허황되고 지나친 망상으로 치부된다.

수도원에서 참가자들이 처음으로 자기들끼리 나누는 이야기를 들어 보니 그들은 하나같이 이런 생각을 받아들이고 있었다. 모두 자기 '한계'를 지나치게 잘 알고 있었다. 그들은 쉽게 소화된다고 '알고 있는' 음식만 먹었고, 미뢰가 줄어들었다고 여기며 음식을 선택할 때 모험을 삼갔다. 원하는 만큼 얼마든지 자유가 주어졌음에도 자기 병력을 기초로 용납되는 행동 이외의 신체적 행동에는 참가할 생각조차 하지 않았다.

평소보다 약간 오래 자고 일어난 존과 관절염이 있는데도 자기 접시는 스스로 설거지해 달라고 부탁받은 폴은 처음에 근심에 사로잡혔다. 프레드는 약간 달랐다. 사람들을 몰아세워 평소보다 과도하게 노동하도록 만들었다.

　그러나 놀랍게도 매사가 제자리를 찾았다. 참가자들은 무언가를 '할 수 없다'고 간주하는 대신 '프로그램에 참여하기' 시작했다. 가능성에 대한 생각, 아니 좀 더 정확하게는 불가능에 대한 그들의 생각은 어디에서 비롯되었을까?

우리를
살찌게
만드는 것들

우리는 매일매일 어제 진실로 받아들인 것이 오늘은 거짓이 될 수도 있다는 사실을 배운다. 버터가 최고라고 여겨지던 때가 있었다. 그러다 마가린이 유일한 해답이 되었다. 다시금 버터가 되돌아왔지만, 지금은 올리브유가 모든 것을 제치고 앞장서고 있다.

새로운 의학적 발견을 모두 따르려는 시도는 극심한 스트레스로 이어져 오히려 건강에 나쁠 확률이 높다. 우디 앨런의 영화 〈슬리퍼〉의 주인공이 아주 오랜 잠에서 깨어난 뒤 나빴던 모든 점이 다시 좋아졌음을 발견하는 장면과 마찬가지다.

"체중을 줄이지 않으면 나중에 후회할 겁니다."

건강에 대한 이 같은 충고는 우리 문화 어디에서나 만날 수 있는

다이어트 광풍에 부분적으로 책임이 있으며, 위험한 약물까지 먹으며 살을 빼려 하는 어떤 사람들에게 핑곗거리를 제공한다.

오랜 세월 과체중은 심리학적인 실패, 의지력 결핍의 결과로 여겨졌다. 그러다 연구원들이 체중의 유전적 특징에 주목하기 시작했고 무언가 다른 요인이 있을지도 모른다는 사실을 확인했다. 바로 식사량과 활동량, 우리 몸의 열량 소모를 조절하는 50개 이상의 유전자 말이다. 지방 문제는 더욱 복잡해졌다. 연구 결과, 쌍둥이가 유사하게 먹더라도 체중이 매우 달라질 수 있음이 드러났다. 최소한 그들에게는 체중 증가가 식사량이나 유전 인자와 관련 없는 듯했다. 체중 증가의 이유가 의지력 결핍도, 유전자도 아니라면 대체 어떤 요인이 관여하는 것일까?

체중 증가에 미치는 바이러스의 영향을 연구한 리처드 앳킨슨(Richard Atkinson)과 니킬 두란다(Nikhil Dhurandhar)는 비만한 피험자의 30퍼센트가 흔한 유형의 아데노바이러스(우리가 알아차리기 어려운 사소한 질병을 유발할 수 있다) 항체를 갖고 있는 데 반해, 날씬한 피험자는 11퍼센트만 항체를 갖고 있음을 발견했다.[20] 전반적으로 항체 실험에서 양성 반응을 보인 사람들이 감염되지 않은 사람들보다 두드러지게 체중이 많이 나갔다. 추후 연구에서는 뚱뚱한 사람들이 쉽게 감염되는 것은 아니며 유전 인자가 관여하지도 않는다는 사실이 드러났다. 혹시 비만 자체가 질병일까? 다른 연구원들의 충고에 따르면, 아직은 증거가 없으므로 속단하지 않는 것이 좋겠다.

우리 가운데 누구도 '우리'가 아니다

과체중에 관한 진실은 무엇인가? 우리가 식탁에서 빨리 일어나지 못한 결과일까? 음식에 대한 욕망이 우리 몸에 프로그램되어 있는 것일까? 우리는 비만이라는 질병에 걸리는 것일까? 아니면 무언가 다른 것이 작용하는 것일까? 체중이 늘어나는 이유는 사람들이 흔히 짐작하는 것처럼 간단하지가 않다. 과학자들도 우리에게 어떤 답을 주어야 할지 확신하지 못하고 있다. 아마도 체중은 각자 다른 수많은 요인에 좌우되는 것인지도 모르겠다.

1장에서 이미 건강 관련 정보를 아무 생각 없이 받아들이는 문제를 다룬 바 있다. 의학적인 조언을 무작정 따르는 것은 솔깃한 일이지만, 사실이 계속해서 바뀐다면 그러기 어렵다. 이것은 과학의 오류가 아니다. 수많은 의학적 조언이 근거로 삼는 데이터는 여러 측면에서 불완전하다.

우리 몸은 각자 소유하고 경험한 독특한 유전 암호와 환경 요인의 영향에 따라 서로 다르게 상호작용하는 생물학적 과정이 연결된 복잡한 체계다. 이 중 딱 하나의 요인만 의학적 실험에 도입할 실질적인 방법은 없으며, 그러한 시도를 원하는 연구원도 없을 것이다. 그랬다가는 원인과 결과를 밝히려다 얻은 지나치게 복잡한 결과는 말이 되도록 만드는 실현 불가능한 과제와 직면하게 될 것이다.

훌륭한 건강 관리자가 되려면 건강에 필수적인 사실들을 알고 있다고 확신해야 한다. 의학은 우리에게 줄 것이 많다. 다만 완벽하지 않으므로, 과학이 어떻게 사실을 구성하는지 이해하지 못하면 건강을 통제하는 방법도 배울 수 없다. 건강에 관한 모든 것을 알 수는 없지만, 의학 지식이 어떻게 개발되고 적용되는지 충분히 파악하면 의식의 집중으로 건강을 이해하는 법도 개발할 수 있다.

의학적인 조언을 무심히 따르고 싶은가? 그 조언이 근거로 삼는 데이터의 불완전성을 깨달으면 구미가 덜 당길 것이다. 건강 평가의 도구는 모두 인간이 만든 것이다. 당연히 완벽하지 않다. 또한 도구의 평가에 이용되는 과학은 확률을 근거로 한다. 이런 진단 기구는 해당 집단의 건강을 성공적으로 예측할 수도 있지만, 우리 중 누구도 '우리'가 아니다.

깔끔하게
분류되기에는
너무 복잡한 인간

　1996년부터 2006년까지 정신 상담을 받은 사람들의 수는 150퍼센트 증가했고, 심리 치료사와 임상의들은 더욱더 많고 다양해진 문제점을 분석하고 이해해야 한다는 압박감에 시달렸다.

　하버드 대학교의 정신과 의사인 데이비드 브렌델(David Brendel)은 자신의 저서 《치유하는 정신 의학(Healing Psychiatry)》에서 정신병에 과학을 적용하는 것의 문제점과 '정신 의학 과학주의'에 대한 근거 없는 믿음을 일부 언급한다.[21] 그는 환자들이 임상의가 적용하는 진단 범주에 딱 맞아떨어지지 않는 경우가 흔하다고 지적한다. 깔끔하게 분류되기에 인간은 너무 복잡한 존재다.

　그의 동료 스티븐 하이먼(Steven Hyman)이 말하듯, 문제는 "우리에게 혈압 측정기나 혈액 검사, 두뇌 정밀 검사에 상응하는 진단 도구가 없다"[22]는 점이다. 게다가 과학적인 조사가 내놓은 가능성의 확률은 연구원이나 교과서 저자, 대중 매체, 교사 등을 거치며 가르치고 이야기하기 쉽도록 절대적인 진술로 변환된다. 그 결과 우리는 실제보다 많이 안다고 생각하게 된다. 모든 과학은 이런 방식으로 차츰 단순화된다.

질병을 치료할 때 우리가 선뜻 의존하는 진단 정보도 상당수 복잡성보다 단순성을 우선시하는 문제로 갈등을 겪는다. 진단에 이용되는 '객관적인' 의학적 수치들도 미심쩍기는 마찬가지다. 예를 들어, 고혈압은 뇌졸중, 동맥류, 심부전, 심장마비, 신장병 같은 문제를 초래한다고 여겨지지만 고혈압 환자 중 약 5,000만 명은 이 사실을 알아차리지 못하고 쉽사리 지나쳐 버린다.

의사인 시드니 포트(Sidney Port), 린다 드머(Linda Demer), 로버트 젠리치(Robert Jennrich), 도널드 월터(Donald Walter), 앨런 가핀클(Allen Garfinkel)은 흥미로운 연구로 혈압과 치사율 사이에 밀접한 관계가 있는지, 심지어 혈압을 낮추는 것이 효과가 있기는 한지에 대해서 여전히 진지한 논란이 있음을 지적한다.[23]

결론적으로, 고혈압 치료를 받는 환자들의 30퍼센트는 부적절한 치료를 받고 있는지도 모른다. 우리는 의학 장비와 혈압 도표가 너무도 객관적으로 보인다는 이유로 이 같은 문제점을 간과한다. 수축기 혈압이 140~159 사이면 미약한 고혈압, 160~170 사이면 중간 정도, 180 이상이면 심각한 고혈압이라고 여기는 식이다. 이 같은 질병의 초기 단계는 거의 전적으로 혈압 수치 측정만으로 결정된다.

어떤 질병의 프로필이 발병의 확인이나 그 병에 걸린 사람들이 흔히 경험하는 증상이 무엇인지, 전형적인 병의 진행 과정은 어떠한지, 해당 질환을 경험한 환자들의 대다수에게 가장 효과적이라고 기록된 치료 방법은 무엇인지 알려 줄 수는 있다. 그렇지만 평균치를 근거로 한 프로필이 순간순간 달라지는 건강 상태의 변화를 알려 주지는 못한다.

과학이 진리일 확률은 몇 퍼센트일까?

생물학자 제프리 고든(Jeffrey Gordon)은 아침에 먹는 시리얼 한 그릇으로 우리가 각기 얼마나 독특한 반응을 보일 수 있는지에 대한 재미있는 사례를 제시한다.[24] 시리얼 상자에는 한 컵 분량에 110칼로리가 들어 있다고 적혀 있지만, 시리얼 한 컵에서 모든 사람이 정확히 110칼로리를 얻는 것은 아니다. 내장에 살고 있는 미생물의 특정한 조합에 따라 어떤 사람은 더 높은 열량을 얻을 수도 있고, 다른 사람은 낮은 열량을 얻을 수도 있다. 고든은 이렇게 설명한다.

"식사는 특정한 양의 절대 에너지를 갖고 있다. 그러나 그 식사량에서 추출되는 양은 개인마다 다를 수 있으며, 큰 차이는 아니지만 에너지 균형이 하루에 불과 2, 3칼로리에 의해서도 영향을 받는 경우에는 시간이 흐르면서 체중이 크게 달라질 수도 있다."

그렇다고 우리가 의료계에 절대 아무런 오류가 없다고 확신하는 것도 아니다. 과학, 인간 심리, 생리학에 대한 우리의 믿음이 너무 복잡한 탓이다. 우리가 해야 할 일은 관찰과 질병 사이의 상관관계를 찾는 것이다. 상관관계는 완벽과 거리가 멀다.

다시 한번 말하지만 과학적인 조사는 절대적인 진실이 아니라 확률을 산출한다. 확률은 연구원과 그들이 만든 교과서, 미디어, 교사, 부모, 친구, 사업 관리자의 손을 거쳐 설득력 있고 전달하기 쉬운 절대적 진술로 변모한다.

우리는 어떠한 상황에서 진실일 수도 있는 것을 배우고 난 뒤 마치 그것이 모든 상황에서 진실인 양 적용한다. 만일 우리가 모든 경우에 확실한 것이 아니라 특정한 맥락 안에서만 그럴 가능성이 있다고 배운다면, 무조건적으로 무심코 받아들이는 경향이 줄어들지 모른다. 그렇게 하는 것이 우리에게 가장 도움이 된다면 의문을 품고 다시 생각해 보는 일이 쉬워질 것이다.

의학은 해답의 집약체가 아니다

의사의 진단 도구는 대다수의 환자 집단을 성공적으로 예측할 수 있지만, 앞에서도 말했듯이 우리 가운데 누구도 '우리'가 아니다. 연구 결과가 절대적이지 않기 때문에, 원래 조사 때 존재하던 변수의 수에 미묘한 변화가 생기면 결과도 상당히 달라질 수 있다.

근력에 약효가 있는지 알아보기 위해 약물을 실험한다고 치자. 피험자를 선택한 뒤 연구에 참여하는 모든 이에게 전달할 정보의 윤곽을 정해야 하며, 실험 투여량을 결정하고, 약물 투여 시간과 상황을 확정해야 한다. 그다음 근력 강화의 허용 기준을 어떻게 구성할지도 결단해야 한다. 이처럼 과학 연구를 수행하는 과정에서 내려야 하는, 즉 의료 지식을 구성하는 '감추어진 결정'은 셀 수 없이 많다.

다시 한번 말하지만, 의사는 질병의 확인 뒤 증상을 설명하고 전형적인 병의 진행 과정은 어떠한지, 해당 질환을 경험한 환자들의 대다수에게 가장 효과적이라고 기록된 치료 방법이 무엇인지 알려 줄 수 있다. 그러나 정해진 시간과 일정 기간 동안 몸의 특정 부위에 환자 개인이 경험하는 감각의 특성과 위치, 격렬함의 강도, 지속 기간은 예측할 수 없다. 의사라도 특정한 개인이 그 같은 감각을 어떻게 감지하며 얼마나 면밀히 주목하는지 알 수 없기 때문이다.

환자가 자신의 건강 상태와 몸, 예후에 어떤 태도인지 알 방법도 없다. 개개인이 무슨 생각을 하고 어떻게 대처하는지 무슨 수로 설명하겠는가. 요컨대 평균 수치는 기껏해야 사람들이 보고하는 경험의 경향과 병을 확인하기 위해 받는 테스트의 경향만을 알려 줄 수 있을 뿐, 환자 본인에 대한 것은 설명하지 못한다.

진단, 예후, 연구 방법, 통계는 효율적이고 윤리적이며 의미 있는 의술에 모두 필수적이다. 그럼에도 불구하고 가변성으로 인한 태생적인 불확실성 면에서 볼 때 의학 역시 다른 연구 분야와 마찬가지로 해답의 집약체라기보다는 질문을 던지는 방식으로 여겨져야 한다.

사실은 계속해서 변하므로 질문을 찾기란 쉽지 않다. 예를 들어, 운동은 분명 이로운 것이다. 그렇지만 종양학자인 피오나 치온(Fiona Chionh)의 연구에 따르면, 운동을 많이 하는 여성들이 난소암에 걸릴 확률이 더 높다.[25] 운동은 좋은 것이지만 몸에 나쁠 수도 있다. 사실은 변한다. 정보는 제자리를 유지하지 못하며, 이는 의학의 잘못이 아니라 전반적인 과학의 현실이다.

신체의 이해와 관련된 문제들이 얼마나 복잡한지 떠올려 보자. 다수의 유전자와 환경적 문제 때문에 신체의 어느 부분이라도 다른 부분에 영향을 미칠 수 있다. 피스타치오, 곤충, 세제, 특정 꽃 등에 보이는 특이한 알레르기 역시 영향을 미칠 수 있다. 신발이나 메고 다니는 배낭의 경미한 불균형, 떨어뜨린 펜을 주우려고 소파 뒤로 손을 뻗는 행동 또한 마찬가지다. 일상 속에서 우리는 몸에 문제를 일으킬 수 있는 사물과 접촉할 수도 있고, 유전적으로 취약하기 때문에 위험한 처지에 놓일 수도 있다. 하지만 그런 요인을 전부 실험해 볼 방법은 없다.

늙는다는 착각

왜
더 좋아질 거라고
착각하지 않는가

통계학상의 개념을 좋아하지 않는 사람도 있겠지만, 두 가지 주요 개념인 상관관계와 회귀의 효과를 건강과 관련해 이해하고 인식할 필요가 있다.

이제껏 나온 모든 통계학 책에는 "상관관계는 인과 관계가 아니다"라는 문구가 실려 있다. 사실 간단한 개념이다. 두 정보 사이의 상관관계는 그들이 관련되어 있음을 의미한다. 두 가지 현상의 측정값에서 상관관계가 긍정적이라면, 한 가지 수치가 올라가면 다른 수치도 올라간다. 부정적이라면 수치는 반대 방향으로 움직인다. 그렇다고 한 가지가 다른 것의 원인인 것은 아니다. 잦은 소변 욕구는 당뇨병과 상관관계가 있지만, 하루에 수차례 화장실에 간다고 당뇨병에 걸리지는 않으며 그것이 이미 당뇨병에 걸렸다는 의미도 아니다.

상관관계가 완벽한 경우는 드물다. 상관관계가 통계적으로 중요하다면, 대부분 두 가지 요인이 예측한 대로 관련되어 있다. 이 말은 두 요인이 서로 관련되지 않을 때도 있음을, 한 가지 요인이 다른 요인을 예측할 수 없을 때도 있음을 의미한다.

상관관계와 원인의 차이를 제대로 인식하지 못하는 것이 진짜로 영향을 미칠 수도 있다. 예상하는 바가 건강에 매우 중요한 영향을 미칠 수도 있다는 뜻이다. 만약 우리에게 종양이 생겼고 이 종양이 이른 사망과 상관관계가 있다고 치자. 그렇다고 해서 종양이 우리를 죽음에 이르게 만들 것이라고 말할 수는 없다. 이 같은 결론을 도출하려면, 인과관계를 입증할 수 있는 과학적인 실험이 필요하다. 이때 관여된 변수가 많다면 인과관계를 명확히 구분하는 방식으로 연구하기란 불가능하거나 매우 어렵다. 그럼에도 불구하고 종양 때문에 필연적으로 죽을 것이라 예상한다면 우리는 희망을 포기할 것이고, 종양이 아니라 희망을 포기했기 때문에 죽게 될 것이다.

어느 연구에서 10대 이전에 과체중이던 소녀들은 비만 가능성이 높을 뿐더러 성인이 되어 심장병에 걸릴 위험도 더 높음이 밝혀졌다. [26] 이 같은 연구 결과는 일부 소녀들에게 더 건강한 식생활과 잦은 운동을 유도할 것이다. 여기까지는 좋다. 그런데 이 사실을 알고 노력했음에도 체중 줄이기에 실패한 소녀들도 존재할 수 있다. 체중을 줄이지 못한 소녀들은 주어진 정보 앞에서 체념하고 자신을 운명

에 맡길지 모른다. 두려움과 절망 때문에 이전보다 더 많이 먹을 수
도 있다.

정보의 간접적인 영향력은 이런 식으로 누군가를 건강하지 못한
행동으로 이끌 가능성이 있다. 의학계 역시 이 같은 영향력의 중요
성을 서서히 인정하고 있다.

동물 실험으로 증명된 상관관계

심리학자들은 무기력한 상황에 동물을 놓아 두고, 그 효과를 알아
본 바 있다. 예를 들어, 학습된 무력감에 대한 마틴 셀리그먼(Martin
Seligman)과 다른 이들의 연구는 삶을 포기한 수많은 동물이 실제로
조기 사망한다는 사실을 밝혀냈다. [27]

셀리그먼과 그의 동료들은 끈으로 결박한 개를 세 그룹으로 나누
었다. 대조군은 단순히 일정 기간 속박되었다가 풀려났다. 나머지
두 집단은 둘씩 짝지어 속박되었다. 첫 번째 집단의 개들에게는 의
도적으로 전기 충격을 주었는데, 어떤 개든 레버를 누르면 멈추었
다. 두 번째 집단의 개들은 첫 번째 집단과 똑같은 양의 전기 충격을
받았지만 앞에 놓인 레버가 쓸모없는 것이어서, 고통을 제어할 수
없었다. 전기 충격을 중지할 수 있었던 첫 번째 집단의 개들은 그 경
험에서 빠르게 회복되었지만, 무기력해지도록 학습된 다른 개들은
만성적인 임상 우울증과 유사한 증상을 보였다.

다음 실험에서는 세 집단의 개들을 낮은 칸막이 위로 펄쩍 뛰기만

하면 전기 충격에서 벗어날 수 있는 칸막이 상자 장치에 가두었다. 이전에 운명을 제어할 방도가 없음을 '학습한' 집단의 개들은 대부분 수동적으로 엎드려 울어 댈 뿐이었다. 그들은 벗어나려는 시도조차 하지 않았다.

쥐를 대상으로도 이와 유사한 무력감 실험이 이루어졌다.[28] 쥐들은 스스로 자유를 찾으려는 노력을 포기하고 축 늘어질 때까지 속박되었다가 이어 얼음물에 입수되었다. 대조군(속박당하지 않았던 쥐들)이 몇 시간이나 헤엄친 데 반해 그들은 물에 들어가자마자 이내 죽었다. 해부 결과 그들의 부교감 신경계에 이상이 있음이 밝혀졌다. 즉 그들은 단순히 운명에 자신을 내던짐으로써 평화롭게 죽은 것이다.

긍정적인 태도에 관하여

태도가 긍정적인지 부정적인지에 따라 인간에게도 유사한 효과가 나타난다. 셀리그먼과 크리스토퍼 페터슨(Christopher Peterson), 조지 바일런트(George Vaillant)는 1946년 당시 25세였던 일군의 하버드 대학교 남학생을 대상으로 한 설문 응답을 분석했다.[29] 남학생들의 답변에서 연구원들은 각자의 삶에서 일어나는 사건을 설명하는 유형에 따라 그들을 긍정적인 부류와 부정적인 부류로 나누었다. 셀리그먼과 동료들은 35년간의 건강과 병력을 추적한 끝에 그들이 약 45세까지는 비슷한 정도의 건강을 유지하지만, 45세부터 60세 사이에 부정적인 이들의 건강이 상대적으로 나빠졌음을 확인했다.

운명에 대한 중국 문화의 믿음을 조망한 연구도 흥미롭다.[30] 중국계 성인 미국인의 사망 기록을 조사한 결과 연구원들은 중국 점성학과 한방에서 불길하다고 여기는 질병과 탄생 연도의 조합을 지닌 중국계 미국인이 더 많이 사망했음을 발견했다. 예를 들어 1937년은 불의 해이며 그해와 관련된 신체 장기는 심장이다. 1937년에 태어난 중국계 미국인은 불의 해에 태어나지 않은 다른 사람들보다 심장병으로 죽은 경우가 더 많았다. 대수롭지 않은 관련성일까? 우리로서는 흥미롭고 도발적인 상관관계가 존재한다는 것만 말할 수 있을 뿐, 진실은 알 수 없다.

태도가 긍정적인 효과를 가져올 수 있다는 점은 중요하다. 이 분야에서는 심리학자 셸던 코언(Sheldon Cohen)과 동료들의 연구가 매우 흥미롭다.[31] 그들은 피험자에게 감정 유형을 평가하는 설문을 실시한 다음, 허락을 받아 격리시킨 뒤 감기나 독감을 유발하는 바이러스에 노출시켰다. 코언과 동료들은 행복한 사람들이 감기와 독감에 덜 걸린다는 사실을 발견했다.

긍정적인 태도는 노인들이 젊은이들보다 우월하다고 말할 수 있는 분야인지도 모른다. 실제로 심리학자 로라 카스텐슨(Laura Carstensen)은 같은 성인이라도 나이가 많을수록 매사를 부정적으로 보는 경향이 덜하다는 사실을 발견했다.[32] 그러한 태도는 노인들을 더 행복하게 만듦으로써 건강에 긍정적인 영향을 미칠 것이다.

낙천주의에 관하여

심리학자 마이클 스키어(Michael Scheier)와 찰스 카버(Charles Carver)는 낙천주의와 관상 동맥 우회 수술 회복 사이의 상관관계를 밝힌 바 있다. [33] 인간의 태도가 질병의 회복에 미치는 효과를 살펴본 다른 연구에서도 이 같은 건강 향상이 질병에 걸렸음을 부인하는 환자의 성향 때문은 아님이 확인되었다.

낙천적인 믿음을 가진 이들은 자신의 회복에 남들보다 큰 관심을 기울이는데, 그러한 과정은 회복을 도울 뿐만 아니라 합병증 대비에도 도움이 된다. 이러한 낙천주의는 의식의 집중과도 긴밀한 상관관계를 맺고 있다. (또는 가볍게 관련되어 있을 수도 있다.) 병이 몹시 위중한 사람이 중요한 행사가 끝날 때까지 어떻게든 버티다가 그 후에 포기하는 경우가 종종 있음은 잘 알려져 있다. 마찬가지로 노부부 가운데 한 사람이 세상을 떠나면, 남은 배우자 역시 머지않아 사망할 확률이 높다.

포기의 결과는 상당히 현실적이다. 상관관계가 있는 결과를 알게 되었는데, 무심코 그것을 필연적인 진실로 받아들였다고 치자. 예를 들어 암에 걸리면 죽는다는 사실을 무의식적으로 수용한 사람이 암 진단을 받으며 스스로를 부지불식간에 자기 충족적 예언의 희생양으로 바라볼 수도 있다. 이처럼 심리적 요인으로 유발된 죽음은 원래의 상관관계가 실제 들어맞는다기보다 더 많은 사람에게 해당되는 것처럼 "암은 정말로 죽을 병이다" 같은 예언을 확인해 줄 뿐이다.

평균값에
계속
가까워지다 보면

건강에 의식을 집중하는 학습자가 되고 싶다면, 통계학 개념 중 상관관계 다음으로 회귀를 이해해야 한다. 회귀란 행동, 느낌, 사건이 각기 평균 근처에서 달라진다는 사실을 가리킨다.

테니스 경기에서 멋진 서브를 넣었다면 (이는 매우 드물기 때문에 나에게 인상적인 사건이다.) 다음 서브는 아마도 평균치에 좀 더 가깝게, 덜 근사하게 들어갈 것이다. 평소와 달리 형편없는 서브를 넣었을 때도 마찬가지다. 다음 서브는 아마도 전번 것보다 나아질 것이다.

통계학은 이 같은 효과를 '평균으로의 회귀'라고 표현한다. 평균으로의 회귀는 우리가 강화(強化, 어떤 행동 이후에 자극을 제시해 앞으로 그 같은 반응이 나타날 확률을 높이는 심리학 용어-역주)보다 처벌이 더 효과적이라고 생각하는 원인이다.

극단은 눈에 띄기 마련이다. 훌륭한 서브를 칭찬받는다면, 다음번 서브는 평균으로 회귀해 나빠질 가능성이 높다. 그럼 나는 칭찬받고 난 뒤에는 반드시 낭패를 본다고 생각하게 될 가능성이 있다. 반면, 형편없는 서브를 조롱당한다면 다음번 서브는 나아질 확률이 높다. 이번에도 나는 그것이 부정적인 언사에 대한 반응이라 생각하며 내 실력 향상 또한 부정적인 언급에 대한 '어디 두고 보자' 같은 반발에서 비롯되었다고 짐작할 가능성이 있다. 물론 실제로는 배워서 더 잘하는 경우도 있기 때문에 문제가 그리 간단하지가 않다.

이제 질문은 '다음번 서브가 좋아진 이유는 내가 서브 방법에 관해 뭔가를 배웠기 때문일까, 아니면 평균으로의 회귀 때문일까?' 하는 것으로 넘어간다. 물론 정확한 답을 알 방법은 없다.

의학에서 '평균으로의 회귀'

자연스러운 평균으로의 회귀 과정은 종종 의학적인 치료에 효험이 있는 것처럼 보이게 만든다.

프랜시스 베이컨은 성공한 경험이 있었기 때문에 사마귀에 돼지고기 껍질을 문지르면 나을 수 있다고 믿었다. 조지 워싱턴은 약 8센티미터 길이의 금속 막대 한 쌍으로 몸을 훑으면 다양한 질병이 치유될 수 있다고 믿었으며, 식민 시대에는 의료계 전체가 거머리에게 피를 빨림으로써 건강을 회복할 수 있다고 믿었다. (조지 워싱턴은 불행히도 인후 감염을 치료하기 위해 하루 동안 피를 4.5리터나 사혈한 후 사망했다.) 베이컨과 워싱턴, 그들의 주치의가 비과학적이었다고 생각하기 쉽지만, 우리도 늘 이와 똑같은 형식의 추론을 따른다.

앞에서도 한 말이지만, 극단은 눈에 띄기 마련이다. 예를 들어, 며칠 전부터 아픈 것 같았는데 지금은 확실히 평소보다 몸이 좋지 않다고 느낀다면 도움이 될 만한 약을 찾을 것이다. 다음 날 몸이 나아진다면 분명 놀라운 약의 효험 덕분이라고 생각하기 쉽다. 며칠 전의 사소한 증상에는 큰 관심을 기울이지 않은 탓에 좀 더 심각한 증상을 감지하고 행동을 취하면 가까운 시일 내로 몸이 나아진 것처럼 느껴질 가능성이 높다.

그렇다면 이는 증상이 평균으로 회귀했기 때문일까, 우리가 먹은 약 때문일까? 어떤 때는 약이 진짜로 효력을 발휘하지만, 어떤 때는 약 덕분이라고 오인할 수도 있다. 둘 가운데 무엇이 정답인지 알기가 쉽지 않다.

질병의
단서가 되는
여러 증상

건강에 의식을 집중하려면 자신의 몸이 전하는 메시지에 주의를 기울여야 하지만, 관심이 필요한 증상과 무시해도 좋을 증상을 구분하는 태도에 따라 종이 1장 차이로 의식을 집중하는 사람이 될 수도 있고, 건강 염려증 환자가 될 수도 있다.

감각이 어느 정도가 되어야 증상일까? 증상을 알아차리는 데 오래 걸릴수록 문제가 심각해질 수 있음은 분명하다. 하지만 심상치 않은 느낌이 있을 때마다 의학적 조언을 찾는다면 인생을 즐길 시간이 사라질 것이다. 우리는 어떤 감각을 증상이라 여겨야 하며, 마지막에 결정하는 사람은 누구일까? 얼마나 오래 또는 어느 정도로 통증을 느껴야 문제가 있는 것일까?

늙는다는 착각

우리는 스스로 증상을 인지하는 방법과 의료계가 증상을 다루는 방법을 모두 감안해 좀 더 조심스럽게 증상을 관찰할 필요가 있다. 증상은 질병을 가리키는 단서로 불완전하다. 둘 사이의 상관관계가 완벽하지 않기 때문이다.

우리는 서로 떼어 놓아야 이로운 두 가지 매우 다른 증상을 하나로 취급하곤 한다. 아픔, 통증, 발열같이 스스로 관찰할 때도 자명한 직접적인 증상과 혈압, 심박수, 콜레스테롤, 혈당을 포함해 의료검진으로 측정되는 간접적인 증상 말이다. 전자는 두드러진 증상이라 우리의 관심을 촉구하며, 다른 문제점을 가리킨다기보다 자체적인 이상으로 여겨질 수 있다. 후자는 우리의 건강 상태를 관찰하고 임박한 문제점을 경고하기 위해 의료계가 확인한 증상이다. 먼저 후자부터 살펴보자.

화재경보기에만 의지해서는 안 되는 이유

간접적인 증상의 상당수는 질병에 대한 불완전한 단서를 제공한다. 예를 들어, 콜레스테롤 수치가 심장병에 미치는 상관관계를 살펴보자. 연구 결과에 따르면 높은 콜레스테롤 수치 같은 증상은 심장병과 관련이 있지만, 콜레스테롤 수치가 높은 사람이 모두 심장 마비에 걸리지는 않는다. 연구 대상들과 유사한 환경에 놓인 수많은 사람에게는 높은 콜레스테롤 수치와 심장병의 상관관계가 의미 있겠지만, 모든 사람에게 마찬가지로 적용되는지는 확실하지 않다.

콜레스테롤 수치가 매우 높아서 낮추지 않으면 심장병이나 뇌졸중이 올지도 모른다고 가정해 보자. 이때 약으로 수치를 낮춘다면 콜레스테롤에 대한 스트레스는 사라지고 심장마비에 대한 염려도 줄어들 것이다. 이는 화재경보 체계를 갖추는 것과 비슷하다. 화재경보기를 설치하면 화재에 대한 염려를 덜 수 있다. 설비 덕에 핵심 문제를 무시할 수 있는 셈이다. 경보 체계가 나 대신 작동하리라고 여기는 것이다. 그러나 미묘한 단서에 무심해지면, 경보기가 망가진 줄도 모르고 방심하다가 큰 코 다칠지 모른다. 외적인 '장치'에 의존하면 내적으로든 외적으로든 주변 환경에 둔감해진다. 화재경보 체계를 갖추기 이전에는 분명히 감지했을 연기 냄새를 못 알아차리는 식이다. 하지만 콜레스테롤 약을 먹더라도, 나는 심장마비의 첫 번째 징후를 무시하거나 소홀히 할 만큼 신체에 둔감해지고 싶지 않다.

콜레스테롤 수치와 심장병 간의 상관관계 연구가 지닌 문제점은 수치가 낮은 사람들에게도 나타난다. 낮은 콜레스테롤 수치는 심장병과 결부되지 않기 때문에 심장마비 걱정을 전혀 하지 않는 식이다. 콜레스테롤 수치와 심장병 사이의 상관관계는 완벽하지 않으므로, 수치가 낮은 사람들도 심장 마비에 걸릴 수 있다. 방심하고 있던 사람들에게는 완전히 대경실색할 노릇이다.

그렇다고 콜레스테롤과 혈압 측정을 하지 말라는 것은 아니다. 내가 말하고자 하는 것은 아무 생각 없이 그러한 수치에 의존해서는 안 된다는 사실이다. 의학적인 수치는 지배당할 때보다 안내 지침으로 삼을 때 좀 더 이득이 될 것이다. 다시 한번, 내가 의학적인 검진에 반대하지 않는다는 점을 명확히 해 두고 싶다. 내가 반대하는 것은 검진 결과에 아무 생각 없이 의존한 끝에 만들어지는 무의식적인 상태이다.

예측 가능한 위험들

우리는 의사가 환자에 대한 정보를 구성하는 방식 또한 선택에 막강한 효력을 발휘할 수 있다는 점을 감안해야 한다. 저드 기거렌저(Gerd Gigerenzer)는 자신의 저서 《예측된 위험(Calculated Risks)》에서 유방암 검사에 대한 훌륭한 논의를 펼치며, 유방 엑스선 촬영상의 데이터를 현명하게 해석하는 네 가지 방식을 설명한다.[34]

첫 번째 방법으로 의사는 유방 엑스선 촬영을 하면 유방암으로 죽을 위험을 25퍼센트 줄일 수 있다고 언급함으로써 상대적인 위험률을 설명할 수 있다. 이는 100명 가운데 25명이 무사할 것이라는 의미가 아니다. 의사의 설명대로라면 유방 엑스선 촬영을 한 여성 1,000명과 촬영하지 않은 여성 1,000명을 비교할 경우 미촬영 집단중 4명이 사망한 데 비해 촬영 집단의 사망자는 3명이므로 감소한 비율이 4에서 3으로 25퍼센트라는 뜻으로, 목숨을 건진 인원의 차이는 훨씬 더 적다.

두 번째 방법으로 의사는 절대적인 위험률 감소치도 제시할 수 있다. 위의 예를 적용하면 1,000명당 1명이다.

세 번째 방법은 1명의 목숨을 살리기 위해 다루어야 할 여성의 수를 언급하는 것이다. 여기서는 1,000명의 여성이 될 것이다.

마지막으로는 50세에서 69세 사이의 여성들에게 유방 엑스선 촬영의 결과로 높아지는 기대 수명의 증가치를 이야기해 줄 수도 있다고 지적한다. 놀랍게도 평균적인 기대 수명 증가치는 불과 12일이다.

여기서 첫 번째 방법으로 설명을 듣되 100명 중 25명의 사망 위험을 줄인다고 오해하는 경우에는 유방 엑스선 촬영을 할 가능성이 높아지겠지만, 마지막 방법으로 설명을 듣는다면 아마 촬영하지 않을 것이다. 이처럼 정보를 구성하는 방식은 대단히 중요한데, 종종 의사들 본인도 의학적인 결과를 구성하는 다양한 방식을 제대로 보지 못한다.

물론 유방 엑스선 촬영을 한다고 해서 해가 될 것은 없다고 주장하는 사람도 있을 것이다. 그렇다면 의사들이 할 일은 첫 번째 대안을 제시하는 것밖에 없을지도 모르겠다. 이때 치러야 할 여러 대가 가운데서도 문제가 되는 점은 허위로 양성 반응이 나올 가능성, 즉 유방 엑스선 촬영 결과 종양이 있다고 잘못 알게 되는 경우다. 환자에게는 그런 소식을 접하는 일이 심리적으로 결코 대수롭지 않은 일이 아니다.

남모를
의사들의
'감추어진 결정들'

의료계는 불완전한 데이터를 근거 삼아, 그들 스스로 활용하고 우리에게 전달하기도 하는 지식을 형성하는 감추어진 결정에 종속되어 매일 결정을 내려야 한다. 의사의 일은 단순함과는 거리가 멀며, 겉으로 보이는 것처럼 간단하지 않다.

암에 걸렸는지 밝혀 줄 조직 검사를 해야 한다면 우리는 대개 그 과정이 확정적이며 모호함이 없을 것이라 예상한다. 병원에 당도하자마자 조직 검사가 실시되며 조직은 실험실로 보내진다. 우리는 암에 걸렸는지 아닌지 그 조직이 쉽게 알려 줄 것이라고 예상한다. 그러나 암세포는 이름표를 달고 나오지 않는다. 누군가 각기 다른 세포를 검사해 그것이 암세포인지 아닌지 결정해야 한다. 이 세포는 암이고 다른 세포는 건강하다고 말하는 식이라면 얼마나 쉬울까? 그러나 병리학자와 주치의는 수많은 주요 의문점을 고려해야 한다.

- 정확한 진단을 위해 조직 표본은 얼마나 커야 하는가?
- 몇 퍼센트의 세포가 암세포로 확인되어야 암으로 진달할 수 있는가?
- 조직 표본은 언제 어떤 조건에서 누구에 의해 추출되었는가?
- 암으로 감지하였다면 나는 어떤 기준을 따라 누가 개발한 치료법을 제시할 것인가?
- 최선의 치료법이 무엇인지는 누가 결정하며, 나 이외의 다른 사람이 결정을 내린다면 치료법은 어떻게 달라질까?
- 환자에게 어디까지 이야기할 것인가?
- 나는 얼마나 부정적 또는 긍정적이어야 하는가?
- 나는 내 판단을 얼마나 확신하는가?

이러한 질문은 매일 벌어지는 감추어진 결정의 일부에 불과할 뿐이다. 의료 과정으로는 아직 한 걸음도 내딛지 않았다. 마지막 질문을 던질 때까지 어려움은 지속된다. 서로 똑같은 암은 없으므로, 암 진단이 의미하는 바를 심사숙고하는 일은 매우 중요하다.

자주 쓰이는 암 진단법은 세포를 현미경으로 들여다보는 것으로, 세포 검사라고도 알려져 있다. 이 분석 방법에는 혈액이나 골수의 번짐, 또는 세포의 흡입이나 긁힘도 살펴본다. 검사가 끝나면 연구자는 결정을 내려야만 한다. 비정상적인 세포가 얼마나 많아야 '암'이라고 할 수 있을까? 세포학 전문가는 악성 종양을 찾아 하루에 세포를 수천만 개 검사하기도 한다.

누군가의 암 진단에 어떤 기준 수치가 적용되는지는 몰라도, 어떤 이들의 수치는 아슬아슬하게 미달일 것이다. 기준 수치가 얼마인지와 상관없이 그 지점 바로 아래 또는 위에 놓이는 사람들은 언제든 존재한다. 무엇이 옳은지에 대한 자신만의 이해와 판단을 지닌 전문가들은 불확실성에도 불구하고 결정을 내린다. 그 결과 간발의 차로 기준 수치를 넘긴 사람은 엄청난 충격을 받을 수 있는 반면, 기준 바로 아래인 사람들은 상황을 지나치게 낙천적으로 받아들일 수도 있다. 첫 번째 경우에 해당하는 사람들은 두 번째 경우의 사람들과 상태가 매우 유사한데도, 힘겹고 불안한 치료 과정을 겪게 될 수 있다. 어떠한 경우든 삶을 송두리째 뒤흔드는 이 같은 결정을 내리는 사람은 내가 아니다.

단순히 건강에만 해당하는 이야기가 아니다. 이러한 결정은 우리의 감정적, 사회적, 직업적인 삶을 뒤엎어 놓을 수도 있다. 예를 들어, IQ는 정확성과는 거리가 먼 인간의 능력을 구분하는 근거로 이용되어 왔다. IQ 80이라는 점수가 79와 통계적으로 차이가 없음에도, 79라는 점수가 부과된다면 이것은 분명 영속적이고 부정적인 효력을 발휘할 것이다.

모호한 기준에 의문을 품어야 한다

의사들은 가능한 최고의 과학을 기반으로 결정하고, 의학적인 연구에 관여하는 감추어진 결정은 얼마든지 존재한다. 연구에 참여한 사람들은 아무리 수가 많아도 그들뿐이다. 스스로 회복한 사람들과 마찬가지로 연구에 끼어들 방도를 찾지 못한 사람들은 고려 대상에서 제외된다.

연구원들이 일반 대중에서 무작위로 연구 참여자들을 뽑았다고 말할 때, 그 말은 정말로 어떤 의미가 있으며, 결과에 어떤 차이를 가져올까? 해리는 백만장자인 반면, 제인은 어린 네 아이를 먹여 살릴 돈을 구하느라 고군분투한다. 어니는 사람들과 어울리는 것이 두려워 며칠간 집 밖을 나가지 않았고, 린다는 늘 중요한 마감 압박에 시달리기 때문에 전화조차 받지 않는다. 대단히 부유한 사람과 가난한 사람, 몹시 수줍어하는 사람, 엄청나게 바쁜 사람이 실험에 모두 포함되었을 법하지는 않다. 이 사실은 '일반' 대중에 대한 우리의 지식을 제한한다.

자신의 건강을 기준과 비교할 때는 그 기준이 근거로 삼은 이들이 누구인지 의문을 품어야 한다. 기준은 늘 겉보기보다 모호하다. 수면 시간에 대한 기준을 예로 들어 보겠다. 2006년 수면제에 소모된 비용은 25억 달러가 넘는다. 나는 인간에게 필요한 수면 시간에 대한 기준이 부정확하지는 않은지, 많은 사람이 수면 부족이라고 받아들이는 대신 "무엇을 위해 그만큼의 시간이 필요한데?"라고 되물어야 하는 것은 아닌지 묻고 싶다.

어떤 연구가 근거로 삼은 무작위 추출 표본이 견실하고 정확하지 않다면, 그 데이터의 신빙성은 떨어진다. 7만 명 이상의 여성을 대상으로 한 (매우 탄탄한 표본이다.) 어느 연구는 에스트로겐과 테스토스테론의 혼합 호르몬제를 투여 받은 나이 든 여성들이 유방암에 걸릴 위험이 2배나 높음을 보여 준다.[35] 연구에 참여한 7만 명의 여성이 우연히도 모두 간호사였기에 표본은 더욱 견실하게 여겨졌지만, 일반 대중보다 오히려 간호사들에게 유방암의 증가 위험이 높은 것일지도 모른다. 간호사가 되기로 선택한 여성들은 일반 대중 여성들보다 서로 유사한 점이 더 많을까? 만약 그렇다면, 그 같은 유사성은 중대한 위험요인일까?

과학적인 연구가 어째서 '확고한 진실'이 아니라 더 나은 진실을 향한 끊임없는 탐색인지 우리는 알지 못한다. 하지만 어떤 표본이 죄수와 교수를 똑같이 대변할 만큼 확실하게 무작위인지 의문을 던질 수는 있다.

대상 선정은 우리 건강을 사회적으로 구성하는 일련의 과정에서 시작에 불과하다. 진단에서 치료까지 의료 과정의 각 단계마다 실수의 여지는 늘 존재한다. 무언가는 배제되기 마련이라 질병은 제쳐두더라도 누가 어떤 잣대를 근거로 결정하며, 만약 다른 사람의 결정을 따른다면 무엇이 달라질지에 대한 의문은 건강과 행복의 모든 측면에 영향을 미친다. 문화 규범과 환자의 태도를 혼합하는 순간,

의학 연구와 우리 건강의 한계는 갑자기 전문가들의 과학 못지않게 "누가 그러더냐?"의 문제와 밀접해진다.

노화와 기억력 감퇴의 상관관계

베카 레비와 나는 노년에 대한 문화적 태도와 고정 관념이 노화와 관련된 신체 쇠퇴, 특히 기억력 감퇴에 어떤 영향을 미치는지 연구했다.

우리는 현대인의 대다수가 갖고 있는 고정 관념과 노년에 대한 부정적인 고정 관념이 없는 사람들의 태도를 비교하고 싶었다. 이 같은 선입견의 부담이 없는 이들을 살펴보기 위해 무작위로 추출한 정상 청력의 젊은이와 성인 표본 집단에 더해 특별히 두 사회 집단의 청년과 노년 구성원을 모집했다. 본토 중국인(노인 공경 사상이 뛰어남)과 청각 장애 미국인(정상 청력 세상에서 갖기 쉬운 노년에 대한 부정적 견해를 공통적으로 공유하지 않음) 집단이었다.

우리는 각 집단에 "나이 든 사람을 생각할 때 처음 뇌리에 떠오르는 다섯 가지 낱말이나 표현은 무엇입니까?"라는 설문지를 돌렸다. 예상대로 중국인과 청각 장애인은 다른 집단보다 기억력 감퇴를 적게 언급했다. 우리의 궁금증은 이처럼 기억력 감퇴에 대한 부정적인 고정 관념이 없는 집단의 노인들이 미국 문화의 주류의 노인들보다 기억력이 더 좋은가 하는 것이었다. 달리 말해, 기억에 관련된 부정적인 고정 관념이 기억력에 역효과를 낳는다는 것이 우리의 가설이었다.

　두 집단은 노인에 대한 공경 이외의 다른 부분에도 공통점이 거의 없으므로 기억력 검사에 유사한 반응이 나오면 우리 견해에 무게가 실리리라고 판단했다. 우리 가설은 만일 부정적인 견해가 노년의 기억력 감퇴에 기여한다면, 그리고 중국인들과 청각 장애 미국인들이 귀가 들리는 미국인들보다 노화에 대해 좀 더 긍정적인 견해를 갖고 있다면, 본토 중국인들과 청각 장애 미국인들은 노화에 따른 기억력 감퇴를 덜 보이리라는 것이었다.

　우리는 기억력 검사로 본토 중국인들과 청각 장애 미국인들의 수행 능력을 비교했다. 각 집단의 젊은이들은 균일하게 좋은 능력을 보인 반면, 본토 중국인 노인들과 청각 장애 미국인 노인들의 검사 결과는 정상 청력의 미국인 노인들보다 좋았다. 노년의 기억력 감퇴가 생물학적으로 사전에 결정된 것이라면, 노인 피험자들은 똑같은 수준의 기억력을 나타냈을 것이다.

　이러한 연구 결과는 나이와 관련된 건강상의 변화가 반드시 쇠퇴만 의미하지는 않음을 가리킨다. 기억력 감퇴에 대한 연구는 대개 같은 결론을 도출한다. 일부 학자는 기억력 감퇴가 불가피한 현상이라고 주장하며 그러한 효과에 대한 일관된 경향을 보고하지만, 다른 이들은 기억력 악화의 일부 양상은 환경적으로 결정되며, 기대치와 사회적인 맥락으로 형성된다고 믿는다.

　인정하건대, 모든 연구와 마찬가지로 우리도 연구의 매개 변수를 임의로 선택했다. 가령 이 세상에 존재 가능한 모든 하위문화 가운데 나름대로 이 분야에 가장 편견이 없으리라 판단한 두 문화를 선택한 것이다.

생각 없이 붙인
이름표와
의식을 집중해
내린 결정

상황이 어떻든 증상을 야기하는 주변 환경의 단서와 증상 자체는 매일, 심지어 매 시간 변화한다. 우리는 어느 증상이 '진짜'이고, 어느 증상이 사회적으로 구성되었는지 결정해야 한다. 결과야 어떻든지 다른 사람들이 결정하도록 그냥 맡겨야 할까?

'만성 통증'의 직접적인 증상을 생각해 보자. 통증이 만성이라고 여겨지려면 얼마나 자주 아파야 할까? 하루에 1번 10분 동안? 1시간? 이틀에 1번? 통증은 얼마나 강렬해야 할까? 그것을 누가 결정하나? 그들은 어떻게 그런 결정을 내릴까? 이런 결정은 사소하지 않다. 일단 통증에 '만성'이라는 이름표를 붙이고 나면 우리는 통증을 기대하며 발생하지 않는 순간을 간과한다. 그러나 우리의 통제력이 자리하는 곳은 바로 그런 미발생 구간이다.

우리는 직접적으로나 간접적으로 증상을 경험한다. 의료계는 증상이 충분히 강렬해진 뒤에야 거기 붙일 이름표를 찾으려 든다. 증상에 이름표를 붙일 때 생기는 이점은 쉽게 알 수 있다. 그것은 우리에게 공통의 경험을 만들어 준다.

복통이 생겨 병원에 갔더니 위염을 비롯한 몇 가지 질병을 진단받았다고 치자. 우선 통증이 심리적인 것이 아니라 진짜라는 사실에 인정받은 기분이 든다. 또한 사람들에게 병에 대해 좀 더 쉽게 이야기할 수 있다. 병명을 얻으면서 이런 경험을 하는 이가 나 혼자만은 아니라는 믿음도 생겨난다. 다른 사람들도 이런 상황을 겪었다는 믿음은 당장은 아니더라도 곧 해결책을 찾을 수 있다는 믿음으로 이어진다. 마지막으로 의료계에도 이득이 있다. 서로 다른 집단의 연구원들이 같은 문제를 연구하는 일이 더욱 쉬워지기 때문에 치료법을 더 일찍 찾아낼 가능성이 생겨나는 것이다.

증상에 이름표를 붙이는 일의 단점은 좀 더 복잡하다. 복잡함 가운데서도 가장 중요한 문제는 이름표가 우리에게 통제권을 포기하도록 만드는 방식이다. 이는 여러 방법으로 이루어진다. 먼저 이름표가 붙으면 전문가와 의학 기술에 과도하게 의존하게 된다. 스스로 여러 구획으로 몸을 나누고, 우리 몸의 다른 부분에서 전달되는 건강 신호는 무시해도 좋다고 여기기도 한다. 이름표는 사실상 끊임없이 변화하는 무언가를 안정된 것으로 착각하게 만든다. 개인으로든 문화로든 일단 무언가를 안다고 믿으면 그것을 좀처럼 새롭게 바라보려 하지 않는 탓이다.

증상과 질병에 이름표를 붙이는 순간 일어나는 일

이름표는 어울리는 것과 어울리지 않는 것 사이에 구분선을 긋게 만든다. 예를 들어, 의료계는 우리에게 '진짜' 증상과 '심리적인' 증상이라는 두 가지 이름표를 제시한다. 우리가 느끼기에는 양쪽이 똑같은데도, 일단 구분하고 나면 그 자체로서 전문 지식에 의존하게끔 부추긴다. 어떤 사람들에게는 유용할 수도 있겠지만, 구분은 잠재적으로 해롭다. 어느 면에서 보면 모든 신체 이상은 심리적 증상이다. 즉, 모든 통증은 심리적이다.

어떤 상황이 '심리적'이라는 진단은 통증이 가짜라는 의미가 아니라 의학이 우리를 도울 수 없다고 믿고 있다는 의미다. 하지만 통증이 끊임없이 지속되면 우리는 종종 '그들(번번이 같은 질문을 던지는 의사들)'에게 통증이 진짜임을 보여 주기 위해 진을 빼느라 통제권을 포기해 버리고 만다. 통증이 언제 사라지는지 알아차린다면, 우리는 통증이 있을 때 어떻게 통제할지 방법을 알아낼 수도 있고, 통증이 사라질 때까지 그저 내버려 둘 수도 있다.

현재 '버젓한' 이름을 지닌 수많은 질병은 한때 심리적이라고 여겨졌으며 그런 질병을 앓는 사람은 종종 건강 염려증 환자로 간주되었다. 관절염에 대해 알기 전에는 누군가 손가락 통증이나 목 통증, 무릎 통증을 불평할 때 건강 염려증 환자로 치부해 버렸다.

현재는 건강 염려증 환자처럼 보일지라도 언젠가 증상에 병명이 붙어 경멸적인 놀림에서 벗어날 수 있을지 모른다. 진지하게 받아들이면, 그들의 증상에도 어떤 단서가 있어 무언가 체계적인 것이 드러날지도 모른다. 사람들이 불평하는 부분을 계속 추적해 나가며 함께 나타나는 특정한 증상을 찾아낸다면, 새로운 질병을 발견하거나 기존 질병을 바라보는 새로운 방법을 찾아낼지도 모른다는 의미이다. 이런 점을 고려하면 오늘날 심리적인 것이라고 여겨지는 몇 가지 신체 이상이 장래에 '진짜' 질병으로 분류될지 모른다.

질병에 대한 우리의 반응과 과정에 심리 요인이 일부 작용한다는 사실에 이의를 제기할 사람은 거의 없을 것이다. 유일한 의문은 그 비중이 얼마나 큰가 하는 것이다. 우리는 그 답을 알 수 없다. 만약 그 비중이 크다고 추정한다면 몸에 대한 통제 가능성도 급격히 증가한다.

만일 모든 질병이 심리적인 원인에서 비롯된다고 간주한다면 상황은 어떻게 달라질까? 정말로 그렇다면 스스로 치유하려 노력하지 않는 것은 부당하고 무책임하기까지 하다. 우리는 몸과 마음이 별개라고 잘못 생각해 왔다. 많은 사람이 인체의 생명 작용에 대해 잘 알지 못한다고 말하지만, 마음을 통제할 수 없다고 생각하는 사람은 거의 없다.

어느 곳에나 불확실성이 존재하기 때문에

질병에 이름표를 붙이는 일이 중요하든 그렇지 않든, 우리는 누가 이름표를 붙이는 것인지 의문스러워해야 한다. 발기 부전을 예로 들어, 약물 처방이 필요한 장애인지 아닌지 결정하고 보험 회사의 비용 처리 여부를 책임지고 판단해야 하는 사람들을 생각해 보자. 만일 보험 회사의 결정권자가 모두 여성이라면, 혈기 왕성한 동년배 남자들이 결정권자 집단일 때와는 결과가 상당히 달라질 수도 있다. 여성들은 보험 회사에서 피임약을 보상해 주어야 한다고 제안할 가능성이 더 높다.

어떠한 결정이 이루어질 때마다, 그곳에는 우리와 우연히 견해가 일치할 수도 있고 아닐 수도 있는 가치관과 동기를 지닌 결정권자가 존재한다. 이런 맥락에서 질병을 생각하면 스스로 몸을 돌봐야 한다는 동기가 더욱 강해진다.

결정이 필요하다는 것은 불확실성이 존재한다는 의미이기도 하다. 불확실성이 존재하는 곳에는 얼마나 많은 정보를 고려할 것인지, 무슨 정보가 관련되는지, 관련 없는 정보는 무엇인지에 대한 선택이 존재한다. 비용 문제와 이득에 대한 결정이 존재하는 것이다.

더불어 결정이 필요한 시점마다 가치 기준이 개입한다. 필연적으로 그럴 수밖에 없지만, 혹시 그렇지 않은 상황이더라도 과학적인 데이터는 절대적인 것이 아니라 확률에 의거하기 때문에 여전히 불확실하다.

우리가 이 같은 불확실성을 수용하지 않는다면, 우리를 위한 결정이 내려질 때 기존에 그래 왔듯이 불확실성은 감추어진 채 관행에 따라 나머지만 눈앞에 제시된다. 결과적으로 우리에게는 다른 대안이 거의 또는 아예 주어지지 않는다.

건강한가,
병들었는가?

조직 검사 결과 암으로 밝혀지는 경우 대부분 엄청난 변화를 겪는다. 적잖은 이가 이전의 정체성을 잃고 '암 환자'가 되며, 그 이름표가 지닌 온갖 부정적인 효과에 노출된다. 하지만 꼭 그럴 필요는 없다.

심리학자 사리트 골룹(Sarit Golub)의 연구는 이름표를 받아들이고 적용하는 방법에도 선택권이 있음을 보여 준다.[36] 이 연구는 암 진단으로 인해 정체성을 잠식당하는 사람들이 있는 반면에, 어떤 이들은 자신의 정체성에 암을 추가한다는 사실을 밝힌다. 후자에 속하는 사람들은 질병 회복률과 정신 건강 면에서 대부분 더 결과가 좋다.

이 연구의 흥미로운 점은 환자 스스로 평가한 삶의 등급이 신체 건강을 평가한 의사의 수치와 항상 일치하지는 않는다는 점이다. 골룹의 연구는 삶의 질을 결정하는 가장 큰 요인이 사람들이 자신의 정체성과 질병 간의 관계를 생각하는 방식임을 보여 준다.

질병으로 손상을 입었다고 느끼는 사람들은 자기 삶의 질을 낮게 평가하는 반면, 질병 때문에 생겨난 한계를 성장의 기회로 보는 사람들은 높게 평가하는 경향을 보였다. 골룹은 "암은 그야말로 나에게 생긴 최고의 사건이다"라는 랜스 암스트롱(Lance Armstrong)의 유명한 선언을 인용했다.

기준보다 약간 낮은 수치를 보여 암 진단에서 간발의 차이로 벗어난 사람들과, 그 기준에 아슬아슬하게 걸렸거나 조금 높은 수치를 보인 사람들을 오랜 세월 추적 비교한다면 무엇을 발견할 수 있을까? 나는 두 집단이 점점 더 달라질 것이라고 생각한다. 한 집단은 건강해질 수도 있는 반면 다른 집단은 여전히 암 환자로 남아 있는 것이다. 원래 두 집단의 차이와 다른 진단의 결과가 통계적으로 유의미하게 다르지 않더라도 말이다.[37] 여기서 다른 점은 진단에 대한 우리의 반응이다.

질병은 일련의 증상으로 스스로를 나타낸다. 증상이 있음에 아무런 조치도 취하지 않고 괜찮아 하는 사람들은 분석의 대상에 속하지 않는다. 이들은 결코 자신을 의료계에 드러내지 않기 때문이다. 따라서 그러한 증상과 그에 따른 건강 효과 사이에 얼마나 밀접한 관계가 있는지 알아내기란 불가능하다. 더욱이 증상을 질병으로 여겨 결국 환자가 되는 자기 충족적인 양상에 대해서는 알려진 바가 없다. 그렇지만 검사 결과가 유의미할 정도로 다르지 않더라도 이를 근거로 해서 인생이 유의미하게 달라질 수는 있다.

연속선상에 놓인 건강

우리는 스스로를 관찰해 건강하거나 병들었다고 선언하곤 하지만, 건강이 연속선상으로 존재한다는 개념에는 아마 아무도 반대하지 않을 것이다.

사람들은 각자 지닌 질병의 '정도'에 따라 서로 다르며, 특정한 시간에 질병이 얼마나 극심한가에 따라서도 다르다. 팔다리가 튼튼하고 올림픽 수영 선수처럼 폐활량이 훌륭한데 귀에 염증이 있다면 나는 건강한가, 아픈가? 시력과 청력이 뛰어나고 폐도 튼튼한데 다발성 경화증이 있다면 나는 건강한가, 아픈가?

우리의 믿음이 건강에 별 영향을 미치지 않는다면 아무런 차이가 없겠지만, 여기서 논점은 우리의 믿음이 행복에 중요한 역할을 한다는 사실이다. 훌륭한 단편소설 작가인 안드레 듀버스(Andre Dubus)는 두 다리가 마비되는 끔찍한 사고를 겪었다. 그는 자신의 저서《이동식 의자에서의 명상(Meditations from a Movable Chair)》에서 우리에게 주어지는 선택의 예를 생생하게 제시한다.

"당신은 은색 ○○○에 치였어."
그녀는 내가 모르는 차 이름을 댔지만 틀렸다.

내가 말한다.

"그건 혼다 프렐루드였어."

"그것 때문에 마비가 온 거야?"

"아니. 두 다리만 쓸모가 없어졌어. 아주 운이 좋았지. 허리 척추 뼈가 셋이나 부러졌어. 하지만 내 척추는 괜찮아. 내 뇌도."

건강하지 않으면 아픈 것이라는 이분법적 개념을 복합적인 연속체로 대체한다면 인생이 어떻게 달라질지 생각해 보자. 예를 들어 건강 문제에 대해서 첫 번째는 60퍼센트, 두 번째는 30퍼센트, 세 번째는 85퍼센트 수준이라고 점수를 매길 수 있다면 우리의 경험을 어떻게 변화시킬까?

첫째, 우리 몸의 상당 부분이 아직 꽤 쓸 만하게 돌아가고 있음을 깨닫고 여전히 힘이 남아 있다고 느낄 수 있다. 둘째, 큰 문제(100퍼센트 병든 상태)보다 상대적으로 작은 문제(60퍼센트 건강한 상태)를 '고치려' 시도할 수 있다. 셋째, 자신과 증상을 비교해 볼 만한 사람들이 더욱 많아지므로, 건강에 대한 해결책을 찾아낼 가능성이 높아진다.

당신이 어떤 문제를 30퍼센트만 갖고 있었는데 해결책을 찾았다면, 그것은 같은 문제를 60퍼센트 수준으로 갖고 있는 나에게도 유용할지 모른다. 현재 우리가 살고 있는 이분법적인 세상보다는 그 편이 훨씬 상상하기도 쉽다.

내 몸의 변화는 내가 알아차려야 한다

아무리 우리와 가까운 사이고, 매우 성실하고 배려심이 넘치는 성품이라 하더라도 의사가 이 모든 복잡한 계산을 도맡아 줄 리는 없다. 이에 우리는 스스로 계산을 시작하면 틀림없이 언제 어떻게 모든 사항을 파악할 것인지의 문제와 맞닥뜨릴 수밖에 없다. 다른 부분의 상태를 감안할 때, 특정 질병은 얼마나 상태가 나쁜 것일까?

자신에 대한 데이터를 수집하면서, 우리는 연속성 안에서 끊임없이 변화하고 있음을 알아차려야 한다. 모든 과정에 철저히 의식을 집중해 가변성에 더욱 깊은 주의를 기울여야 한다.

어느 시점에 이르면, 시간의 흐름에 따라 나타나는 유사성과 차이점, 한 가지 문제에 영향을 미치면서 다른 문제에도 영향을 미칠 만한 요인을 파악하게 될 것이다. 예를 들어, 허리 강화를 위해 시작한 운동이 균형 감각과 발 통증에도 영향을 미칠 수 있다. 평소에 자주 쓰지 않던 손으로 몇 가지 일을 했더니 자세 교정에도 도움이 되고 허리 통증까지 완화되었다면, 지금 당장 명확한 관련성이 드러나지 않더라도 나중에 청력까지 좋아질지도 모른다.

결국에는 (꼭 결국에 가서야) 연속성이 필요 없는 지점에까지 도달할지도 모르고 말이다. 언젠가는 우리 몸이 전하는 미묘한 신호를 저절로 알아차리는 단계에 이르러, 이어지는 일상 속에서 몸에 필요한 교정 조치를 해 나갈 수 있을 것이다.

친구 일레인은 한 사람이 의사인 커플의 이야기를 들려주었다. 의사가 아닌 친구는 운전 중 가슴에 통증을 느끼고 의사인 배우자에게 즉각 전화를 걸었다. 상대방을 아주 잘 알 뿐만 아니라 의대에서 배운 과학적인 근거로도 심장 발작의 가능성은 거의 없었으므로, 의사인 배우자는 아마도 소화 불량일 것이라고 말했다. 그러나 통증을 느낀 여성은 너무도 겁에 질려 직접 병원으로 차를 몰았고, 결과적으로 심장 발작이었음이 밝혀졌다.

5장

하루를 살아도 온전하게 살 권리

주변 환경 재설계하기

내가 아는 이 중에서 분별 있게 행동하는 유일한 사람은 나의 재단사다.

그는 나를 볼 때마다 새롭게 치수를 잰다.

다른 이들은 옛날 치수를 계속 사용하며 내가 치수에 맞기를 기대한다.

_조지 버나드 쇼

COUNTER

CLOCK

WISE

의료 원칙을
재정비할
필요성

할머니 혼자 독립적으로 살아갈 수 있는 상황을 상상해 보자. 식료품 장은 대체로 며칠에 한 번씩 본다. 집 앞에 당도하면 할머니는 장바구니를 바닥에 내려놓고 열쇠를 찾아 문을 연 뒤 다시 허리를 굽히고 짐을 들어 안으로 옮긴다. 그런데 오늘은 다르다. 짐을 바닥에 내려놓기는 했는데 들어 올릴 만큼 충분히 허리를 숙일 수 없다. 다행히 지나가던 이웃이 할머니를 도와주지만 문제는 계속된다. 식료품을 집으로 가져갈 수 없으면 할머니는 더 이상 스스로를 돌볼 수 없다. 장성한 자식들은 기력이 떨어진 할머니를 염려해 요양원으로 옮긴다.

다른 시나리오도 생각해 보자. 혼자 사는 할머니가 식료품을 사가

지고 집으로 돌아온다. 할머니는 문 밖에 달린 작은 선반에 장바구니를 올려놓고 열쇠를 찾아 문을 열고는 식료품을 안으로 가져간다.

첫 번째 경우 할머니는 너무 쇠약해 자신을 돌볼 수 없다고 판단되지만, 후자는 다르다. 둘 사이의 유일한 차이점은 선반으로 쓰이는 작은 널빤지뿐이다.

우리가 살아가는 세상은 사회적으로 구성된 것이지만, 우리가 세상을 그렇게 바라보는 경우는 드물다. 대부분의 물건은 애초에 디자이너가 생각하는 쓸모와 '전형적인' 인간에 대한 디자이너의 개념에 따라 설계된다. 극장의 의자 넓이, 식탁 높이, 각설탕 크기 등은 모두 개개인의 요구를 최대한 충족시킬 수는 없는 결정이다. 문제는 우리가 종종 바깥세상을 상당 부분 제대로 보지 못한다는 사실이다. 세상은 변하지도 않고 문제 제기도 없이 배경에 자리 잡고 있어서, 세상을 구성하는 과정에서 여러 선택이 이루어졌다는 사실을 보지 못하도록 눈을 가린다.

사회적으로 구성된 환경이 제대로 기능하지 못할 때, 우리는 그것을 본인 잘못으로 여기곤 한다. 문제를 환경 탓으로 돌리거나 욕구가 충족되도록 구성을 바꾸려는 시도는 좀체 하지 않는다. 부엌 꼭대기 선반의 접시에 손을 뻗다가 사고로 떨어뜨리면 자기 부주의로 접시를 깨뜨렸다고 생각하는 것이다. 이때 접시에 손을 뻗으면서 딴생각을 한 탓이라고 여긴다면 기분이 좀 나아질 것이다. 그 선반이 나보다 키 큰 사람을 위해 만들어진 탓임을 인식한다면 더욱 나아질 것이고 말이다. 이런 깨달음과 함께 '나'의 필요에 더 잘 맞도록 선반을 다시 설계하기로 결정할 수도 있다.

유니폼이 만들어 낸 임의의 세상

건강과 스스로에 대한 견해에 영향을 미치는 의료계 역시 사회적으로 구성된다. 의사와 간호사들은 유니폼을 입고 병실 인테리어는 하나같이 비슷하며, 붕대는 하얀색이고, 정맥 주사 지지대는 무시무시하게 생겼고, 병원 진료실은 액자에 든 학위 증서만 걸려 있을 뿐 삭막하기 그지없고, 환자들의 병실 문은 늘 열려 있다.

의료계의 환경을 구성하는 모든 것은 대부분 양날의 검처럼 장점과 단점을 함께 지니고 있지만, 우리가 부정적인 영향을 인식하거나 존재 이유에 이의를 제기하는 경우는 드물다.

하나씩 짚어 보자. 의료계의 유니폼은 분명 중요한 기능을 담당한다. 집단 소속감을 나타내며, 하얀색이어서 더러움이나 기타 오염물질이 쉽게 눈에 띈다. 또한 입는 사람에게 지위를 부여한다. 이 같은 각각의 기능에는 맥락에 따라 다양하게 달라지는 대가가 따른다.

진료실에서 의사와 마주할 때, 하얀 가운을 걸쳐야만 상대가 의사임을 알아차릴까? 유니폼은 거리감을 형성하며 은연중에 우리를 지정된 자리로 고정시킨다. 유니폼은 그 자리에서 누가 전문가인지 보여 주기 때문에 의아한 점이 있더라도 의사에게 질문을 던지기 어렵게 만든다. 뭔가 지저분한 처치 과정을 수행해야 한다면 그때는 가운을 입어야 할 것이다.

요양원의 경우, 노인들이 직원들과 혼동될 가능성이 없기 때문에 군이 그럴 필요가 없음에도 유니폼을 입는 것은 요양원이 '집'이기에 앞서 '간호'가 이루어지는 곳임을 강조하기 위해서다. 장점과 별개로 우리는 유니폼의 단점 또한 생각해 볼 필요가 있다.

유니폼은 입는 사람에게 어떤 영향을 미칠까? 매일 무엇을 입을지 결정하는 과정은 심리학적으로 (그리고 신체적으로) 무엇을 어떻게 느끼고 있는지 점검할 기회를 제공한다. 왜 그런 선택을 내리는지 스스로에게 물을 의향만 있다면 말이다. 이 정보는 유용할 수 있다.

우리는 무엇을 입을지 선택함으로써 좀 더 개별화된다. 따라서 옷차림은 자기 행동에 더욱 책임감을 갖게끔 만든다. 반면에 유니폼은 지위를 전달하는 대신 그 뒤에 숨게 만들기 쉽다.

몇 해 전 어느 요양원 자문 일을 맡았을 때, 처음으로 유니폼에 대해 고민하면서 나의 경험은 아주 극적으로 바뀌었다. 지금도 생생히 기억난다. 제대로 된 유니폼이 없었던 나는 적을 것도 없는데 늘 펜과 메모장을 들고 돌아다녔다. 펜과 메모장이 나의 유니폼이었다. 나는 내가 그 뒤에 숨어 있다는 사실을 깨달았다. 나의 '유니폼'은 내가 지위 있는 사람임을 공표했다. 그것은 직원들이 나를 바라보고 교류하는 방식, 내가 그들과 교류하는 방식을 결정했다. 나는 열심히 참여할 필요가 없었다. 어차피 내가 제일 높은 사람이었다.

요양원에 세 번째 방문하면서 나는 메모장과 펜을 치우기로 마음먹었다. '유니폼'을 없애자 나는 과거에 얻은 특정 지위가 아닌 현재에 놓인 한 사람으로 존재하게 되었다. 이는 아주 신나는 일이었고, 나는 끔찍하게만 여겨지던 요양원에서의 시간을 고대하기 시작했다.

나는 곧 간호사들에게도 유니폼을 벗어던지라고 권했다. 처음에는 완강히 반대했지만 그들도 결국 나를 따랐다. 그 요양원에서 내가 하던 일은 연구가 아니라 자문이었으므로 데이터는 수집하지 않았지만, 일단 유니폼을 벗어 버리자 뚜렷한 변화가 생겨났다. 사람들이 서로 교류하기 시작한 것이다. 노인들과 간호사, 의사, 자문 위원 사이에는 여전히 나이와 지위 같은 차이가 존재했지만, 이러한 차이로 문제를 해결하려는 일이 줄어들었다. 노인들은 간호사를 부르는 일이 적어졌고, 간호사들은 노인들을 좀 더 존중하는 듯했다.

도대체 왜 우리가 매일 살아가는 바깥세상이 이처럼 의료 기관에서 도우려 하는 취약한 사람들에게 부정적인 효과를 미치는 것일까? 어쩌면 그 해답을 과거의 경험이 종종 우리가 알지 못하는 방식으로 현재 행위에 어떻게 영향을 미치는지 조명하고 있는 사회 심리학 연구에서 찾을 수 있을지 모른다. 아주 사소한 일에서도 과거의 경험이 두드러진 영향력을 미치는 경우는 꽤나 흔하다.

의식을 집중해 미묘한 신호에서 벗어나기

심리학자 앤터니 그린월드(Anthony Greenwald)와 마자린 바나지(Mahzarin Banaji)는 특정한 연관성을 활성화시키고 '사전자극'으로 우리

행동에 영향력을 미치는 신호들에 주목한다.[38]

대개 알아차리지 못하지만 물리적인 환경은 우리의 감정과 행동을 사전에 자극하고, 기억에 반영한다. 사전자극은 종종 우리에게 기대되는 바가 무엇인지 이야기해 주며, 우리는 너무도 빈번히 그러한 기대치에 무심코 따른다.

의료계 역시 우리에게는 도움이 되지 않는 이 같은 일을 여러 부분에서 자행하고 있다. 즉, 미묘한 신호를 보내 다른 상황이었다면 어림없을 방식으로 행동을 유도하는 것이다. 어느 면에서는 그러한 단초들이 우리의 행동을 지배한다.

심리학자 존 바그(John Bargh), 마크 첸(Mark Chen), 라라 버로우즈(Lara Burrows)의 연구는 이 같은 점화(點化) 효과(사전자극의 영향이 추후 자극에도 반응해 활성화되는 기억 효과를 의미함-역주)를 심도 있게 이해하고 부정적인 잠재 효과를 훌륭하게 알아본다.[39]

이 실험에서 대상자들은 무작위로 두 집단으로 나뉘었다. 실험군에게는 노년에 대한 고정 관념을 담은 낱말들로 이루어진 문제임을 알리지 않은 채, 글자 수수께끼(가령 '건망증이 있는'의 뜻인 'forgetful'의 글자 순서를 뒤섞어 'felorguft'이 제시됨)를 풀어 달라고 했다. 대조군은 나이와 관련되지 않은, 중립적인 낱말로 이루어진 글자 수수께끼를 풀었다.

글자 수수께끼를 푼 뒤, 참가자들은 실험이 끝났으니 돌아가라는 말을 들었다. 그리고 나서 연구원들은 그들이 건물을 나서기 위해 엘리베이터까지 걸어가는 짧은 시간을 측정했다. 그 결과 '노년'에 대한 사전자극을 내포한 글자 수수께끼에 참여한 사람들은 엘리베이터까지 좀 더 천천히 걸었다.

나는 제자인 마자 지킥(Maja Dhikic), 새라 스테이플턴(Sarah Stapleton)과 함께한 연구에서 무의식적인 점화 효과를 뒤집을 수 있을지 알아보았다.[40] 본격적으로 연구를 시작하기 전에 우리는 사람들에게 노인과 젊은이들의 사진 100장을 정리해 달라고 부탁했다.

노인 사진과 젊은이들이 뒤섞인 사진을 젊은 사람들이 정리하는 경우, 사진은 노년에 대한 사전자극을 활성화했다. 대조군에 속한 사람들은 1번에 20장씩 '늙음'이나 '젊음' 두 부류로 사진을 나눔으로써 노년에 대한 사전자극을 받았다. 이 집단은 이전 연구 피험자들처럼 걸음걸이가 느려졌다. 반면, 실험군은 사진을 각각 20장씩 여러 부류로 나누되 나이와 관련되지 않은 새로운 기준('성별' 같은)이 분류의 근거로 주어졌다.

우리는 사진의 재분류라는 의식을 집중한 행동 때문에 사람들이 '노년'에 대한 사전자극에 면역이 되는지 알아볼 작정이었다. 우리는 참가자들이 사진 속 인물의 나이뿐만 아니라 많은 것을 알아보길 바랐다. 그 결과 의식을 집중해서 분류한 실험군은 천천히 걷지 않았다. 그들은 의식을 집중한 상태 덕분에 '노년'에 대한 점화 효과를 극복한 것이다.

지나치게
보호받으며
살고 있지는 않은지

병원의 하얀 가운은 '의사'라는 개념을 사전자극해 의사에 대한 고정 관념을 떠올리게 만든다. 의사를 하나의 인간으로 보기 앞서 권위자 집단의 인물로 바라보면, 특정 의사가 대단히 친근한 사람일 수도 있는데도 우리 쪽에서 그들을 권위적인 인물로만 대하는 경향이 있다. 의사와 간호사의 유니폼 또한 '환자'라는 입장을 사전자극할 가능성이 높고, 우리 역시 스스로를 환자로만 여기며 환자처럼 행동하려 들 수 있다.

대부분 진료실은 삭막하고 선뜻 들어가기 꺼려지는 곳이어서, 심각한 병이 아니어도 환자들로 하여금 상태가 심각하다고 느껴지게 한다. 병원 내부는 거의 모든 측면에서 중병의 분위기를 풍긴다. 이는 스트레스를 초래함으로써 환자에게 직접적인 영향을 미칠 뿐만 아니라 가족 및 친지를 통해 환자에게 간접적으로 영향을 미친다.

병원에서 상대방에게 정맥 주사가 꽂혀 있는 모습을 본다고 상상해 보라. 어디에 서서 어떻게 의사소통할 것인가? 이번에는 정맥 주사가 매달린 지지대에 아이들이 상상하는 북극의 이미지처럼 장난스럽게 알록달록한 줄무늬가 그려져 있다고 상상해 보자. 당신은 어디쯤에 서서 나와 어떻게 의사소통할까? (물론 주사액 받침대에 늘 줄무늬가 그려져 있다면 우리는 사탕 막대의 줄무늬를 보고도 무시무시한 주삿바늘을 연상할지도 모른다. 지금 말하고 싶은 바는 우리가 환경의 영향을 의식하지 못하고 행동하는 경우가 흔하다는 사실이다.)

초겨울에 스키 사고가 나는 바람에 무릎 수술을 받은 후 회복 중이라고 생각해 보자. 병상에서 일어나 목발을 짚고 돌아다닐 만큼 나았다면, 대체 누가 만들었는지는 모르지만 목발이 겨울 보행에는 적합하지 않다는 사실을 깨달을 것이다. 단추를 누르면 미끄럼 방지용 징이 나오도록 목발을 만들었다면 겨울 내내 집 안에 갇혀 지내는 신세가 되지는 않았을 텐데 말이다.

도전이 길러 주는 의식 집중도

요양원에서는 노인들을 위해 일상을 가능한 한 쉽고 편하게 유지한다. 겉보기는 좋은 일이다. 그러나 아무런 어려움이 없다면 성취감을 느낄 여지 또한 거의 없다. 정말로 쉬운 인생을 살기 바란다면,

초보자 코스에서만 스키를 타고, 악기로는 음계 연주로만 만족할 것이며, 혹시라도 새로운 것을 시도하는 일은 드물 것이다. 그러나 우리는 대부분 지적으로나 육체적으로, 또는 양쪽 모두 도전하기를 원한다. 새로운 것을 배워 숙달하면 기분이 좋아질 뿐 아니라 우리에게 이롭고 건강에도 좋은 의식 집중도를 길러 준다. 이미 잘하는 상태보다는 잘하려고 적극적으로 노력하는 과정에서 (의식을 집중하기 때문에) 더 많은 이득을 얻을 수 있다.

노인들은 이 같은 이점을 자주, 쉽사리 박탈당한다. 우리는 그들의 삶을 너무 쉽게 만들 뿐만 아니라, 근원적으로 해결할 수도 없으면서 어려움을 겪을 때마다 지나치게 도움을 주려 한다. 돕는 사람 입장에서는 남을 돕는 행위가 스스로에게 만족감을 주겠지만, 자꾸 반복되다 보면 도움을 받는 사람은 스스로를 무능하다고 느낄 것이다.

하버드 의과 대학교의 제리 에이본(Jerry Avorn) 박사와 나는 노인들에게 과제를 맡긴 다음, 직접적인 도움을 주거나 그들 스스로 해결하도록 내버려 두고 관찰해 보았다.[41] 결과는 명확했다. 도움을 받은 이들의 과제 수행 성적이 가장 나빴다. 다른 사람들을 돕는 손길을 중단하라는 이야기가 아니다. 그런 상황에 놓일 때마다 한번 더 생각하고, 좀 더 시간을 주면 상대방이 스스로 해결할 수 있지 않을까 의문을 품어 보라는 이야기다. 혼자 해결할 수 있다면 그 사람은 건강해지도록 스스로를 돕는 셈이다.

스스로를 돕는 일에 관하여

우리가 지나치게 도움을 주는 또 다른 집단은 '장애인'이다. 장애인 표시는 장애가 없는 사람들에게 정상적인 능력을 가졌다는 이름표를 붙인다. 그렇지만 누구든 먼 거리를 거뜬히 걸을 수 있는 날이 있고 힘들게 느껴지는 날이 있기 마련이다.

그런데 장애인 차량 스티커를 붙이고 늘 지정된 공간에만 주차해야 한다면, 오늘은 과연 무슨 일을 할 수 있을지 얼마나 자주 자문하게 될까? 병약함을 대하는 방식이 무시하거나 숨기는 것이어서는 곤란하다. 우리가 구성한 이 세상은 사람들의 능력이 매일매일 달라지며, 장애가 고정되지 않았다는 사실을 모든 사람에게 잘 전달하려고 노력할 수 있으며, 또 노력해야만 한다. (일부 주차장에서는 주변을 선회하는 미니버스 운행으로 원하는 사람은 누구든 태워 줌으로써, 도움이 필요한 이들을 특정 구역에 격리시킬 필요를 없애기도 한다.)

우리가 이룰 수 있는 변화 중 일부는 대단한 노력을 요하지 않는다. 다만 새로운 사고를 요할 뿐이다. 병실 문을 열어 두는 정책 때문에 불쾌했던 요양원과 병원에서의 경험을 생각해 보자. 열린 문은 사생활을 박탈할 뿐만 아니라 은연중에 우리가 쇠약하고 끊임없는 감시를 요하는 존재임을 암시한다. 중환자 병동에서는 문을 열어 두는 것이 유용할 수 있지만, 그렇지 않은 사람들에게는 인간으로서의 존엄이 훨씬 더 중요한 가치일 수 있다.

전적으로 보살핌이 필요한 존재라는 사실을 교묘하게 전달하는 모든 상황은 의존성과 수동성, 무심함을 키운다. 타인에게 전적으로 의존해도 되는 상태가 되면, 자신을 어떻게 돌볼지 스스로 관심을 기울일 필요가 없어진다. 하지만 스스로 돌봐야 하는 상황이라면 자신의 건강 상태에서 느껴지는 미묘한 변화에 관심을 기울이고, 스스로 할 수 있는 최소한의 일들에나마 책임을 지려 들 것이다. 그러면서 정신적·육체적 상태도 향상될 것이다.

의료 기기는 우리가 병들었다는 사실을 소리쳐 알린다. 샤워실의 안전 손잡이는 꼭 그렇게 노골적으로 용도를 드러내며 눈에 띄게 설치되어야 할까? 전체적인 디자인과 좀 더 신중하게 어울리도록 설계할 수도 있었을 텐데 말이다. 목발을 좀 더 미학적으로 멋지게 만들 수는 없을까?

대학원생 시절 나는 알록달록 색칠된 깁스를 한 사람을 본 적이 있다. 그것은 사람들의 눈길을 끌다 못해 그 사람의 불운을 뚫어져라 쳐다보게 만들었다. 그 모습에 나는 우리가 장애를 가진 사람들을 피하는 이유 중 하나가 그들이 우리에게 내적 갈등을 불러일으키기 때문이 아닐까 생각했다. 호기심이 일어 쳐다보고 싶지만 빤히 쳐다봐서는 안 되니까.

나는 동료 셸리 테일러(Shelley Taylor), 수전 피스크(Susan Fiske), 벤지언 채노위츠와 함께 그처럼 빤히 쳐다보고 싶은 마음과 구경하기를 금하는 사회적 규범을 따라야 한다는 욕망 사이의 심리적 갈등을 실험해 보기로 하고, 신기한-자극 가설(novel-stimulus hypothesis)이라는 이

름을 붙였다.[42]

사람들에게 호기심을 만족시킬 기회가 주어진다면, 장애인과 맞닥뜨렸을 때 덜 피하게 되는지 확인하고 싶었다. 우리는 먼저 참가 학생들에게 일방 투시 유리로 다리에 커다란 보조기를 찬 사람을 관찰하도록 한 뒤, 곧이어 한 방에 있을 때 학생들이 그 사람과 얼마나 가까이 앉는지 그 거리를 측정하는 실험을 실시했다. 놀라울 것도 없이, 갑자기 그 사람을 소개받고 함께 앉으라는 요청을 받은 학생들보다 미리 구경한 학생들이 더 가까이 앉았다.

가변성에 주목함으로써 통제력 높이기

미국 연방 항공청에는 안전 점검용으로 비행사들이 사용하는 체크리스트가 있다. 이 체크리스트는 수많은 비행사가 너무 익숙하게 여겨 무의식적으로 빠르게 넘겨 버리는 바람에 오히려 사고가 늘어나는 결과를 낳았다.

이와 마찬가지로, 진료 차트는 사회적으로 구성된 의료계에서 가장 손해를 끼치는 인위적인 산물 가운데 하나다. 진료 차트는 크게 변하지 않기 때문에 의료진 역시 조종사들과 마찬가지로 차트를 무의식적으로 넘길 가능성이 있다.

진료 차트의 핵심인 단정적인 정보, 즉 과거 병력 및 정신 건강 상태, 복용 약물, 알레르기 등의 정보는 환자들에게 일반적으로 무엇이 필요한지를 기초로 하기 때문에 그곳에는 적혀 있지 않지만 나에게는 중요할 수도 있는 정보가 전달되지 않을 수 있다. 게다가 매일 같이 새로운 사실을 밝혀내는 의학 연구와 달리 진료 차트는 자주 개정되지 못한다.

현실과 달리 의사들이 차트의 일부를 완성하기 위해 창백하지는 않은지, 의식은 명료한지, 체온은 어떤지 환자를 면밀히 관찰해야 한다고 생각해 보자. 수집되고 기록된 정보는 의사나 간호사가 차트를 이용할 때마다 당연히 다를 수밖에 없다. 그럼 의사는 환자에게 적극적으로 관심을 기울일 테고, 환자 역시 차별화된 개인으로서 의사와 교류할 것이다.

아무 생각 없이 이루어진 상호작용이 의식을 집중한 상태에서 이루어지면서 환자와 의사의 건강과 행복이 모두 향상될 것이다. [43] 기술적으로는 일반적인 환경과 의료 환경 모두 노인들의 편의를 좀 더 도모하게끔 만들 수 있다. 예를 들어, 노인들은 흔히 스마트폰 같은 최신 기기들을 읽기 어려워한다. 액정 활자 크기가 젊은이들을 대상으로 젊은이들이 만든 것이기 때문이다.

이와 마찬가지로, 약물은 젊은 성인을 실험 대상으로 하는 것이 보통이다. 그 결과 노인들은 종종 약물을 과다 복용해 왔다. 반대의 경우였다면 약물의 효과가 떨어질 테니 젊은 성인들은 치료가 되지 않는다고 생각할 것이다. 그렇지만 젊은 사람들 가운데 일부는 노인과 유사하고, 젊은이와 유사한 노인들도 분명 있다. 따라서 우리 중 일부는 충분한 약물을 섭취하지 못하고 있지만 일부는 지나치게 과다 복용하고 있다.

한 가지 약물만 처방하는 것이 아니라 약효가 있다고 믿는 약물을 의사가 최소한 두 가지로 처방해 선택의 여지를 준다면 어떨까? 그렇게 되면 우리는 의식 집중도를 높여 의료 과정에 참여할 뿐만 아니라 애당초 선택에 내재된 불확실성을 의사에게 일깨워 줄 수도 있을 것이다. 아니, 선택된 약물을 반복 섭취하는 동안 우리가 느끼는 증상의 변화에 의식을 집중하는 것만으로도 충분할지 모른다.

다른 시각으로 문제 바라보기

환경의 모든 측면에서 우리에게 좀 더 잘 맞도록 집과 사무실에 변화를 주었을 때 뒤따르는 건강의 향상 정도를 관찰해 보면 아마 깜짝 놀랄 것이다. 그런데 왜 거기에서 멈추는가? 어쩌면 노화에 동반되는 능력 감소를 어느 정도는 방지하는 방법이 있을지 모른다.

가상 노화와 가상 질병을 만들어서, 우리가 젊고 건강할 때 앞으로 경험할지도 모르는 수많은 증상에 좀 더 잘 대처하고 극복하는 법을 배워 둔다면 어떨까?

나이가 들면 시야가 좁아지고 추위에 민감해진다고 가정해 보자. 스웨터를 입고 있는지의 여부와 상관없이 2월의 영하 1도 날씨와 10월의 영하 1도 날씨는 다르게 느껴진다. 우리는 계절의 변화에는 적응하면서도 노화와 관련된 변화에는 대개 적응하지 않는다.

상대적으로 젊은 40대나 50대에 시야가 좁아지고 추위에 민감해졌다면, 아직 전반적으로 건강하다고 느끼면서 그 같은 문제를 비롯한 노화 관련 변화에 대처하는 법을 배울 수 있다. 상대적으로 젊은 사람들에게 이런 변화는 신기한 일이기 때문에 각자의 반응에 나타나는 다양한 변화에 더욱 주의를 기울이고, 의식을 집중해 반응할 가능성이 높다.

가변성에 주목하면 인식할 수 있는 통제력도 향상되므로 결과적으로 상황에 더 깊은 관심을 기울이게 된다. 즉, 의식을 집중하면 건강이 향상되며 증상에 대한 우리의 통제력 또한 높아진다.

노화와 관련된 변화에 '대처하는' 법을 배우면 우리는 본인의 노화에 지금보다 잘 적응할 것이다. 반대로 여러 문제가 노화에 따른 필수적인 결과이므로 아무것도 할 수 없다고 가정한다면, 문제를 줄이거나 되돌릴 방법을 찾는 데 시간이나 에너지를 들이지 않을 것이다.

앞서 언급한 할머니의 선반처럼, 때로 해결책은 바로 코앞에 놓여 있다. 굳이 가상 세계를 만들 필요도 없다. 옛날에 우리 할머니가 난방 온도를 올리면 어머니는 온도를 다시 내렸다. 서로 상대방이 비정상적으로 추워하거나 더워한다고 생각했지만, '문제'가 있는 이들은 노인이라는 통념을 둘 다 받아들였으므로, 난방 조절기를 두고 벌인 싸움에서는 주로 할머니가 지곤 했다. 만일 둘 사이의 차이점을 다른 시각에서 보았더라면, 말다툼을 벌이기 전에 각자 스웨터를 입거나 벗는 식으로 쉽게 문제를 해결할 수도 있었을 것이다.

늙는다는 착각

어쩌면 문제가 아닐지도 모를 일들

우리가 주변 환경에 관심을 기울여야 하는 또 다른 이유는 젊을 때 무의식적으로 환경을 대하기 때문이다. 예를 들어 집을 꾸밀 때는 흔히 탁자, 소파, 의자 몇 개, 침대를 산다. 그 안에서 살다 보면 어느새 가구의 존재를 의식하지 않게 된다. 너무 바빠서 주변 물건들의 사소한 부분에 시간을 할애하지 못하기도 한다. 그러다 나이가 들어 집 안에 거의 갇혀 지내게 되더라도 새로운 방식으로 집기를 새삼 살펴볼 생각은 들지 않는다.

즉, 우리는 너무 바쁘기 때문에 애당초 물리적인 외부 세계를 무시하게끔 무의식적으로 학습된다. 그러다 생각할 것이 별로 없는 한가한 때가 되어도 무의식적으로 받아들이던 것들을 굳이 다시 고민할 필요를 느끼지 못한다.

가능한 한 주변의 모든 일에 의식을 집중해야 한다는 의미는 아니다. 미래에 다시 새로이 들여다볼 수 있도록, 처음부터 매사를 무의식적으로 받아들이지 않으면 될 일이다. 예를 들어, 노인들은 현재의 필요에 맞추어 다시 방을 꾸밀 생각을 거의 하지 않는다. 가구는 평생 놓아 둔 자리에 놓여 있으며, 더 이상 쓰지 않는 탁자를 버린다는 생각 같은 것은 절대로 그들의 뇌리에 떠오르지 않는다.

사실상 문제의 원인이 생활 양식이나 직업 또는 그 '문제'와 잘 맞지 않기 때문일 수도 있는데도 우리들 본인에게 문제가 있다고 받아들인다. 여러 종류의 일을 교대로 바꿔 가며 일하는 직업이라면

ADHD는 문제가 되지 않을 수도 있다. 반대로 매우 활동적인 사람이 온종일 한 자리에 앉아 통행료를 징수하기란 고역일 것이다.

그러니 우리가 세상에 적합하지 않는다는 결론을 내리기 전에 마땅히 우리와 더 잘 맞는 곳이 어디인지 고민해야 한다.

자신의
역할을 넘어
주의를 기울이는 일

    빙판에서 미끄러져 박살 난 발목 때문에 2주간 병원 신세를 진 적이 있다. 그곳에서 나는 환자이자, 관계자이자, 관찰자였으며 고통이 잦아든 뒤에는 심리학자였다. 그 2주간 참으로 많은 사실이 드러났다.

    오전 6시 반이었다. 병원에서 며칠 지낸 뒤였지만, 약 때문에 기억이 어긋나지 않은 첫 번째 날이었다. 병실로 들어온 간호사는 체온과 혈압 따위를 재겠다고 말했다. 나는 그녀에게 딱 한마디 "안녕하세요"라고만 했다. 그러자 간호사는 즉각 태도를 바꾸더니 내 덕에 신선한 공기를 마신 것처럼 하루가 상쾌해졌다고 외쳤다. 사소한 인사가 그토록 큰 반응을 일으켰다는 사실에 깜짝 놀란 나는 그 점에 대해 간호사와 이야기를 나누었다.

간호사는 다른 환자들이 아침에 깨우는 것을 싫어하며 체온을 재기 위해 깨우면 대부분 매우 불쾌해 한다고 말했다. 환자들이 간호사를 적으로 대하는 셈이다. 간호사들은 그것을 예상하고 이 드라마에서 맡은 역할을 먼저 행동에 옮긴다. 이런 상황에서 사람은 존재하지 않는다. 자신의 역할을 수행하는 환자와 간호사만 있을 뿐이다. 여기에 사람을 추가하면 드라마는 양쪽 모두에게 이로운 방향으로 변한다.

한번은 도움을 청하느라 벨을 울렸더니 간호사 하나가 들어와 무얼 원하는지 물었다. 나는 벨을 누른 이유를 설명하면서 간호사가 내 요구와 자신의 업무 역량을 저울질하고 있음을 깨달았다. 사실 병원에서 이런 경우는 매우 흔하다. 바쁠 때라면 간호사는 내 요구를 부담스럽게 여기고, 언짢게 생각할 것이다. 그러나 환자는 간호사들이 언제 얼마나 바쁜지 알 수 없다. 환자 입장에서는 벨을 울리고 기다리면 누군가 나타나야 한다. 기다리는 시간이 길면 환자는 무시당한다고 느끼고, 간호사는 혹사당한다고 느낀다.

이제는 간호사와 환자의 역할을 사람으로 채운다고 상상해 보자.

환자가 벨을 울린다. 간호사가 들어온다.

환자: "안녕하세요, 지금 바빠요?"

간호사: "네. 2층에 응급 상황이 벌어져서 간호사 몇 명이 내려갔거

든요. 필요한 거 있으세요?"

　환자: "나중에 누구든 시간 있을 때 나 좀 의자에 앉혀 줄 수 있을까요?"

　간호사: "그럼요. 하지만 몇 분 걸릴 거예요."

　이런 상황에서는 오래 기다리더라도 끓어오르는 적대감 대신 이해심을 지니고 기다릴 수 있다. 아니면 침상용 변기를 치워 달라는 좀 더 어려운 요구를 예로 들어 보자. 사실 변기를 치우고 싶어 하는 사람은 없지만, 누군가는 이 일을 꼭 해야 한다. 이런 일을 의무적으로 한다면, 도움을 주는 쪽에서는 짜증이 나고, 아마도 환자 쪽에서는 죄책감이나 무력감을 느낄 것이다. 그런 상황에서 나는 간호사에게 이렇게 말했다.

　"미안해요. 나도 다른 방법이 있다면 좋겠어요."

　그러자 간호사도 미안해하며 말했다.

　"그런 생각 하지 마세요. 이것도 제 일인걸요."

　그녀는 나의 요구에 짜증을 내지 않았고, 나는 죄책감 대신 고마움을 느꼈다.

　어느 날 아침 작업 치료사가 찾아와 말했다.

　"전 작업 치료사입니다. 이름은 제인이고요."

　내가 대꾸했다.

　"안녕하세요, 전 엘렌이에요. 성함이 뭐라고 하셨죠?"

"제인이요."

이름을 지위와 일련번호에서 분리하자, 내게도 그녀가 조금 더 사람처럼 보였다. 이어지는 시간은 사람 대 사람의 만남이었다. 이는 매우 중요한 부분이다.

의료계 종사자들이 환자에게 제시하도록 훈련받은 조언의 상당수는 광범위하게 적용되는 일률적인 내용이다. 이것을 개개인의 필요에 맞춰 조절하려면 환자는 질문을 던지고, 도움의 방편으로 제시된 것도 거절할 수 있어야 한다. 필요하다면 자유롭게 더 많은 것을 요구할 필요도 있다.

나는 발목이 낫기를 기다리며 상체 운동을 하고 싶었지만, 상체 운동은 재활 프로그램의 일부가 아니었으므로 작업 치료사나 물리 치료사에게 나를 도와 달라고 요청하기란 어려웠지만, 제인에게 부탁하기는 훨씬 쉬웠다.

간호사의 이름을 그저 알았을 뿐인데

심리학자 애덤 그랜트(Adam Grant)와 나는 이에 대해 실험해 보았다.[44] 피험자에게 상황을 제시하고, 그 상황에서 어떻게 행동할 것인지 물은 것이다. 이때 절반의 피험자에게는 다음 같은 상황이 주어졌다.

"당신은 병원에 누워 침상용 변기를 사용하고 있으며, 매우 불편한 상태다. 평소 당신을 담당하던 간호사는 보이지 않지만 병실 바

곁에 다른 간호사가 있다. 당신이 그녀에게 도움을 요청할 가능성은 얼마나 되는가?"

나머지 절반에게는 다음 같은 시나리오가 주어졌다.

"당신은 병원에 누워 침상용 변기를 사용하고 있으며 매우 불편하다. 당신의 담당 간호사 베티 존슨은 보이지 않는다. 병실 바깥에는 다른 간호사가 있다. 당신이 그녀에게 도움을 요청할 가능성은 얼마나 되는가?"

상황의 유일한 차이점은 담당 간호사의 이름이 주어졌는지의 여부뿐이다. 그런데 더 많은 이가 이름을 알려 준 시나리오에서 도움을 요청하겠다고 응답했다. 한 사람의 이름을 제시한 것으로 모든 간호사가 단순히 간호사일 뿐 아니라 사람이기에, 이름 없는 간호사보다 더욱 쉽게 접근할 수 있다는 기분을 준 모양이었다.

가능한 한 고정된 '역할을 넘어서야' 하는 가장 큰 이유는 의식을 집중하지 않음으로써 실수할 수 있기 때문이다. 타인과의 상호작용이 본질적으로 개별화되지 않는다면, 무의식적으로 타인과 소통하게 될 위험이 있다.

역할 대 역할의 행위는 원칙에 얽매이며 규범적이다. 즉 행동의 전형적인 양상이 반복될 가능성이 높다. 하지만 때때로 원칙을 무시해야 하는 경우도 있다. 그 순간을 알아차리려면 상황이 어떻게 달라졌는지에 주목해야 한다.

이는 의료진에게 어려운 일일 수 있다. 언제나 너무 많은 환자를 보아야 하고, 환자들을 구별하지 않는 경향이 있기 때문이다. 환자를 구별하면 본인에게도 이익이 될 텐데 말이다.

다행히 환자의 입장에서는 이 일이 그리 어렵지 않다. 늘 환자의 역할을 하는 것도 아닐 뿐더러 눈여겨보아야 할 대상도 적기 때문이다. 의료진을 대할 때 환자로서의 역할을 넘어 주의를 기울이는 것이 우리에게는 확실히 이롭다. 더불어 환자 역할이 '요구하는' 모습이 아니라 본연의 모습을 지킨다면, 의식을 집중한 상태의 유지도 쉬워진다.

한번은 간호사가 내 혈당 수치를 재고 싶어 했다. 나는 당뇨병 환자가 아니었으므로, 공손히 검사 이유를 물었다. 환자로서는 그러면 안 될 일이었는지도 모르지만, 간호사는 이내 엉뚱한 환자에게 왔음을 깨닫고, 맞는 사람을 찾아 자리를 옮겼다.

6장

말이 정신을 지배한다

제대로 된 언어 사용하기

다르게 배열된 낱말은 다른 의미를 지니며,
다르게 배열된 의미는 다른 효과를 낳는다.

_블레즈 파스칼

COUNTER

CLOCK

WISE

꼭 명확한 말로
전달될
필요는 없다

원활한 의사소통에서 건강한 관계가 자라난다는 것은 우리 모두 아는 사실이다. '같은 언어로 이야기할' 때 같은 세상을 보고, 경험을 공유한다고 생각한다.

우리는 세상에 대한 주요 사실과 그 안에서의 경험을 전달하기 위해 언어를 사용한다. 대부분의 경우 언어는 우리에게 유용하다. 그러나 언어는 우리로 하여금 실제보다 아는 것이 적다고 믿게 만든다. 언어는 종종 순진한 현실 감각과 함께 지식에는 어쩔 수 없는 본질적인 한계가 뒤따른다는 환영을 심어 준다.

모두 같은 언어를 사용할 때, 실제로 각자의 경험이 매우 다른 상황에서도 같은 경험을 한다고 착각하기 쉽다. 이런 현상에 대한 한

가지 설명은 우리 경험은 움직이지만, 언어가 경험을 고정시킨다는 것이다. 가령 어젯밤에 레드삭스 팀 경기를 보고, "막상막하의 경기였는데 9회 말에 타자가 굿바이 홈런을 쳤어"라는 설명에는 정보만 담겨 있을 뿐이다. 우리가 경기를 보며 느낀 점까지는 포착하지 못한다.

언어가 꼭 명확한 말일 필요는 없다. 언어와 더불어 신호가 사용되는 경우도 매우 흔하다. 우리는 말없이 행동만으로도 다른 사람을 이해할 수 있다. '쯧'이라는 단순한 소리를 예로 들어 보자. 누군가와 이야기를 나누며 이 소리만으로 분노를 전달하려 시도해 보라.

"쯧, 쯧, 쯧."

음색만으로 다른 사람에게 나의 느낌을 전할 수 있다. 감사와 배려를 전달하려고 노력할 때도 마찬가지로 잘 통할 것이다.

말로 하는 언어와 말을 사용하지 않는 언어를 모두 포함해 널리 통용되는 언어는 개인의 경험을 무시하고 우리들 사이에 공통점을 추구하도록 유도하는 고도로 사회적인 행동이다. 그렇기 때문에 우리는 자신보다 바깥 세상에 귀 기울이는 법을 배운다. 기분이 어떠냐는 질문에 배가 아프다고 답한다면, 상대방이 과거 겪은 복통의 경험 탓에 내 고통도 이해해 주리라 생각하는 셈이다. 그러나 언어가 '안다'는 환상을 만들어 내는 사이, 각자의 경험 사이에 존재하는 차이점은 유실되고 만다. 언어는 속기이고, 개개인의 경험은 원문인 셈이다.

치과 치료를 받던 때의 일이다. 의사가 나에게 눌리는 느낌이 있을 것이라고 말한 적이 있다. 그러나 눌리는 느낌은 없었고 나는 아무런 통증도 느끼지 않았다. 나는 내 느낌을 표현할 방법을 몰랐으므로 아무 말도 하지 않았다. 사실상 그 상황의 언어에 맞지 않는다는 이유로 경험을 무시한 셈이다. 당시에는 별 문제가 아니었을 수 있지만, 전달하지 않은 어떤 정보가 다른 상황에서는 매우 중요할 수도 있을 것이다. 따라서 우리가 개개인의 경험을 더 잘 아는 것이 이익이 될 수 있다. 적어도 내가 느끼고 있는 바를 표현하기 어렵다고 말했다면, 의사는 내 느낌을 전달하는 데 도움이 될 만한 질문을 던졌을 것이다.

언어가 우리를 단일한 관점으로 묶어 버리는 경우는 너무도 흔하다. 경험과 훈련 덕분에 의사와 환자는 한자리에서도 서로 다른 언어를 말하고 듣는다. "약간 아프다"는 내 말을 의사는 의도와 상당히 다르게 이해할 수도 있다. 실제로는 상당이 아픈데 참아 내려 애쓰면서 한 말일 수도 있는데, 의사는 통증이 별것 아니라고 듣는다. 또한 나로서는 매우 미세한 통증인데 의사는 약물을 투약할 정도의 통증이라고 들을 수도 있다.

우리는 권위자의 입에서 나왔거나 절대적이고 단호한 언어로 제시된 정보에 대해서 별로 의문을 품지 않는다. 권위자들도 가끔은 틀리거나 상황을 과장할 수 있고 사용된 언어가 지극히 교묘할 수 있다는 사실을 잊은 채, 단순히 그것을 받아들이고 고정된 사고방식에 사로잡힌다. 우리는 너무도 쉽게 의사의 말을 신의 계시처럼, 그들의 충고를 금언으로 받아들인다.

조건부 언어가 불러일으키는 창의적 사고

우리를 불확실성의 세계로 이끎으로써 가능성을 열어 주는 접근 방식을 생각해 보자. 의사들이 "제 생각에는" 따위의 표현으로 이야기를 시작한다면, 그것은 다른 견해의 존재를 시사한다. (물론 일부 의사들은 때에 따라서 이미 이런 표현을 사용한다.) 누군가는 이렇게 말할 것이다. "잠깐만요! 우리는 의사들이 정확하고 확실한 의견을 우리에게 제시해 주면 좋겠어요."

그렇다. 우리는 그러길 바란다. 하지만 의사들은 우리가 믿고 싶은 수준에 도달할 만큼 확실하지도 않고 확실해서도 안 된다. 확실하지 않은데도 확실하다고 생각하는 일은 우리에게 아무런 도움이 되지 않는다.

특정 개인과 상관없는 절대적인 언어로 상대와 의사소통함으로써 우리는 모두가 공유할 수 있는 단 하나의 현실이 존재한다고 생각하는 순진무구한 현실 감각을 갖는다. 이 같은 순진한 현실 감각 때문에 우리는 선택의 여지와 가능성을 즐길 수 있다는 깨달음에서 멀어진다.

나는 학생들과 시도한 여러 연구를 통해 '~하다' 대신에 '~일 수도 있다', '아마도', 또는 '한 가지 견해로는'이라는 조건부 용어를 대신 사용할 때 사람들이 정보에 의문을 품고 새로운 방법을 고안할 수 있음을 확인한 바 있다.

첫 번째 연구에서는 도시 개발에 관한 교과서의 일부를 조건부로 바꾸었고, 두 번째 연구에서는 심폐 소생술 교육을 위해 기획된 교과서를 조건부로 바꾸었으며, 세 번째 연구에서는 조건부 진술과 절대적 진술이 기재된 이름표(이를테면 "이것은 애견용 치아 장난감으로 사용될 수 있습니다"나 "이것은 애견용 치아 장난감입니다")가 달린 물체를 보여 준 뒤 실험 참가자들이 얼마나 창의적으로 이용하는지 실험했다.[45]

조건부로 제시받은 참가자들은 그 정보를 고민하며 창의적으로 이용했다. 만일 내가 당신에게 콜레스테롤 수치가 높으면 위험하다고 말한다면 당연히 스트레스가 뒤따를 것이다. 높은 콜레스테롤 수치가 위험할 수 있음을 알게 된다면 아마도 스트레스를 덜 받겠지만 아무 말도 듣지 않았을 때보다 건강에 좀 더 관심을 기울일 것이다.

조건부 언어를 사용하면 말하는 이와 듣는 이 모두 좀 더 의식을 집중할 수 있다. 물론 말하는 이의 태도와 상관없이 듣는 사람으로서 조건부로 알아들을 수도 있다. 언어와 경험은 똑같은 것이 아니며 차이보다 유사성에 중점을 둔다는 사실을 인식한다면, 다른 사람들이 아무리 비슷하게 묘사하더라도 나의 건강상 경험은 나라는 개인의 고유한 것임을 깨달을 가능성이 높아진다.

내가 무슨 경험을 하는지 아는 사람은 나 자신뿐이므로 각자의 경험에 대한 통제권을 포기해서는 안 된다. 하지만 의사가 아무리 조심스럽게 표현하더라도 전문가라는 역할은 확실성에 대한 환자의 기대치와 결합해 의료계의 언어에 매우 큰 힘을 실어 준다.

불리한 은유에 대한 무의식적인 믿음

심리학자 장-프랑수아 보네퐁(Jean-François Bennefon)과 가이유 비예주베르(Gaelle Villejoubert)의 연구는 의사들이 환자의 질병을 설명할 때, 심지어 아마 같은 낱말을 사용할 때조차 우리가 의사의 말을 얼마나 오해하는지 지적한다.[46] 예를 들어, 직장 상사가 "자네 아마 내년 여름에 유럽으로 출장을 갈지 몰라"라고 말한다면, 확률은 낮지만 출장 갈 가능성이 있겠구나 생각할 것이다. 그러나 상사가 "자네 임금 인상은 아마 보류될 거야"라고 말한다면 그 말을 확실하다고 여길 가능성이 더 높다. 즉, 임금이 인상되지 않을 것이며 상사가 '아마'라는 말을 사용한 것은 나쁜 소식의 충격을 줄이기 위해서라고 생각하는 것이다.

베네퐁과 비예주베르는 사소한 부작용이나 질병의 경우("아마 근육통에 시달릴지도 모릅니다."), '아마'가 대개 첫 번째 뜻으로 해석된다는 사실을 확인했다. 의사가 근육통이 일어날지 확신하지 못하며, 근육통에 시달리지 않을 확률도 높다고 여기는 것이다. 그러나 심각한 부작용이나 질병 상황이 덜 절대적인 언어로 언급되면("귀가 멀지도 모릅니다."), 그 해석은 의사가 예후를 확신하면서도 말을 돌리는 것이라고 여길 가능성이 높아졌다. 이런 식으로 해석하는 환자들은 의사가 실제로 생각하는 가능성에 상관없이 질병에 이미 걸렸을 확률이 매우 높다고 가정해 무분별하게 행동하기도 한다.

요는 조건부 언어가 때때로 절대적으로 이해되기도 하지만, 그렇지 않기도 하다는 사실이다. 따라서 조건부 언어가 우리 질병에 대한 조건부 이해를 보장하지는 않는다는 점을 아는 것이 중요하다.

어떤 이들은 우리에게 질병을 이길 힘이 있다고 믿으면서도 부지불식간에 자신에게 불리한 은유를 받아들인다. 질병에 항복하는 대신 스스로를 독려해 병과 '싸우려' 애쓴다. 흥미로운 낱말 선택인데, 꽤나 극적이면서도 감추어진 효과를 나타낼 수 있는 말이다. 아주 어린아이가 화나게 한다고 그 아이와 '싸우지'는 않는다. 우리는 오로지 상대가 되는 적과 싸울 뿐이다.

질병과 싸운다는 생각은 우리 건강을 짓누르는 것처럼 느껴지는 질병의 힘을 북돋기만 할 뿐이다. '싸운다' 대신 장기간에 걸쳐 우리 몸을 통제하기 위해 필요한 모든 것을 배운다는 의미에서 '우리 몸 상태에 통달한다' 같은 다른 은유를 사용하면 질병에 대응하기 훨씬 나을 수 있다. 이처럼 어떤 언어를 사용하는지는 매우 중요한 문제다.

점화 효과와
플라시보 효과

다음 숫자를 계산해 보자. 1,000 더하기 40, 더하기 1,000, 더하기 30, 더하기 1,000, 더하기 20, 더하기 1,000, 더하기 10. UCLA 앤더슨 경영 대학원의 슐로모 베나르치(Shlomo Benartzi)가 지적하듯, 많은 사람이 이 문제의 답을 5,000이라고 생각한다. '천'이라는 낱말의 반복은 우리를 천 단위로 생각하도록 사전자극한다. 그러나 올바른 답은 5,000이 아니라 4,100이다. 이처럼 우리는 종종 자신의 실수를 알아채지 못한다.

대부분 스스로 생각을 제어할 수 있고, 어느 쪽으로든 선택의 방향을 잡을 수 있다고 생각한다. 의식을 집중한 상태로 정보를 습득한다면 당연히 그럴 테지만, 사실 우리의 지식 가운데 상당수는 무비

판적으로 받아들여 무의식적으로 습득한 것이다.

그 이유는 우리에게 정보를 준 사람이 권위자였거나 처음에는 나와 별 상관없는 정보였기 때문인 경우가 많다. 어느 시점에든 그 정보를 다시 돌이켜 보는 편이 이로운 데도 우리는 좀처럼 그럴 마음을 먹지 못하고, 이 때문에 앞에서 살펴본 대로 점화 효과에 매우 취약해진다.

점화 효과는 무의식적으로 갖게 된 생각들이 우리가 알아차리지 못하는 사이 자극되면서 일어난다. 예를 들어, 여성들이 수학에 뛰어나지 못한다는 사실을 알게 된다면 '여성' 개념이 사전자극되어 수학 실력이 악화될 것이다.

심리학자 마거릿 쉬(Margaret Shih), 토드 피틴스키(Todd Pittinksky), 날리니 암바디(Nalini Ambady)는 동양인 여학생들을 대상으로 수학 시험을 치르면서 한 집단은 '동양인'이라는 정체성으로 사전자극하고, 다른 집단은 '여성'으로서의 정체성으로 사전자극함으로써 위 사실을 확인했다.[47]

동양인에 대한 고정 관념은 수학을 잘한다는 것이고, 여성에 대한 고정 관념은 잘 못한다는 것이다. 이들은 여학생 기숙사에 사는지의 여부 같은 질문으로 성별을 사전자극했다. 인종 정체성에 대한 사전자극은 확대 가족 안에서 영어 이외의 다른 언어를 사용하는지에 대한 질문으로 이루어졌다.

그 결과, 여성이라는 정체성으로 사전자극되었을 때는 수학 점수가 낮았지만, 아시아인으로서의 정체성으로 사전자극되었을 때는 매우 높았다.

우리는 무심코 한 말에서, 십자말풀이를 채워 넣다가, 게시판이나 TV 프로그램 등 삶과 문화 전반에서 점화 효과를 경험한다. 하찮게 보이는 낱말 하나로도 우리의 행동은 달라질 수 있다. 상황을 좀 더 잘 파악하면 단연코 거부할 방식으로 행동할 수도 있다는 뜻이다.

사전자극이 발휘하는 힘

우리는 육체와 정신 건강 및 건강 관련 문제에 대해 너무 많은 것을 무의식적으로 습득했기 때문에, 아주 미세한 자극으로도 방대한 양의 정보가 점화될 수 있다.

심리학자 베카 레비는 노인들이 노화에 대해 긍정적인 고정 관념으로 사전자극을 받은 경우에는 기억력과 기억에 대한 자신감이 향상되는 반면, 부정적인 단서로 사전자극을 받았을 때는 이런 자신감이 악화된다는 사실을 확인했다.[48]

반응에 가장 큰 영향을 미친 것은 노인들이 본인 이미지에 대한 고정 관념을 얼마나 중요하게 생각하는지의 정도였다. 부정적인 고정 관념에 좀 더 민감한 사람들은 내면의 두려움 때문에 기억력과 기억에 대한 자신감이 줄어들었었다.

레비는 긍정적인 이미지와 관련된 행동("문제의 모든 면을 살핀다.")이나 부정적인 이미지("사람들 생일을 기억할 수 없다.")와 관련된 행동에 대한 설

늙는다는 착각

명이 읽기 어려울 정도로 화면에 빠르게 지나가도록 프로그래밍 된 컴퓨터 앞에 실험 참가자들을 앉혔다. 이후 노인들은 기억력과 노화에 대한 태도 관련 검사를 받았다.

노화에 대한 태도 관련 검사에서는 참가자에게 '딸과 함께 살게 된 73세의 할머니'처럼 적어도 두 가지 방향으로 해석될 수 있는 상황을 제시했다. 상황을 부정적으로 해석한 이들은 노인이 딸에게 의존한다고 여겼고, 상황을 긍정적으로 해석한 이들은 모녀가 상호의존한다고 여겼다.

처음에 긍정적인 표현으로 사전자극된 실험 참가자들은 대조군에 비해 향상된 기억력을 보였다. 마찬가지로 부정적인 표현으로 사전자극된 이들은 상대적으로 성적이 저조했다.

베카 레비가 제프리 하우스도르프(Jeffrey Hausdorff), 레베카 헨케(Rebecca Hencke), 진 웨이(Jeanne Wei)와 함께 실시한 다른 연구에서는 지혜와 관련된 표현이 더 건강한 기억력을 사전자극했을 뿐만 아니라, 건강에 대해 개인을 사전자극하면 건강한 행동을 활성화할 수 있음을 보여 주었다. [49]

참가자들은 건강한 생활 양식 또는 건강하지 못한 생활 양식에 대한 생각을 불러일으키는 '언어 숙련도 과제'를 수행했다. 건강한 생활 양식으로 사전자극된 사람들은 나중에 엘리베이터 대신에 계단을 이용하는 확률이 더 높았다. 단순히 '건강'에 대한 사전자극만으로 건강한 행동을 촉진할 수 있는 것이다.

이 같은 연구들은 긍정적인 사전자극이 매우 쉽게 영향을 미치므로 무심함이 좋을 수도 있다는 사실을 시사하는 듯하지만, 문제는 사전자극의 무의식적인 영향이 손실을 끼치기도 한다는 점이다. 무심할 때는 사전자극의 부정적인 효과를 통제할 수가 없다.

이러한 현상은 패스트푸드 음식점에서 폭발적으로 증가한 건강식품에서도 볼 수 있다. 맥도날드는 이제 샐러드뿐만 아니라 요구르트와 그래놀라도 디저트로 판매하지만, 패스트푸드 음식점은 우리에게 햄버거와 감자튀김을 사전자극시킨다. 맥도날드라는 이름과 햄버거 냄새는 메뉴의 건강식품을 무시하고 햄버거와 감자튀김을 먹도록 우리를 사전자극시킬 수 있다.

음식에 대한 태도를 평가하는 한 연구에서, 학자들은 환경이 실험 참가자들을 사전자극해 무심코 음식에 대한 특정 연상 작용을 일으킨다는 사실을 발견했다. 참가자들의 관심을 음식이 얼마나 맛있을지에 집중시키면 햄버거와 감자튀김 같은 음식을 선호했다.[50] 반면, 건강에 초점을 맞추었을 때는 더 건강한 음식을 선호하는 양상을 보였다. 특히 고지방 음식보다 저지방 음식을 훨씬 선호했다. 또한 이 연구는 음식에 대한 갈망의 수준이 높아지면 사람들이 배고픔을 더 느끼며 건강 관련 이득에는 관심이 덜해져 오로지 맛을 기준으로 음식을 먹는다는 사실을 확인했다.

오랜 세월 햄버거류와 감자튀김 사업을 해 왔으므로 사람들이 맥도날드와 건강하지 못한 패스트푸드를 연결 짓는 것은 당연한 일이다. 샐러드처럼 건강에 좀 더 좋은 음식을 추가함으로써 고도비만을 조장한다는 비판은 줄일 수 있을지 몰라도, 이런 메뉴 추가가 대중의 식습관을 크게 개선할 것 같지는 않다. 이 연구가 지적하듯, 우리의 음식 선택은 근사한 음식점이 줄지어 있어 맛있는 냄새가 풍기는 거리를 걷고 있는지 아니면 헬스장 앞을 지나치고 있는지의 여부, 또는 식사를 하려고 앉기 직전에 본 수영복 광고 따위에 좌우된다.

에너지 강화 음료를 똑같이 마셨음에도 불구하고

바바 쉬브(Baba Shiv), 지브 카르몬(Ziv Carmon), 댄 애리얼리(Dan Ariely)가 수행한 대단히 흥미로운 한 연구에서는 헬스장에서 운동을 시작하기 전에 정기적으로 실험 참가자들에게 음료를 나눠 주고 에너지 강화 음료라고 믿게 만들었다.[51]

이때 한 집단에게는 음료의 값이 2.89달러라고 알려 주었다. 다른 집단에게는 정가 2.89달러에 판매되는 음료이지만, 도매로 구입했기 때문에 할인가는 단돈 89센트라고 말했다. '할인가' 집단에 속한 사람들은 '정가' 집단에 비해 운동의 강렬함이 낮았고 운동 후에도 피로감을 더 느낀다고 보고했다. 더 비싼 가격이 더 좋은 효능을 의미할 수도 있지만, 이 실험에서 높은 가격은 품질과 관련 없는 사전 자극에 불과했다.

댄 애리얼리, 바바 쉬브, 레베카 L. 웨버(Rebecca L. Waber)가 실시한 플라시보에 관한 또 하나의 기발한 연구에서는 미국 식품 의약국(FDA)

승인을 받은 새로운 아편류 진통제라며 약물을 하나 제시하고 코데인(아편 성분이 들었으나 모르핀처럼 중독성은 없어 진통제, 진해제, 항바이러스제로 쓰임-역주)처럼 작용하지만 효과는 더 빠르다고 설명했다.[52]

실험 참가자의 절반에게는 약값이 2.50달러라고 알렸고, 나머지 참가자들에게는 10센트로 할인되었다고 말했다. 연구원들은 모든 이가 똑같이 위약을 받았음에도 더 비싼 값으로 제시되었을 때 약의 진통 효과가 더 높음을 확인했다.

가격을 제쳐 두고서도, 플라시보는 사전자극의 최고 본보기이다. 사람들은 약이 질환을 치료해 줄 것이라고 믿으므로 성분에 효과가 없는 약이더라도 건강을 사전자극한다. 플라시보의 작용에 의문을 품는 것은 근본적으로 우리의 생각이 어떻게 몸에 영향을 미치는지에 의문을 품는 것이다. 만일 정신을 육체와 별개의 독립체로 생각한다면, 플라시보 같은 현상을 이해하기 위해 정신과 육체가 서로 어떻게 소통하는지 알아보아야 한다.

그러나 정신과 육체가 언제나 별개로 여겨진 것은 아니다. 이 같은 이분법이 받아들여지지 않은 역사와 문화도 존재하기는 했다. 오늘날에도 남아프리카 칼라하리 사막의 쿵족(고유한 흡기음이 포함된 광범위한 음역의 언어를 사용해 인류학적으로 아프리카에서 기원한 인류 조상의 직계 후손일 가능성이 높다고 여겨짐-역주)은 정신과 육체를 여전히 하나로 생각하며, 육체와 정신의 질병에 대한 치유법은 똑같다. 결혼 생활부터 기침, 부족한 모유에 이르기까지 광범위한 문제를 해결하기 위해 밤새도록 치유의 춤을 추기도 한다. 공동체의 치유 에너지는 단순히 정신이나 몸이 아니라 전인(全人)에 초점을 맞춘다. 고립된 부족 사이에서만 이 같은 이분법 거부를 찾아볼 수 있다는 사실은 불운이다.

심리학에서 몸과 마음을 구분하는 이분법적 견해는 꾸준히 지속되어 왔다. 20세기 말까지도 심리학은 철학의 한 갈래였으므로 철학자들이 품고 있는 정신 개념을 채택했다. 몸과 마음의 분리는 정신이 비물질적이고 육체를 물질적이라고 생각한 데카르트에서 주로기원을 찾는다. 이분법으로는 오로지 육체만이 물리학 법칙의 적용을 받는다. 많은 이가 그런 종류의 생각을 떨쳐 버리고자 노력했지만 우리들은 대부분 아직도 그 같은 이분법의 시각으로 스스로를 바라본다.

몸과 마음의 분리는 의미론이나 학문적 이론의 문제로 끝나는 것이 아니다. 실제로 우리 삶에 심각한 결과를 낳을 수 있다. 게다가우리가 육체와 정신의 질병 사이에 내리는 구분에는 문제의 소지가있다. 우리는 그 둘을 구분해서도 안 되고, 하나를 다른 하나로 바꾸려 해서도 안 된다. 또한 그 둘을 뚜렷이 구분되지만 '연관된' 독립체로 생각해서도 안 된다.

기대감으로 인해 달라지는 결과

심리학자 허버트 레프코트(Herbert Lefcourt)는 근 10년간 말을 못하는 상태로 보호 시설에 수감되어 있던 여성이 원래 있던 병동을 보수하는 동안 다른 환자들과 함께 같은 건물의 다른 층으로 옮기게 된 이야기를 들려준다. [53] 원래 여성이 지내던 3층 병동은 환자들 사이에서 '만성 질환의/가망 없는' 병동으로 알려져 있었다. 하지만 새롭게 옮긴 1층 병동은 퇴원할 날이 가까워 병원 마당과 근처 거리를 돌아다닐 수 있는 자유와 같은 특권을 누리는 환자들을 수용하는 곳이었다.

병동을 옮기기 전, 직원은 환자들의 검진을 실시했다. 문제의 여성은 말하지 못하고 위축되었으나 건강 상태는 탁월하다고 판단되었다. 주치의들을 깜짝 놀라게 만든 사실은 1층 병동으로 옮겨 그곳의 특권을 일부 누리게 된 지 얼마 지나지 않아 여성이 직원들과 다른 환자들에게 반응을 보였으며, 곧 말문이 트이더니 이윽고 꽤 사교적인 사람이 되었다는 점이다. 불행히도 3층의 개보수는 곧 끝났다. 그 여성은 '가망 없는' 병동으로 되돌아간 지 일주일 만에 사망했다. 몇몇 사람은 그녀가 절망 때문에 죽었다고 짐작했지만, 검시에서는 아무런 의학적 원인도 드러나지 않았다.

몸과 마음을 단일한 독립체의 일부분으로 볼 때 플라시보에 대한 연구는 새로운 의미를 지닌다. 우리가 경험하는 질병의 상당수를 통제할 수 있을 뿐만 아니라 건강을 얻고 회복하고 강화하는 능력을 확대시킬 수도 있음을 시사하는 것이다.

플라시보는 종종 좀 더 광범위한 사고방식을 담아내는 한마디 말의 형태로 나타난다. 학생들과 함께한 한 연구에서, 우리는 공군 조종사들이 탁월한 시력을 지니고 있다고 여기는 대다수 사람들의 사고방식을 탐구했다. [54] 먼저 모든 참가자가 시력 검사를 받았다.

이어 일군의 참가자들은 '공군 조종사' 역할을 맡아 제복을 입고 모의 비행 장치에 앉았다. 이어서 근처 비행기 날개에 적힌 글자를 읽어 보라는 요청을 받았는데, 그것은 실제 시력 검사표의 일부였다. '조종사'의 사고방식을 적용한 참가자들은 탁월한 시력을 갖도록 사전자극되었고, 단순히 모의 비행 장치에 앉아 같은 거리에 있는 시력 검사표를 읽은 사람들에 비해 시력이 좋아졌다.

연구실 동료인 마자 지킥(Maja Djikic), 마이클 퍼슨(Michael Pirson), 에이린 마덴치(Arin Madenci)는 시먼스 대학교 간호학과의 레베카 도너휴(Rebecca Donohue)와 함께 시력에 관한 이 연구를 이어갔다. [55]

시력 검사표는 상단에 큰 글자가 있고 표 아래쪽으로 내려갈수록 차츰 글자가 작아지도록 설계되어 있다. 시력 검사는 위에서 아래쪽으로 실시되므로, 의도하지 않게 어느 시점에서는 글자가 선명하게 보이지 않을 것이라는 예상을 낳는다. 표를 뒤바꿔 가장 작은 글자가 상단에 있으면 어떤 일이 벌어질까? 이번에는 예상이 달라져 곧 볼 수 있다고 기대할 것이다.

실제로 실험한 결과, 참가자들은 위아래가 뒤집힌 모양으로 설계된 시력표를 사용했을 때 시력이 향상되었고, 이전에는 읽지 못하던 줄의 글자도 읽을 수 있었다. 한 사람을 제외한 모든 참가자가 일반 시력표에서는 글자 크기가 10 또는 더 컸을 때나 읽을 수 있던 숫자들을 뒤집힌 시력표에서 읽어 냈다. 그런데도 피험자들은 자신이 일반 시력표를 더 잘 읽었다고 생각하는 흥미로운 결과를 보였다. 우리는 기대하지 않은 것을 잘 보지 못한다.

사람들이 시력 검사표의 처음 몇 줄을 쉽게 읽을 수 있다고 믿는 것을 보고, 우리는 시력표를 뒤집는 대신 표 자체를 바꾸었다. 일반 시력표에서 세 줄 내려가야 볼 수 있는 크기로 글자가 시작되는 시력표를 만들었다. 그다음 피험자가 얼마나 아래 글자까지 읽을 수 있는지 측정했고 일반 시력표로 쟀을 때보다 더 잘 본다는 사실을 확인했다. 일반 시력 검사표에서는 읽지 못하던 글자들을 읽은 것이다.

누군가 완벽하지 못한 시력을 지녀서 이른바 시력이 20/40(미국에서 시력을 상대적으로 표현하는 기법으로, 일반 시력을 지닌 사람이 40피트 거리에서 읽을 수 있는 시력표를 그 절반 거리인 20피트 거리에서 볼 수 있다는 의미. 20/100인 사람은 일반인이 100피트 거리에서 보는 시력표를 20피트 거리에서나 볼 수 있다는 뜻임-역주) 이라고 기록되었다면 무슨 의미일까? 누군가 피곤함, 허기, 분노의 여부와 상관없이 똑같이 잘 보거나 잘 못 볼 것이라는 기대는 정말로 합리적일까? 관찰되는 물체는 전후 사정과 상관없이 보일까? 움직이는 목표물을 보는 일이 정지된 물체를 보는 일과 똑같을까? 한 가지 색상으로 된 무언가를 보는 것은 여러 색상의 대상을 보는 것과 똑같을까? 낯익은 무언가를 보는 경우와 새로운 것을 보는 경우는 똑같을까? 각각의 경우, 내 생각은 그렇지 않다.

시력을 향상시킬 방법은 수없이 많을지 모른다. 심리학자 대프니 바벨리어(Daphne Bavelier)과 C. 션 그린(C. Shawn Green)은 비디오 게임을 하는 행위가 시각적인 기술을 향상시킬 수 있음도 확인했다. [56] 흥미롭게도 그들은 시력 향상의 원인을 무엇이 일어날 것인지, 그리고 언제 일어날 것인지 모르는 불확실성에서 찾는다. 무엇을 기대할지 모를 때 우리가 의식을 집중하는 상태를 유지하기 때문이다.

기대감이 이렇듯 독특한 방식으로 시력에 영향을 준다면 청력 역시 같은 결과를 얻을 수 있을지 모른다. 내 연구실의 또 다른 일원인 톰 미쿠키스(Tome Mikuckis)는 이 같은 시력 연구를 지침 삼아 청력 실험에 착수했다. 우리는 뉴사우스웨일스 대학에서 온라인으로 제공하는 '동일음량 곡선 및 청력 진단' 검사를 이용했다. 각 참가자에게 일주일 간격을 두고 두 종류의 음렬을 2번 들려주었다. 1번은 가장 큰 소리부터 작은 소리의 순으로 음렬이 재생되었고, 음량은 6데시벨씩 3번에 나누어 줄어들었다. 또 1번은 가장 작은 소리부터 가장 큰소리의 순으로 음이 울렸다. 참가자들은 매번 음이 들린다고 했다.

시력 검사표의 순서가 뒤바뀌었음을 처음부터 사람들이 알고 있던 시력 연구와 유사하도록 2주째에는 시작 전 참가자들에게 무엇을 기대하는지 이야기해 주었다. 음렬의 순서는 연습 효과가 소용없도록 조절되었다. 우리는 모든 반응이 정직한지 확인하기 위해 아무런 소리 없이 실험을 했다.

시력 연구와 마찬가지로 작은 소리에서 큰 소리 순으로 진행한 경우 사람들이 곧 들을 수 있게 된다는 기대감을 가졌을 때 한 단계 낮은 음량의 소리를 들을 수 있었으나, 기대감이 없던 대조 실험의 경우에는 그러지 못했다. 음렬이 작은 소리에서 큰 소리의 순으로 재생되었을 때 21명의 참가자들 가운데 14명이 청력 향상을 보였다. 우리의 기대감이 언어의 사전자극과 동일하게 작용한 것이다. 기대감은 보고 듣는 능력을 포함해 우리 몸에 상당한 영향력을 미칠 수 있다.

기대감과 사전자극의 유사성

플라시보 효과는 우리 대다수가 깨닫는 것보다 훨씬 광범위하게, 다양한 영향을 미친다. 가짜 옻나무에 노출된 사람들에게는 진짜 발진이 생겼으며, 위약 카페인을 섭취한 사람들은 운동 능력 및 심박 수가 높아지는 경험(피험자들이 카페인의 효과라고 믿는 다른 효과까지 포함해)을 하는 것으로 관찰되었다.

허버트 벤슨(Herbert Benson)과 D. P. 맥칼리 주니어(D. P. McCallie Jr.)는 협심증(극심한 흉통의 일종)에 몇 가지 플라시보 같은 치료의 유효성을 연구했고, 환자들이 실제로 치료 요법을 믿었을 때는 70퍼센트에서 90퍼센트의 효과가 있었던 반면에 어떤 형태로든 회의적이던 사람들에게는 30퍼센트에서 40퍼센트만이 효과가 있었음을 확인했다. [57]

심리학자 앨런 로버츠(Allen Roberts)와 도널드 큐먼(Donald Kewman), 리사 머시어(Lisa Mercier), 멜 호벨(Mel Hovell)은 궤양 환자들이 사구체 절제술(플라시보 수술)을 '견뎌 내는' 효과를 살펴보았고, 피험자가 치료

의 효과를 믿을수록 실제로 더 큰 효과가 있음을 확인했다. [58]

어빙 커시(Irving Kirsch)와 가이 사피르슈타인(Guy Sapirstein)은 항우울제 복용에 대한 분석을 실시한 적이 있다. 2,318건의 분석 결과, 환자 가운데 25퍼센트는 실제 약물 효과에 반응을 보였고, 25퍼센트는 우울증의 자연스러운 진행 덕분이었으며, 50퍼센트는 플라시보 효과 때문이었음을 확인했다. [59] 다른 연구들도 의사가 처방한 약물과 기타 치료법의 효능이 플라시보 효과 때문일 수 있는 경우가 65퍼센트에 이른다고 주장한다. [60]

플라시보 효과가 건강 증진에 놀라우리만치 강력한 영향을 미친다는 사실이 입증되기는 했지만, 이 효과 역시 사전자극과 마찬가지로 양날의 검을 내포한다. 부정적인 기대감이 환자에게 부정적인 결과로 확인되는 경우 플라시보 반응은 역으로도 나타날 수 있다. 이런 효과를 '노시보' 현상이라고 한다. 예를 들어, 암 진단 과정에서 미국인들이 지닌 가장 일반적인 사고방식은 암이 곧 죽음을 의미한다는 확신이다. 암이 아직 신체 기능에 아무런 영향을 미치지 않고 있더라도 암으로 진단받은 사람이 본인을 건강한 사람으로 여기기는 매우 어렵다. 동시에 아직 암으로 진단받지 않았으므로 스스로를 건강하다고 여기며 돌아다니는 사람들 또한 존재한다. '악성 종양으로 진단받은' 환자들은 실제 병의 진행 과정과 상관없이 쇠약해지기도 한다. 죽음에 대한 단순한 예상만으로도 그런 결과를 촉진시킬 수 있는 것이다.

언어의 플라시보 역할에 대한 가장 극적인 본보기는 시계 거꾸로 돌리기 연구에서 찾아볼 수 있다. 이 연구는 참가자들을 사전자극하려 언어를 이용했고, 입소한 노인들에게 현제 시제로 과거사를 이야기하도록 요청했다. 언어로 실험군의 정신을 좀 더 건강한 장소로 옮기자, 그들의 몸도 따라왔다.

최소한의
의식과
움직임만으로

제자인 알리 크럼(Ali Crum)과 나는 '건강한 장소에 마음 두기'라는 개념을 적용해, 매우 다른 방향으로 몸에 긍정적인 효과를 얻을 수 있도록 시도했다. [61] 우리는 운동 덕분에 얻어지는 건강상 이득의 일부 또는 전부가 실제로는 '운동이 건강에 이롭다'는 사고방식 때문이 아닌지 궁금했다. 우리가 확인한 극적인 결과를 살펴보기 전에, 운동으로 얻을 수 있는 이득과 관련된 몇몇 연구 결과를 살펴봄으로써 우리의 연구 결과가 지닌 잠재적 중요성의 이해를 돕도록 하겠다.

오늘날 28개국의 평균 수명은 미국의 수치를 능가한다. 평균 수명이 제일 높은 국가는 일본이며, 미국보다 5년이나 길다. 여기에는 여러 이유가 있을 것이다. 어떻게 해야 미국이 지금보다 건강해질 수 있을까? 많은 사람이 지금처럼 앉아만 지내지 않는다면 더 건강해지리라 믿는다.

직업상의 활동에 초점을 맞추어 운동량과 신체적 건강을 살피는 체계적인 연구는 1950년대에 시작되었다. 런던 종합병원 의과 대학 최초의 사회의학과 교수인 제레미 모리스(Jeremy Morris) 박사와 동료들은 2층 버스 운전수와 안내원의 심혈관 건강을 비교하는 최초의 공식적, 실증 연구를 실시했다. 이 연구에서 온종일 앉아 있는 운전수에 비해 계단을 뛰어 오르내리는 안내원의 심장병 발병률이 낮다는 중대한 결과가 드러났다.

이 연구는 운동의 건강 효과에 초점을 맞춘 의학 연구 분야에 새바람을 일으켰다.[62] 연구 결과, 실제로 신체 운동이 조기 사망의 위험을 낮추는 것으로 드러났다. 미국에서는 매년 25만 명이 규칙적으로 운동하지 않아 죽는 것으로 추정된다. 장기적으로 이루어진 몇몇 상관관계 연구 결과는 신체 활동이 적거나 심혈관 건강의 기본적인 수준이 현저히 낮은 사람의 사망률이 높음을 밝혀냈다.[63]

이 같은 연구는 통제된 실험이 아니므로 단지 시사적으로 받아들여야 한다. 하지만 또 다른 연구에서는 중년이 된 하버드 대학교 남자 동창생 중 1962년에는 주로 앉아서 생활했지만 11년간의 추적 연구가 진행되는 동안 적당한 강도로 운동을 지속한 사람들의 경우에는 사망률이 23퍼센트 낮았음을 보여 준다.[64]

한 연구에서는 29세에서 79세 사이의 남녀 7,000명을 조사한 결과

늙는다는 착각

활동량이 낮은 수준에서 적당한 수준으로 높아지면 사망 위험도 함께 줄어듦을 확인했다. [65] 당뇨병, 암, 관상 동맥 심장 질환, 고혈압, 골관절염, 비만 관련 질병의 위험 감소는 모두 운동과 관련이 있었다. 현재는 스트레스, 우울증 같은 심리적인 문제에도 유사한 결과가 나타난다. 확실히 운동은 중요해 보인다.

운동에 대한 생각이 몸을 변화시킬 수 있을까?

1995년 미국 질병 대책 센터(CDC)는 광범위한 문헌 검토 후 모든 미국인을 위해 새로운 지침을 발표했다. 모든 성인은 일주일의 대부분을, 가급적 매일 적당히 강렬한 신체 활동을 30분 이상 해야 한다는 내용이었다. [66] 신체 활동을 한 번에 다할 필요는 없으며 하루에 걸쳐 합산된 운동량으로도 도움이 된다는 것이 여러 연구의 주장이다. 정확한 운동량에 대해서는 논란의 여지가 있지만, 최소 운동량이나 적정 운동량은 대략 하루에 150킬로칼로리이다. 이는 30분간의 걷기나 낙엽 쓸기, 15분간의 달리기 같은 다양한 활동 중 어느 것으로든 얻을 수 있다.

보건 사회 복지부 장관인 도나 E. 샐레일라(Donna E. Shalala)는 이 보고서의 머리말에서 운동의 이득을 즐기기 위해 직업 운동선수처럼 훈련할 필요는 없다는 말로 새로운 건강 지침을 요약했다. 일주일 동안 거의 매일 하루에 30분간 걷기, 자전거 타기, 심지어 정원 가꾸기 같은 일상적인 활동만 해도 건강에 이롭다.

신체 활동은 신진대사, 호르몬, 신경계, 신체 역학 등 수없이 다른 갈래로 달라져 사실상 몸의 모든 조직에 영향을 미친다. 이 보고서는 미국 국민의 신체 활동 수준에 대한 자료를 제공한 다섯 가지의 설문 조사 결과를 아래처럼 요약했다.

- 미국 성인의 약 15퍼센트는 여가 시간에 규칙적으로(일주일에 3회, 최소 20분간) 활발한 신체 활동을 한다.
- 성인의 약 22퍼센트는 여가 시간에 규칙적으로(일주일에 5회, 30분간) 어떤 강도로든 꾸준한 신체 활동을 한다.
- 성인의 약 25퍼센트는 여가 시간에 신체 활동을 하지 않는 것으로 보고된다.
- 신체 활동 부족은 남성보다 여성에게 더욱 만연해 있으며, 백인보다는 흑인과 히스패닉에, 청장년보다는 노인층에, 부유한 계층보다는 상대적으로 덜 풍요로운 계층에 만연해 있다.

미국인이 앉아서 생활하는 시간이 이처럼 길어 보이는 이유 중 하나는 운동을 평가할 때 사용되는 방편이 모든 유형의 신체 활동을 감안하지 못하기 때문이다.

사무직 노동자들에게 운동은 업무 바깥에서 이루어지는 활동으로 구성된다. 그런데 운동량 평가 방법 자체를 사무직 노동자들이 고안했으므로, 평가 자체에서 업무가 운동으로 고려되지 않았다. 예를

늙는다는 착각

들어, 1966년 신체 활동 보급에 관한 미국 질병 대책 센터 보고서에 이용된 설문 조사는 여가 시간의 신체 활동과 의도적인 운동을 포함시켰지만, 집안일이나 가사 노동 또는 교통수단의 이동 같은 활동은 고려하지 않았다. 이것은 남성들과 비교해 많은 여성이 신체 활동 부족 현상을 보이는 까닭일지도 모른다.

또한 직업상의 운동을 포함시키지 않은 탓에 히스패닉과 흑인, 상대적으로 덜 풍요로운 계층의 '운동'이 충분하지 않다는 결과를 낳았을 수 있다. (이들은 대부분 신체적으로 소모적인 직업을 갖고 있어 일을 마친 후에 운동할 시간이나 기력이 거의 없다.) 그럼에도 위 자료는 이 사람들에게 운동이 필요하다고 주장한다. 만일 우리가 운동에 대한 생각을 사전자극할 수 있다면 이 사람들이 일상적인 습관을 바꾸지 않고도 도움을 받을 수 있을까? 운동에 대한 생각도 플라시보로 작용할 수 있을까?

객실 청소원들의 업무를 운동이라고 생각한다면

오늘날 많은 사람이 주로 앉아서 활동하는 직업을 가지고 있기는 하지만, 업무 과정에서 충분한 신체 활동량을 얻을 수 있는 직업도 더러 존재한다. 가령 호텔 객실 청소원은 하루에 평균 15개의 객실을 청소한다. 각 방의 청소 완료에는 대략 20~30분이 소요되며 밀기, 팔다리 뻗기, 굽히기, 들어 올리기 같은 움직임이 요구된다. 따라서 호텔 객실 청소원은 건강한 생활을 위해 의사가 권하는 요구 사항을 충족하거나 초과한다. 이 같은 신체 활동 수준에도 불구하고,

기술 통계학상으로 이들은 전혀 건강하지 않다. 혈압, 신체 질량 지수, 체지방률, 전신 수분 비율, 허리와 엉덩이 둘레의 비율 등 건강의 모든 주요 지표가 위험한 수준으로 나타난다.

객실 청소원들은 무의식적으로 운동과 일이 별개의 활동이라고 생각하는 경향이 있다. 운동에 대한 사전자극이 이들에게 운동으로 인한 건강상의 혜택을 제공할지 알아보기 좋은 이유다. 2007년에 이 집단을 연구하기로 마음먹고, 알리 크럼과 나는 이 여성들이 본인의 일을 운동으로 여기지 않는다는 사실을 알아차렸다. 실험 초기 3분의 2는 규칙적으로 운동하지 않는다고 답했고, 약 3분의 1은 전혀 하지 않는다고 대답했다. 요구되는 신체 활동량을 충족시키면서도 그것을 운동으로 인식하지 못하는 객실 청소원들의 태도를 바꾼다면, 그들도 혜택을 누릴 수 있을까?

먼저 우리는 여성 객실 청소원들에게 전반적으로 얼마나 건강한지 물었다. 그들의 신체 활동과 실제 건강 사이에는 무슨 관계가 있을까? 이어서 우리는 "객실 청소원은 자신의 업무가 매일 하는 운동의 훌륭한 원천임을 아는가?"라는 질문을 던졌다. 7곳의 호텔이 이 설문 조사에 도움을 주었는데, 각각의 호텔은 무작위로 다음의 두 조건 중 하나에 할당되었다.

객실 청소원들이 일하는 동안 건강상의 혜택을 누리기 충분할 만큼 운동하고 있음을 인지시키기 위해, 고시(告示) 집단에 속하는 조건의 실험 참가자들에게는 운동의 이득을 설명하고 매일 하는 객실 관리 업무가 미국 질병 대책 센터에서 권장하는 활동적인 생활 방식을 충족시킨다는 내용의 공지를 전달했다. 영어와 스페인어로 동시 작성된 이 공지는 우리의 가설을 알지 못하는 실험자가 참가자들에게 읽어 준 뒤, 휴게실 게시판에 붙여 놓았다.

참가자들에게는 우리가 그들의 건강에 관한 정보를 얻어서 건강해지게끔 도울 방법을 연구할 것이라 설명했다. 우리는 그들에게 도움의 대가로 건강과 행복에 관한 연구 정보를 제공할 예정이었다. 그들은 우리가 제공할 정보가 생리학적 수치와 관련되어 있다는 사실을 알지 못했다.

운동으로서의 업무에 대한 정보를 제공받지 못한 것만 제외하면 대조군에게도 고시 집단과 똑같은 조건을 제공했다. (두 번째로 일련의 평가를 하고 난 다음 그 정보를 알려 주긴 했다.)

연구 참가자들은 각 호텔에서 모집되었다. 우리는 체중과 혈압을 포함한 몇 가지 건강 검진으로 연구를 시작했다. 다른 실험군의 참가자들이 서로 정보를 공유하는 것을 막기 위해 같은 호텔의 객실 청소원들은 전부 같은 조건에 배당되었다. 참가자는 총 84명이었다.

1시간짜리 설명회에서 우리는 호텔에서 일하는 여성들의 건강과 행복을 증진시킬 방법을 연구한다고 모든 참가자에게 말했다. 그들이 각기 설문지를 작성하는 동안 우리는 그들을 다른 방으로 따로따로 데리고 가 생리학적인 수치를 측정했다. 그다음 실험군에게 그들의 업무가 어떻게 헬스장에서 하는 것처럼 훌륭한 운동이 되는지 짧게 설명했다.

4주 뒤, 우리는 후속 평가를 위해 다시 그들을 찾았다. 연구가 진행되는 동안 참가자들의 실제 행동에 변화가 있었는지 알아보기 위해 우리는 생각할 수 있는 모든 질문을 던졌다. 참가자들은 가정부 일에 비해 얼마나 힘들게 일한다고 느끼는지 알려 달라는 요청을 받았다.

이 실험으로 우리는 무엇을 확인했을까? 실험군은 연구가 진행되는 동안 스스로 인식하는 운동량이 증가한 반면 대조군은 그렇지 못했다. 전보다 많이 규칙적으로 운동한다고 응답한 고시 집단의 참가자 비율은 2배가 넘었다. 실험군에서는 한 사람을 제외한 전원이 최소한 얼마간의 운동을 한다고 응답했다. 그러나 두 집단 모두 실제로 운동량이 늘어나지는 않았다.

사고방식의 변화가 만들어 낸 신체 건강

우리의 설명을 모두 이해한 상황에서, 이들은 어떻게 행동했을까?

운동에 대한 인식 부족에서 운동으로 사고방식이 전환되자 생리학적으로 건강이 현저하게 향상되었다. 본인들의 업무가 훌륭한 운동임을 깨달은 지 불과 4주 만에, 고시 집단의 참가자들은 평균 1킬로그램의 체중이 줄었다. 체중만 준 것이 아니라 체지방률 감소도 두드러졌다. 고시 조건에 속한 참가자들의 전신 수분 비율이 높아졌다는 사실은 체중 감소가 단지 수분의 양이 줄어들어서가 아니라 근육량이 일부 늘어나서일 수도 있으므로 (근육은 지방 조직보다 수분의 함량이 높다.) 2.7퍼센트라는 체중 감소 수치는 훨씬 더 중요한 의미(근육은 지방보다 무겁다.)를 띤다.

체중과 체지방이 실제로 더 늘어난 대조군과 고시 집단 사이에 이처럼 유의미한 차이가 있다는 사실은 실험 결과에 더욱 큰 힘을 실어 줬다. 혈압에 있어서도 고시 집단은 수축기 혈압 수치가 10, 확장기 혈압 수치가 5 정도 낮아졌는데, 이것 역시 의미심장한 변화였다.

연구에 참여한 여성들이 건강하지 못하다면 거기에 유전 인자와 식이 요법을 포함해 수많은 원인이 있겠지만 우리 연구는 운동에 초점을 맞췄다. 이 여성들은 그때까지 자신의 일을 전혀 운동이라고 여기지 않았다. 다시 말하지만, 실험 초기 참가자의 3분의 2는 규칙적으로 운동하지 않는다고 응답했고 3분의 1은 전혀 하지 않는다고 응답했다.

고시 집단의 객실 청소원들이 더 많은 운동을 하고 있다고 대답하면서 일 이외에 추가로 하는 운동은 없다고 응답한 사실을 주목해야 한다. 응답에 따르면 달리기나 수영, 윗몸 일으키기 같은 활동을 포함해 일 이외의 신체 활동은 오히려 줄었다. 객실 청소원들은 출근길에 더 자주 걷지도 않았고, 청소처럼 육체노동을 요하는 다른 직업을 더 찾지도 않았다. 감독관이 제공한 정보에 따르면, 일일 작업 수준도 실험 과정 내내 꾸준히 유지되었다. 신체 활동에 관한 응답에서 나타난 변화는 실제로 신체 활동이 늘어난 덕분이 아니라 우리가 개입해 그들에게 정보를 제공함으로써 시작된 사고방식의 변화 때문이었다.

생리 기능에 영향을 미치는 사고방식

전통적인 과학에 따르면, 체중 감량과 체지방 감소가 일어나기 위해서는 특정한 생물학적·생리학적 사건이 함께 일어나야 한다. 혈압의 경우, 운동하는 동안 혈압이 낮아지는 이유는 말초 혈관이 확장되기 때문이며, 시간이 반복되면 약화된 운동 효과가 교감 신경계 활동에 작용해 혈압 조절을 돕는 것으로 추정된다.

체중의 경우에는 운동이 비휴면 에너지 소모를 증가시켜 체지방 감소를 돕는 것으로 추정된다. 에너지 소모량이 칼로리 섭취량을 초과하면 나타나는 결과가 바로 체중 감소다. 이론적으로는 3,500킬로칼로리가 추가로 연소될 때마다 약 500그램의 지방 에너지가 사라진다. 이 경우에도 이 이론이 적용된다면, 사고방식의 변화(운동에 대한 인식 향상)가 어떻게 그 같은 생리학적인 변화를 촉발했을까?

우리가 얻은 결과에도 불구하고, 회의론자들은 운동에 대한 인식과 건강의 연관성은 행동의 변화로 조정된 것이라 주장할 것이다. 사고방식 변화가 고시 집단의 참가자들에게 식이 요법과 약물 남용에 관련된 습관을 바꾸도록 장려했을 수도 있다는 것이다.

그러나 과거 연구가 드러내듯이, 그러한 종류의 행동을 바꾸기란 매우 어렵다. 혹 회의주의자들의 주장이 맞는다고 하더라도 우리가 얻은 연구 결과가 흥미롭기는 마찬가지다. 어쨌든 그러한 행동 변화의 어려움을 조망한 연구가 상당히 많고, 우리 연구의 참가자들이 그러한 변화가 있다고 응답한 적 없다는 사실을 고려할 때, 건강은 사고방식을 바꾼 결과로 따라왔다고 설명할 수 있다. 플라시보와 마찬가지로 말이다.

몸과 마음의 이분법에서 이런 결과가 발생하는 이유를 찾으려는 연구는 정신이 몸에 직접적으로 미치는 영향을 간단히 부정한다. 이 같은 이분법은 플라시보 효과처럼 부인할 수 없는 사건을 이해하고 설명하는 데 도움이 되는 개념상의 수단을 거의 용납하지 않는다.

전통적인 의학 모델은 대체로 정신과 육체의 단일성을 용납하지 않지만, 스트레스 요인과 성적인 자극, 공포나 욕지기 같은 신체 반응으로 나타난다는 사실을 부인하는 이는 거의 없다. 질병과 행복에 대한 우리의 사고방식이 생리 기능에 강력한 효과를 일으킬 수 있다는 것이다.

호텔 객실 청소원을 대상으로 한 연구에서 동시에 생리학적인 측면으로 무슨 일이 벌어졌는지는 우리도 알지 못한다. 그 부분을 설명할 수 있다면 흥미롭기는 하겠지만, 그것이 우리가 건강을 향상시키기 위해 스스로 무엇을 할 수 있을 것인지 알려 주지는 못할 것이다.

이 대목에서는 디나 스콜닉 바이스버그(Deena Skolnick Weisberg), 프랭크 C. 케일(Frank C. Keil), 조슈아 굿스타인(Joshua Goodstein), 엘리자베스 로슨(Elizabeth Rawson), 제레미 R. 그레이(Jeremy R. Gray)의 연구에 중

대한 의미가 있다. [67] 그들의 논문 제목 〈신경 과학 설명의 유혹적인 매력(The Seductive Allure of Neuroscience Explanations)〉이 모든 것을 말해 주기 때문이다.

이들은 인지 신경 과학 강의를 듣는 학생들과 신경 과학에 대한 배경지식이 없는 사람들 앞에서 일련의 연구 결과를 발표하며, 설명이 얼마나 그럴듯한지 판단해 달라고 요청했다. 실험 결과, 사람들은 크게 관련 없는 신경 과학 용어를 사용할 때, 즉 "전두엽 두뇌 회로" 같은 표현이 설명에 포함되어 있을 때 그렇지 않은 경우보다 결과를 더 믿음직하다고 여겼다.

사람들이 스스로 운동한다고 인식하면서도 실제로는 운동하지 않을 때는 어떤 일이 벌어질지 물을 수도 있다. 연구해 보지는 않았지만, 나는 운동하려고 나서면 실제로 몸을 움직이는 데 들인 시간이 얼마 되지 않더라도 건강해진 느낌이 든다.

솔직히 나는 냉장고에서 멀어지는 것도 운동이라 여기지만, 그것은 별개의 문제다. 음식에 대한 우리 생각은 실제로 음식이 우리 몸에 미치는 영향을 좌우할까? 예를 들어, 당분 대체품을 먹는데도 체중이 줄지 않는 사람들은 본질적으로 당분을 섭취한다고 믿는 것일까? 사탕을 먹는다고 상상하면 혈당이 올라갈까? 깨끗한 공기에 대한 생각은 실제 우리 호흡 능력에 영향을 미칠까? 전염병에 대한 생각은 우리가 감염되는 데 영향을 미칠까?

오늘날 많은 사람이 성형 수술을 받는다. 여기에 위에서 설명한 실험 개념들을 접목해 보면 흥미로운 결론에 도달하게 된다. 만일 내가 더 젊어 보인다고 생각하면, 어떤 나이 기준을 적용하든 나는 더 젊어질 것이다. 운동도 더 많이 할지 모른다. 단순히 젊은 사람들은 운동을 많이 하니까 나도 운동을 더해야 한다고 생각할 수도 있다. 이런 경우 허영심이 보답을 받는 셈이다.

플라시보 효과를 스스로 만들어 낼 수는 없을까?

심리학자 제럴드 데이비슨(Gerald Davison)과 스튜어트 밸린스(Stuart Valins)는 1970년대 연구에서 사람들에게 충격을 준 다음, 사람들이 얼마만큼의 고통을 기꺼이 감수하는지 추적했다.[68] 피험자들은 충격을 잘 견디게 해 줄 것이라는 설명과 함께 알약(위약)을 받았다. 충격을 가하는 기계도 같은 방식으로 조작되어 피험자 모두 실제 겪는 충격보다 더 큰 충격을 견딜 수 있는 것처럼 보이게 만들었다.

이후 피험자의 절반은 먹은 약이 사실 위약이라는 말을 들었고, 나머지 절반은 약의 효과가 떨어졌다는 말을 들었다. 그다음 얼마나 큰 충격을 견딜 수 있는지 알아보기 위해 다시 실험에 임했다. 위약을 먹었다는 말을 들은 집단은 이제 자신들이 보인 훌륭한 성과가 알약이 아닌 스스로의 능력 덕분이라 생각했기 때문인지 더 큰 충격을 견딜 수 있었다. 건강상의 문제 때문에 어떤 사람에게 위약을 주었다가 증상이 사라진 다음 위약임을 알린다면, 그 사람은 건강이 좋아진 원인이 실제로 자기 자신에게 있음을 깨달을 것이다. 이런 논리는 일반화될 수 있을까? 나는 그렇다고 생각한다. 대체 무엇이 변화하는 것일까? 나는 우리 몸이 주는 미묘한 메시지에 귀 기울이고 그것을 이용하려 노력하기 때문이라고 생각한다.

플라시보가 상당수의 병 치료에 효과가 있음은 널리 알려진 사실이다. 가령 어떤 약에 대한 연구 결과 증상의 90퍼센트가 개선되었는데 위약은 30퍼센트만 개선되었다면 그 약은 효능이 있다고 여겨진다. 이런 연구에서 빠진 것은 부작용의 비교다. 대부분의 약물은 부작용이 중요한 반면, 위약은 부정적인 부작용이 전혀 없다. 그렇다면 좀 더 순한 물질의 잠재적인 효과 활용법을 알아 두는 것은 분명 해 볼 만한 가치가 있다. 그런데 우리에게 정말로 알약 형태의 위약이 필요할까?

플라시보는 멋져 보인다. 효과가 있다는 거짓말과 함께 약을 받은 우리는 이로운 사고방식을 적용해 스스로 치유한 다음(가짜이기 때문에 결코 그 약이 원인일 리는 없다) 공을 알약에게 돌린다. 플라시보가 작용할 때 건강을 좌우하는 것이 사실은 우리 자신이라는 점을 인식하고, 직접 그 효과를 배워 우리 스스로 효력을 발휘하게끔 만드는 것이 훨씬 이롭지 않을까?

몸에 미치는 정신의 효과

사회 심리학자들은 인간의 행동이 대개 우리 스스로 찾아낸 맥락상의 기능이라고 말하기를 좋아한다. 예를 들어, 우리는 도서관에 있을 때 풋볼 경기장에서와 다르게 행동한다. 맥락이 사전자극으로 작용하는 것이다. 그러나 누가 맥락을 통제하는가 하는 문제는 거의 언급되지 않는다.

애초에 상황이란 여러 방식으로 바라볼 수 있다. 상황이 우리를 통제하기는 하지만 우리는 원하는 바에 따라 상황을 바라보는 방식을 선택할 수 있다. 건강한 맥락이라고 부를 수 있는 상황과 덜 건강한 맥락이 존재하는 것이다.

로라 수(Laura Hsu), 정재우와 나는 몸에 미치는 정신의 효과에 대한 더 많은 증거를 제공해 줄 만한 기록 자료를 수집했다.[69] 이 작업은 우리 건강을 좀 더 직접적으로 통제할 방법을 제시한다. 앞서 보았듯이 노화에 대한 부정적인 고정 관념은 쇠약해진 노인들의 능력을 직간접적으로 사전자극했을지 모른다. 마찬가지로 노화에 대한 부정적인 편견이 없는 것이 건강 증진을 사전자극할 수도 있다.

여기에서 검토한 일반적인 가설은 노년을 사전자극하는 맥락에 처한다면 더 빨리 나이 먹을 것이라는 점이다. 우리는 의복이 나이에 걸맞은지 생각하는 태도를 고려해, 옷이 우리에게 미칠지 모르는 효과를 검토했다. 60세 여성이 미니스커트를 입으려 한다고 상상해 보자. 대부분의 경우, 그 사람은 옷을 사지 말라고 권유를 받을 것이다. 하지만 16세 소녀가 똑같은 스커트를 입는다면 아무도 말리지 않을 것이다.

유니폼은 일상적인 의복보다 나이 제한을 덜 받으므로, 우리는 유니폼을 입는 사람들이 본인의 옷을 입고 일하러 가는 사람에 비해 나이 관련 단서에 노출되지 않으리라고 판단했다. 그리고 이 때문에 나이에 관련된 신호의 부재가 건강 증진과 연계될 것이라고 예상했다. 우리는 1986년에서 1994년 사이에 실시된 전국 보건 면담 조사(National Health Interview Survey)에서 206개 직업의 질병 자료를 검토했다. 같은 액수의 수입을 벌어들이면서 유니폼을 입지 않는 이들과 비교할 때 유니폼을 입는 사람들은 질병이나 부상, 병원 진료, 입원, 자체 보고 건강 상태와 만성 질환으로 인한 결근 일수가 더 적어 상대적으로 건강함이 확인되었다.

다음으로 우리는 중산층과 중상류층의 경우 의복이 더욱 심하게 나이 관련 단서로 작용하는지 살펴보았다. 부유한 사람들은 상대적으로 그럴 만한 여유가 있으므로 입는 옷도 더욱 다양하고 옷가지도 좀 더 자주 바꿀 터이므로 나이 관련 단서를 더 많이 경험할 것이라고 판단했다. 따라서 유니폼 효과는 더 높은 수준의 소득층에 더욱 현저하게 나타나야 했다. 정말로 유니폼을 입지 '않는' 부유층 개인들은 같은 수준에서 유니폼을 입는 사람들보다 건강이 나빴고, 소득 범위에서 더 높이 올라갈수록 그 효과도 커졌다.

고급 백화점인 노드스트롬과 상대적으로 저렴한 백화점인 시어스를 비교해 보면 입점한 청바지 및 셔츠의 브랜드 개수와 스타일의 다양성에서 현저한 차이를 보인다. 노드스트롬에는 38개의 청바지 브랜드에 10종의 다른 디자인(부츠 컷, 나팔바지 등)이 있는 반면, 시어스는 17개의 청바지 브랜드에 5종의 다른 디자인을 갖추고 있다. 노드스트롬에 비치된 셔츠 스타일은 930종인데 비해 시어스에는 560종밖에 없다. 노드스트롬에 구비된 의류 상품이 더 많다는 사실은 잠재적인 수입이 더 많은 사람일수록 구매 선택의 폭도 더 폭넓게 누린다는 의미이다. 의복은 지위의 상징이므로, 돈이 더 많다는 것은 끊임없이 변하는 패션 트렌드에 맞춰 구매력을 갖고 있다는 의미다. 고소득층의 경우 유니폼은 나이가 모두에게 지나치게 드러나지 않도록 해 주는 '완충제' 역할을 하는지도 모르겠다.

이로운 단서에 귀 기울이기

이 생각을 실험하기 위해 우리는 조기 탈모에 대해서도 조사했다. 대머리는 노년의 단서이므로 일찍 대머리가 되는 남자들은 스스로 더 늙었다고 여길 수 있다. 결과적으로, 더 빨리 나이 들어갈 것을 예상할 수도 있다. 우리는 대머리가 아닌 남자들에 비해 조기 탈모로 대머리가 된 남자들이 전립선암과 관상 동맥 심장 질환으로 진단받을 위험이 더 크다는 사실을 확인했다. 이 결과를 전하면 사람들은 조기 탈모로 대머리가 된 사람들과 그렇지 않은 사람들 사이의 호르몬 차이 때문에 그런 결과가 나왔을 것이라고 추측한다. 하지만 몇몇 의학 전문가에게 조기 탈모와 전립선암 사이의 관계를 물었을 때, 그들 중 아무도 만족스럽게 설명하지 못했다.

다음으로 우리는 아이를 늦게 가진 여성들을 살펴보았다. 우리는 이들이 상대적으로 젊은 단서들에 둘러싸여 있기 때문에 더 오래 살 것이라 예상했다. 아니나 다를까, 일찍 아이를 낳은 여성들보다 늦게 낳은 여성들의 평균 수명이 더 길었다. 어떤 연령대든 아이들을 기르며 겪는 심신의 소모를 고려한다면, 반대의 결과를 예상하기 십상인데 말이다.

마지막으로 우리는 배우자와의 나이 차이가 4살 이상인 부부와 그 미만인 부부를 비교했다. 전자의 경우 어린 배우자는 나이 많은 배우자가 제공하는 '더 나이 든' 단서에 둘러싸여 있으므로 수명이 더 짧을 테지만, 나이 많은 배우자는 어린 배우자의 '더 어린' 단서에 사전자극되어 수명이 길어지리라 예상했다. 예상대로 우리는 상대보다 현저히 어린 배우자의 경우 훨씬 나이가 많은 쪽의 배우자보다 수명이 짧다는 사실을 확인했다.

특정 맥락은 대체로 나이에 단서를 주는 것으로 보인다. 그러한 맥락에 놓일 때, 무의식적으로 위축되어 주어진 가능성보다 열등한 삶으로 이끌려서는 안 된다. 우리는 최대한 우리에게 이로운 단서에 귀 기울이고, 그것을 선택할 수 있다.

사람들이 오후 3시에 커피를 찾는 이유

이런저런 맥락에 처해 있음이 주는 영향은 생리학적인 상황과도 관련될 수 있다. 심리적인 현상일 수도 있는 피로의 정도를 생각해 보자. 맥락상의 단서가 '틀림없이' 피곤하다는 신호를 보낸다면 우리는 그러한 신호를 받지 않을 때보다 더욱 피곤해 할 것이다.

수년 전, 학생들과 이 가설을 비공식적으로 실험해 보기도 했다. 강의에 참석한 학생들은 친구들에게 팔다리 벌려 높이뛰기를 100개 또는 200개 실시한 뒤 언제 피곤해졌는지 알려 달라고 요청했다. 두 집단 모두 운동을 3분의 2쯤 진행했을 때 피로해졌다고 응답했다. 첫 집단은 팔다리 벌려 높이뛰기를 65~70개 정도를 한 뒤에 피곤해졌지만, 두 번째 집단은 130~140개 정도 후에 피곤해진 것이다. 또 다른 실험에서는 사람들에게 오타를 알려 주지 않는 워드프로세서 프로그램으로 1페이지 또는 2페이지 분량의 문서를 작성하도록 했다. 1페이지 집단의 경우 대부분의 실수가 끝내기 3분의 2 지점에서 발생했다. 두 번째 집단은 분량이 2배나 되는 데도 2쪽의 3분의 2 지점까지는 실수하지 않았다.

대체 왜 이런 일이 일어나는 것일까? 내 생각에는 우리가 시작, 중간, 끝의 느낌을 가질 수 있도록 주어진 과제에 체계를 부과하는 듯하다. 과제의 끝에 가까워질수록 피곤함을 느껴야 그것을 놓기 쉬워지고, 다음 과제를 시작할 수 있는 것이다. 어쩌면 '일을 진척시키지' 못하는 것처럼 보이는 사람들은 주어진 과제에 대한 체계를 잘못 전개했거나 체계가 없을지도 모른다.

피로를 심리학적인 양상으로 관찰한 일상의 본보기는 수두룩하다. 퇴근 시간이 다 되었을 무렵, 기력이 바닥 나 집에서 흥청망청 밤을 즐기는 것 말고는 아무것도 할 수 없을 것처럼 느껴지는 기분을 생각해 보자. 실제로 오후 3시에 커피와 즐기는 휴식 시간은 이 같은 '3분의 2 효과'의 결과일지도 모르겠다. 어쨌든 중요한 점은 우리가 육체적인 한계로 여기는 상당수가 학습의 결과일 수도 있다는 사실이다. 우리는 처음, 중간, 끝 같은 개념을 배웠고 우리 몸은 그에 맞춰 행동한다.

늙는다는 착각

7장

어디까지 사실로 받아들여야 할까?

이름표와 숫자 경계하기

우리가 지식 속에서 잃어버린 지혜는 어디에 있는가?

_T. S. 엘리엇, 《바위》

COUNTER

CLOCK

WISE

'완화된' 것일까,
'완치된' 것일까?

1979년, 우리 어머니는 56세의 나이에 유방암으로 돌아가셨다. 적어도 의학계의 보고는 그렇다. 그렇지만 아직도 나는 잘 모르겠다. 세상을 떠나기 전 어머니의 암은 '완전 완화(CT상 암이 보이지 않는 단계로 완치 직전. 해당 영어인 'remission'은 '차도, 경감'의 뜻이 있음-역주)' 단계에 접어든 상태였다. 어머니의 몸에 또 다른 암이 재빨리 자란 것일까, 아니면 동일한 암이 재발한 것일까?

지금도 나는 '완화'의 진정한 뜻을 모르겠지만, 심리학적으로 완화와 완치는 의미가 매우 다르다. 언어는 통제에 대한 우리의 인식을 늘이거나 줄이는 흥미로운 성질이 있어 똑같은 상황이라도 다른 단어로 표현하면 생각을 매우 다른 방식으로 생각을 유도할 수 있다.

누군가 암에 걸렸는데 그 암이 사라지면 우리는 완화되었다고 말한다. 그 말 뒤에는 동일한 암이 재발할지도 모른다는 생각이 숨어 있다. 동일한 암이 재발하지 않는다면, 그것은 '완화'된 것일까, 아니면 '완치된' 것일까?

이제 암의 언어를 감기의 언어와 대조해 보자. 우리는 감기에 걸릴 때마다 새로운 감기라고 말하는 경향이 있다. 그리고 감기를 이길 때마다 다음번 감기도 이겨 낼 수 있으리라고 확신한다. 우리가 평생에 걸쳐 걸리는 다양한 감기 사이에는 확실히 유사성이 있지만, 매 감기마다 다른 점도 수없이 존재한다.

"지난번에는 코 막힘으로 시작하더니 이번에는 목이 부으면서 시작되었어."

대부분 이처럼 감기의 진행 과정 분석에 꽤 뛰어난데, 주로 지난번 감기와의 차이점에 주목한다. 감기에 걸릴 때마다 유사성이 아니라 차이점에 주목해야 한다고 결정한 사람은 누구일까? 많은 사람이 이러한 생각에도 일종의 선택이 개입되어 있음을 의식하지 못한다. 그저 어릴 때부터 모든 새로운 감기는 지난번과 다르지만 전부 견뎌 낼 수 있다고 단순히 믿게끔 유도된다. 이에 대한 심리학적인 증거는 우리가 마지막으로 앓은 감기가 어느 시점에 나았다는 사실이다. 우리는 감기를 이겨 내는 데 성공했다.

반대로, 암과 관련해 '완화' 단계에 접어들었다는 말은 '그것'이 되돌아오기를 기다린다는 의미다. '그것'이 되돌아오면, 재발한 병은 동일한 암의 일부로 여겨진다. 이런 상황에서 심리적으로 우리는 패배감을 느낄 수 있다. 매번 새로운 감기를 이겨 내며 우리는 은연중에 생각한다.

'전에도 이겨 냈으니까, 또다시 이겨 낼 수 있을 거야.'

암이 재발할 때 하는 생각은 정반대다.

'그것이 이겼어. 나는 그것보다 '그것' 만큼 강하지 못해.'

확실히 그 암은 지난번 암과 어느 정도 유사하겠지만, 또 다른 측면에서는 확실히 차이가 있다. 그럼에도 우리가 사용하는 언어는 감기에 대해서 차이점을 보도록 만드는 반면에 암의 경우에는 유사성을 보게끔 유도한다. 물론 암이 훨씬 더 위험하므로 언어 선택을 고민해야 할 이유도 더 많다.

'완치' 또는 '완화'

어머니의 죽음 이후 나는 의료계에 다소 이중적인 태도를 취해 왔다. 심각하게 아플 때는 의사들에게 의존했지만, 많은 의사가 심리적인 힘이 건강에 미치는 영향을 과소평가한다고 생각해 왔다.

앞서 살펴보았듯이, 심리학 문헌에는 포기가 어떤 신체적 결과를 낳았는지 보여 주는 본보기로 가득하다. 나처럼 실험 데이터에 쉽게 설득되지 않는 사람에게도 포기가 건강상의 선택에 영향을 미치며 살아남겠다는 의지를 빼앗는다는 사실은 분명해 보인다.

어차피 곧 죽을 사람이 왜 운동을 하거나 약을 먹는단 말인가? 그렇다면 우리 어머니를 죽인 것은 암일까 아니면 암의 묘사에 사용되는 언어일까? 언어가 어머니로 하여금 포기하도록 만들었을까?

유방암 진단을 받은 내 친구는 현재 '완화' 단계다. 친구는 이제 멀쩡하다고 믿어도 될 이유가 많지만 그럼에도 겁에 질려 있다. 친구와 암에 대해 이야기 나눌 때는 우리 어머니의 죽음을 둘러싼 모든 사건이 생생하게 되살아난다. 어머니가 두 번째 암을 첫 번째와 똑같지 않다고 생각했다면 결과가 달라졌을까? 친구의 상황을 '완화'가 아닌 '완치'라고 표현하면 이제라도 친구의 마음이 더 편해질까?

동료 교수 앨린 플로드르(Aline Flodr), 셸리 카슨(Shelley Carson)과 나는 암 생존자들의 행복에 언어가 어떤 영향을 미치는지 관찰했다.[70] 우리는 '완치와 큰 걸음 걷기' 대회 같은 행사에 참여한 뉴잉글랜드 근방 여성들 65명을 모집했다. 유방암 치료를 받은 적이 있지만 현재는 상태가 안정된 여성들이었다.

우리는 그들에게 몇 가지 건강 관련 설문에 응답하고 의식 집중도 등급도 기록해 달라고 부탁했다. 이때 '완치된' 집단과 '완화된' 집단 중 자신이 어디에 속한다고 생각하는지도 함께 물었다.

분석 결과, '완치된' 집단의 건강이 전반적으로 현저히 좋아서 신체 기능도 월등하고, 건강상의 이유로 겪는 역할의 한계와 고통도 덜했다. 활력을 더 많이 느끼고 피로는 덜 느끼는 경향도 보였다. 정서적인 건강에 있어서도 '완치된' 여성들이 더 많은 행복과 사회적인 능력을 갖고 있다고 응답했으며 우울함도 낮았다.

늙는다는 착각

한편 의식 집중도 등급의 점수를 살펴보니, 스스로 완치되었다고 여기는지와 상관없이 의식을 집중하는 여성일수록 신체적인 기능이 나은 편이고, 활력도는 물론 전반적인 행복도 더 높았으며, 정서적인 건강 상태 때문에 겪는 한계 역시 더 적었다. 전체적으로 인상적인 결과였다.

'회복 중' 그리고 '회복했다'

유사한 종류의 언어 문제는 알코올 의존증 환자에 대해 '회복했다'는 표현 대신 '회복 중'이라는 표현을 쓰는 단순한 차이에서도 생겨난다. 알코올 의존증 환자가 10년간 술을 마시지 않았다면, 그 사람을 아직도 회복 중이라고 표현하는 것은 이상해 보인다. 회복 중이라는 말은 우리를 상황 앞에 속수무책인 희생자라고 느끼게 만들기 때문이다.

알코올 의존증 환자들은 술을 마시면 안 된다는 사실을 상기하기 위해 스스로 회복했다고 생각하는 대신 회복 중이라고 여겨야 한다는 것이 중론이지만, 스스로를 강하다고 느낄 때 술을 절제하기도 더 쉽지 않을까? 회복 중이라는 말은 여전히 문제를 극복하지 못했음을 암시하지만, 회복했다는 말은 확신과 힘을 시사한다. 스스로를 강인하게 느낄수록 해로운 습관으로 되돌아갈 가능성이 적어지지 않을까?

알코올 의존증을 질병이 아니라 알레르기라고 부른다면 어떨까?

누군가 알코올에 심각한 알레르기가 있다면 그 사람은 음주에 대해 한번 더 생각할 것이다. 조개류에 알레르기가 있는 사람들은 대체로 새우나 연체동물을 먹지 않는다. 알레르기라는 말은 당사자에게 대처할 책임이 있음을 시사한다. 질병이라는 말은 인간에게 훨씬 더 작은 통제력을 부여한다.

의학 언어를 새로이 조망하는 일은 광범위한 의미를 내포할 수 있다. 가령 내가 프로작이나 팍실을 먹는다면 우울함은 사라질지도 모르지만, 나는 여전히 스스로를 우울한 사람으로 묘사할 것이다. 내가 경험하는 대부분의 안도감을 약 덕분이라 생각할 가능성이 높으며, 비탄은 언제나 내 몫으로 남는다. 그러나 두통 때문에 아스피린을 먹으면, 주기적으로 두통이 심해져 또다시 머리가 아플 가능성이 있음에도 두통이 '사라졌다'고 믿는다.

아스피린이 두통을 없애 주는 것처럼 항우울제가 우울증 없애기에 효과적이라면, 항우울제를 먹는 사람들은 스스로를 더 이상 우울증 환자로 여기지 말아야 한다는 것이 내 생각이다. 항우울제를 여전히 먹고 있다고 하더라도 증상이 없다면 우울증도 없다는 뜻이기 때문이다.

우리는 언어를 직접 선택할 수 있다

우리가 선택하는 이름표는 부정적인 효과만큼 긍정적인 효과도 갖고 있다. 비타민을 생각해 보자. 비타민은 알약 형태로 나오고 관절염과 피로감 같은 문제의 완화를 위해 섭취할 수도 있지만, 그래도 여전히 '비타민'으로 생각된다. '비타민'은 건강을 유지하려고 먹는 반면, '약'은 아플 때 먹는다. 내 머릿속에서 '건강해지는 것'은 '병들지 않는 것'과 같지 않다. 누군가 비타민을 먹는다고 이야기할 때마다 건강함에 대한 그들 스스로의 인식은 올라간다. 대조적으로 '약'을 먹는다고 말하면 병들었다는 인식이 강화된다.

우리는 건강과 질병에 대한 경험을 다시 포장하는 언어 사용을 고려할 필요가 있다. 영어로 진통제(painkiller)라는 말은 특정 감각을 어떻게 해석할 것인지에 대해 우리에게는 선택의 여지가 없다는 사실을 강조한다. 통증(pain)은 죽여야(kill) 할 무언가일 뿐이다. 죽여야 하는 것이라면 통증은 정말로 매우 큰 문제임이 틀림없고, 진통제 없이 할 수 있는 일은 아무것도 없다는 느낌을 준다. 통증을 죽인다고 말하지 말고, 없애기 위해 통증약을 먹는다고 표현할 수도 있다. '통증'은 매우 다른 감각으로 구성되므로, 약으로 죽여야 하는 하나의 커다란 문제가 아니라 또 다른 감각으로 해석할 수 있다.

감각에 이름을 붙이는 대신 그저 경험만 하는 것이 이로울 수도 있다. 그러면 우리는 감각이 고정되어 있지 않고 변한다는 사실을 알게 될 것이다. 감각이 다음번 통증을 간신히 알아차리는 사이 두통은 어느 시점에서 욱신거림으로 변할 수도 있다. 이러한 변화를 알아차리면 우리에게도 감각을 통제할 기회가 생겨난다. 어쩌면 그 어떤 통제도 필요하지 않도록 통증이 저절로 가라앉을 수도 있다.

우리가 언어를 사용하는 방식은 암, 알코올 의존증, 우울증을 갖고 있는 사람들이 자신의 장애를 고칠 수 없는 정체성의 일부로 받아들이도록 부추긴다. 대조적으로 감기와 두통은 우리의 정체성이 아니라 특정 시간에 우리가 어떠한지 묘사한다.

만약 지난번에 앓은 증상과의 차이점을 근거로 우리가 질병의 이름을 정할 수 있다면 '우리가 어떠한지', 즉 우리의 상태를 향상시킬 수 있을 것이다. 예를 들어, 복통으로 진료실에 들어갔다가 '위염'에 걸려서 배가 아팠다는 사실을 알고 나면 기분이 조금 나아질 수 있다. 무엇 때문에 아픈지 알게 되면 위안을 얻을 수 있기 때문이다.

그러나 특정한 질병의 이름이 선택될 수 있는 여러 가능성 중 하나에 불과함을 깨닫는다면, 상황을 훨씬 더 잘 통제할 수 있다. 심각하지 않다면 다른 여러 병명 중 소화 불량이라고 말할 수 있지만, 심각하다면 위궤양이라고 말할 수 있는 것이다. 우리들은 대부분 그러한 선택을 의식하지 못한다.

여러 해 전, 나는 오른손 중지를 다쳤지만 계속 집필하기 위해 컴퓨터로 새로운 음성 인식 프로그램을 시험했다. 내가 "위염(gastroenteritis)"이라고 말하자 모니터에 '카스트로(Castro)가 우리를 초대하기로 결정했다'는 문장이 나타났다. '신념(belief)'에 대해 이야기하자, 프로그램은 나를 '벨리즈(Belize)'로 여행 보냈다. 음성 인식 소프트웨어는 맥락에 대한 이해 없이 단어를 제시하도록 설계되어 있는 탓이었다.

하지만 우리는 맥락을 이해할 수 있으므로 매우 조심스럽게 언어를 선택해야 한다. 특히 우리 건강이 결부되어 있을 때는 더욱 그러하다. 본인의 상태를 완화로 볼지 완치로 볼지, 알코올 의존증을 알레르기로 부를지 병으로 부를지 우리는 선택할 수 있다. 우리는 스스로가 처한 상황에 직접 이름표를 붙일 수 있다.

이름표가
삶에 미치는
치명성

공정하게 말하면, 이름표가 우리의 생각을 정리하는 데 도움을 주는 것은 사실이다. 문제는 이름표가 우리의 생각을 결정할 수도 있다는 것이다. 우리가 이름표를 배우는 방식은 신중할 수도 있고 맹목적일 수도 있다. 애석하게도 후자인 경우가 너무도 흔해 종종 내가 '조기 인지적 구속(premature cognitive commitments)'이라고 정의한 결과로 이어지곤 한다. 간단히 말하자면, 우리는 무의식적으로 이름표를 확고한 진실이라 받아들인다.

나는 30년 넘게 조기 인지적 구속 또는 사고방식의 부정적 효과를 연구했다. 동료 교수인 벤지언 채노위츠와 함께 조기 인지적 구속을 연구할 당시, 우리는 의문을 품지 않고 정보를 받아들이면 은연중에

늙는다는 착각

그 정보를 편향적으로 이해한다는 사실을 확인했다. [71)]

의문을 품는 편이 이로울 때조차 그 정보를 진실로 간주해 전혀 의문을 품지 않는다. 특히 자신과 별 관계없다고 여기는 정보를 주로 이렇게 받아들인다. 별로 중요하지도 않은 일을 뭐하러 계속 생각하겠는가? 문제는 한때 관계없다고 여기던 일이 나중에 상당히 중요해질 수도 있다는 점이다.

젊을 때는 누구나 매우 길고 건강하게 살아갈 것이라 상상한다. 그럴 때 암이나 치매 같은 질병에 관한 정보를 무심코 받아들였다가 나중에 그런 질병과 맞닥뜨리면 우리가 붙여 놓은 이름표는 어느새 우리를 따라잡아 절대로 가고 싶지 않은 곳으로 인도한다.

이 연구에서 채노위츠와 나는 '크로모시도시스'라는 가짜 병명을 만들어 낸 다음 이 병이 청력을 떨어뜨릴 수도 있는 질병이라고 설명했다. 우리는 실험 참가자들에게 이 장애의 여부를 실험할 예정이라고 알리고 증상이 적힌 소책자를 나눠 주었다. 이때 모든 참가자에게 똑같은 자료를 나눠 준 것은 아니다.

네 집단 중 세 집단에게 나눠 준 소책자에는 인구의 80퍼센트가 이 장애를 갖고 있다고 적혀 있었다. 이 질병의 가능성을 참가자 자신과 좀 더 연결시키게끔 하려는 의도였다. 또한 크로모시도시스로 진단받는 경우 스스로 어떻게 도울 것인지 방법을 생각해 보라고 그들에게 요청했다.

네 번째 집단이 받은 소책자에는 인구의 10퍼센트만이 걸리는 희

소병이라고 적음으로써 질병과의 관련성을 덜 느끼도록 했다. 그들에게는 이 병으로 진단받으면 어떻게 대처할지 생각해 보라고 요청하지 않았으므로, 우리의 가설에 따르면 네 번째 집단은 소책자에 적힌 정보를 무심히 훑어볼 터였다.

그들은 실제로도 그러했다. 우리는 피험자 전원에게 크로모시도시스 진단을 위한 '청력 실험'을 실시했다. 피험자가 정말로 크로모시도시스를 앓고 있다고 생각하게 만들려는 절차였다. 그러고 나서 소책자에 설명된 특정 장애를 알아보기 위한 일련의 후속 실험을 실시했다. 그 병이 자신과 별 관계없다고 여긴 사람들, 즉 무심한 독자들은 다른 집단과 마찬가지로 받은 특정 후속 실험에서 주어진 자료와 우리의 설명을 감안해 어떻게 질병에 대처할 것인지 생각하고 자신과 좀 더 관계있는 병이라 여긴 사람들에 비해 절반도 안 되는 성과를 보였다. 처음에 정보를 받아들인 방식이 나중에 그 정보의 사용 방식을 결정했기 때문이다.

가설의 위험성

인지적 구속은 하나의 증상이나 질병을 묘사하는 낱말의 형태로 주어질 수 있기에 치명적일 수 있다. 암은 만성적인 질병이며 심지어 완치될 수 있음이 과학적으로 밝혀지고 있는 데도 사람들은 무의식적으로 암에게 '살인자'라는 이름표를 붙인다. 암이 살인자라고 받아들인 상태에서 나중에 암 진단을 받으면, 종류에 따라 진행 과정

늙는다는 착각

이 각기 다를 수 있는 데도 쉽게 포기할 가능성이 높다.

얼마나 많은 사람이 아기를 가지려고 노력과 실패를 거듭하며 '불임'이라는 이름표를 달게 되는가? 불임이라는 이름표는 실제로 불임이 아닐 수도 있는 사람들에게까지 상황을 고착시킨다. 일단 불임이라는 꼬리표가 붙으면 극단적인 절망감이 우울증과 스트레스로 이어질 수 있는데, 둘 다 부부 관계에 아무 도움이 되지 않는다. 게다가 일부 의사들은 스트레스 자체가 불임을 부르는 요인이라고 말하기도 한다. 부부 관계가 나빠지면 성생활도 줄어들 것이고, 수정 가능성도 낮아질 것이다. 불임이라는 진단이 자기 충족적인 예언이 되고 마는 셈이다.

전통적으로 의학은 환자의 증상, 의사의 진단, 이후의 치료를 포함한 단계별 과정을 특징으로 한다. 심지어 진단을 내리기도 전에 이름표 달기가 시작된다. 환자는 '의학적인 관심, 관리, 또는 치료를 받는 사람'이다. 또한 '고통을 겪는 사람'으로도 정의된다. 이내 환자에게는 더 많은 이름표가 붙을 것이다. 먼저 '질병 X'를 앓는 사람으로 정의되고, 이어서 증상이 '급성'인지 또는 '경미'한지로 분류될 것이다. 의사가 치료의 '위험성'을 언급할 수도 있다. 이러한 이름표는 환자와 의학의 미래 양쪽에 모두 해로울 수 있다.

의사들은 언어로 일련의 증상을 분류하도록 임상 진단 기술 훈련을 받는다. 분류라는 행위로 이들은 자신이 이름표를 붙이는 대상에 대한 통제권을 얻는다. 예를 들어, 진단 과정에서 의사들은 일련의 증상을 특정 질병과 연결하면서 직업인으로서 안심할지도 모른다. 의사들은 이름을 붙이면서 불확실하고 예측할 수 없는 증상들을 위안이 되는 친숙한 질병의 이름표 뒤에 감춘다. 위협적인 미생물에 대한 통제권을 되찾았으므로 이제 안심할 수 있다.

진단의들은 초기 단계에 하나 또는 두세 가지의 가설을 일반화하는 경향이 있기 때문에, 그 후에는 이미 세워 놓은 가설에 맞춰 단서를 탐색할 가능성이 높다. 하나의 가설에 매달리면 정보 수집의 범위는 제한될 가능성이 높고, 다른 가능성을 고려하지 않아 진단이 부정확해질 가능성 역시 높아진다.

그뿐만이 아니다. 일단 진단이 내려지면, 질병의 본질은 불가피하게 의학의 묘사대로 이상화된 형태로 변질되기 마련이다. 질병에 붙은 단순한 이름표는 전문가가 즉각 그 질병을 붙잡아 맥을 못 추도록 만들 것이라는 통제력에 대한 환상을 불러일으키기도 한다.

오늘날처럼 강박적인데다 빠른 속도로 건강을 염려하는 환경에서 의사들은 효율적으로 일을 처리해야 한다는 압박감에 시달린다. 그런 상황에서 익숙한 진단 경험과 그에 따른 치료 과정으로 의사들이 무의식적으로 일하는 모습은 쉽게 상상할 수 있다.

아툴 가완디(Atul Gawande)는 자신의 저서 《합병증(Complications)》에서 의학을 "불완전한 과학, 끊임없이 변하는 지식의 기업, 불확실한 정보와 실수투성이 개인"이라고 표현한다. 모든 개인은 다르고, 모든 병원체도 다르므로 필연적으로 모든 치료 전략은 달라야 한다.

그런데도 현대 의학에서 그런 경우는 드물다. 서양 의학은 제도화되고 표준화된 건강 관리 체계 안에 여전히 틀어박혀 있다.

상황을 바라보는 다양한 렌즈

예일 대학교에서 내가 정신과 인턴으로 있을 때였다. 사람들은 병원으로 걸어 들어옴으로써 필연적으로 스스로에게 '환자'라는 이름표를 붙였다. 당시에는 나 또한 그런 식으로 그들을 바라보았다. 그들이 문제라고 생각하는 특정 행위들을 함께 의논하며(불안, 결정 내리기의 어려움, 죄책감이라고 치자.) 나는 끊임없이 '환자'라는 이름표를 사용하고, 그들의 말과 행동에 쉽게 '비정상'이라는 이름표를 붙였다. 나중에 지인들이 비슷하게 행동했을 때(결정이나 약속에 어려움을 느낀다거나 죄책감 또는 실패에 대해 두려움을 느낄 때), 나는 병원에서 만났던 환자들에게는 문제가 있다고 생각했으면서 내 지인들은 정상이라고 여기는 것이 이상하게 느껴졌다.

나는 이름표가 렌즈처럼 작용해 어떤 상황을 바탕으로 평가 내리도록 하는 방식, 동시에 우리로 하여금 전혀 다른 평가를 내릴 만한 다른 사항을 무시하는 방식에 흥미를 갖게 되었다. 예일 대학교에 있는 동안 심리학자 로버트 에이벨슨(Robert Abelson)과 나는 이런 효과를 살펴보기 위해 연구를 시작했다. [72]

우리는 평범해 보이는 남자가 면접을 보는 모습을 담은 비디오테이프를 만들었다. 그리고 프로이트 학파에 속하는 심리 치료사들과 행동 심리학 치료사들에게 그 테이프를 보여 주었다. (행동심리학 치료 사들은 이름표 이상의 것을 보도록 훈련받는다.) 남자가 '구직자'라는 이름표로 묘사되자 양쪽 집단 모두 그가 정신적으로 안정된 상태라고 여겼으 나 '환자'를 지켜보고 있다고 생각한 프로이트 학파 치료사들은 그가 정신적으로 불안정하므로 치료가 필요하다고 여겼다. 반면, 행동 심 리학 치료사들은 '환자'가 정신적으로 안정된 상태라고 보았다.

이름표는 우리로 하여금 가설을 세우고 거기에 맞춰 자료를 탐색 하도록 만든다. 즉, 우리는 이름표를 붙인 다음 그것을 뒷받침할 증 거를 찾는다. 정보란 대부분 모호하기 때문에 "구하라 그러면 얻을 것이니라" 같은 결과를 낳기 십상이다. '환자'라는 이름표는 문제를 찾으려는 렌즈로 행동과 삶의 환경을 바라봄으로써 질병과 관련된 증상을 찾게끔 우리와 의사들을 유도한다. 그럼으로써 정상 범위에 서 약간 오르내린다고 여길 수 있는 행동과 기분도 건강하지 못한 것으로 해석하게 만든다.

이 문제의 해결 방법은 사실 상당히 단순하다. '우리는 건강하다' 와 '우리는 아프다'라는 서로 경쟁적인 가설을 세운 뒤, 가설을 뒷받 침할 만한 자료의 탐색 과정을 거친다면, 현재 우리 모습이 어떠한 지 좀 더 정확한 그림을 가지고 두 가설을 모두 확인할 수 있다. 우 리는 괜찮다는 증거 또는 괜찮지 않다는 증거를 찾을 것이다. 몇 가 지 골치 아픈 불편함은 있지만 전반적으로 건강하다고 스스로를 판 단할 수도 있고, 만성적인 통증과 불편함에 시달린다고 여길 수도 있다. 우리가 찾아 낸 상황에 다른 이름표를 붙일 수도 있다. 똑같은 감각이라도 심각한 질병의 징후라고 생각하면 사전 정보가 전혀 없을 때보다 훨씬 더 고통스러울 확률이 높다.

자기 충족적 예언의 불확실성

심리학자 데이브 로제넌(Dave Rosenhan)은 대학원생들과 함께 정신병원 입원을 시도하는 놀라운 연구를 감행했다.[73] 그들은 정신 분열증의 특징인 목소리와 환청이 들린다는 불평과 함께 입원했다. 대신 삶과 인간관계, 경험을 모두 정확하게 설명했다. 입원 후 그들은 환청이 들린다는 불평을 중단하고 퇴원해도 된다는 사실을 담당의에게 납득시키려 노력했다. 퇴원하기까지는 걸린 기간은 7~54일로, 평균 19일이었다. 병동을 찾은 면회객들은 학생들의 행동에서 정신적인 문제가 관찰되지 않는다고 응답했고, 다른 환자들은 학생들의 상당수가 아예 환자가 아니라고 의심했음에도 담당의는 정신 분열증이 호전되었다는 진단과 함께 그들을 퇴원시켰다.

진단과 예후는 우리에게 특별한 의미를 전달하는 말이다. 환자들은 마치 기계가 대답하기라도 하는 듯 "진단명이 뭔가요?"라거나 "예후가 어떻게 되나요?"라고 묻는다. 하지만 여기에는 사람이 개입한다. 그 사실을 소홀히 하면 대답의 효과가 크게 달라진다. "예후가 나쁩니다"라는 말과 "의대에서 배운 내용을 근거로 이 의사가 내린 판단에 따르면, 예후가 나쁩니다"라는 말이 환자에게 미치는 영향을 비교해 보라.

우리가 사용하는 언어를 상황에 좀 더 맞추면 건강에 대한 통제력이 더 커진다고 나는 믿는다. 의학적인 사실은 하늘에서 정해 놓은 것이 아니라 사실상 계속 변화하는 상이한 조건 아래 사람들이 내린 결정이다. 의학적인 결정이 불확실성을 근거로 삼는다는 사실은 아무리 자주 언급해도 부족하다. 불확실성이 없다면 결정할 필요도 없을 테니 말이다.

최소한 이 같은 불확실성의 일부라도 드러낸다는 것은 의사들이 많이 알고 관심도 갖고 있지만 모든 것을 알 수는 없음을 의미한다. 의사들 역시 다른 사람들과 똑같이 고정 관념과 가치에 근거를 두고 판단한다. 그러나 의사들은 종종 불확실성을 숨겨야 한다고 느낀다. 극단적인 경우에 그들은 '상장(喪章)을 내거는' 경향이 있다. (장례식에서 다는 검은 천을 빗댄 표현이다.) 이는 최악의 시나리오를 내놓는다는 뜻인데, 환자가 죽을 것이라고 말했다가 살아나면 모두가 행복하지만 괜찮을 것이라고 말했다가 죽으면 법정 소송으로 이어지기 때문이다.

사람에게 '말기'라는 이름표를 붙이는 행위는 의료계가 저지르는 가장 지독한 실수일지 모른다. 행크 윌리엄스(Hank Williams)는 "아무리 몸부림치고 싸워야 한다고 해도 나는 이 세상을 결코 살아서 떠나지는 않을 거야"라고 노래한다. 그러나 '말기'라는 이름표는 때 이른 죽음의 예언에 쓰인다. 우리도 알다시피, 의사들도 우리가 언제 죽을지 알 수 없으므로 '말기'라는 말은 자기 충족적인 예언이 될 가

능성이 높다. 그러한 예언을 한 의사들이 얼마나 옳았는지 틀렸는지
에 대한 기록은 없다.

숫자는
도구일
뿐이다

의료계 종사자는 사람을 숫자로 묘사하는 습관이 있다. 우리에게는 측정된 혈압과 수치로 된 맥박 수가 있다. 심전도나 뇌파 검사를 받으면 상대적인 건강 정도를 표현하는 더 많은 숫자를 얻을 수 있다. 혈액 검사까지 거치면 더욱 많은 숫자가 생겨난다.

이는 여러 측면에서 효율적이지만, 숫자 역시 이름표와 마찬가지로 모호성을 감추고 있다. 숫자는 우리를 슬프거나 행복한 사람, 피곤하거나 활기찬 사람 대신에 콜레스테롤이 높거나 낮은 사람으로 만들어 버린다. 우리는 우리가 가진 숫자가 되어 그에 따라 행동하며, 그 숫자 때문에 자기 충족적인 예언이 이루어지는 예도 드물지 않다.

앞에서 설명했듯이, 강연에서 청중들에게 자신의 콜레스테롤 수치를 아느냐고 물으면, 마지막으로 잰 수치를 대답한 사람들은 안정감에 대한 매우 강한 환상을 품는다. 꼬집어 물으면 콜레스테롤 수치란 것이 계속해서 오르내리는 특성을 갖고 있다고 대답할지라도, 그들은 수치를 고정시켜 둔다. 마지막으로 확인한 수치에 대한 그들의 집착은 워낙 강해서 사고방식의 안정감을 근본적인 현상의 안정감으로 무심히 혼동하는 태도에 관해 내가 아무리 길게 설명해도 결코 뜻을 굽히지 않는다.

숫자는 모호함을 숨기기만 하는 것이 아니다. 우리를 대상화함으로써 자기 충족적인 예언으로 이끌기도 한다. 우리가 이러한 건강 관련 숫자 이상의 존재임에도 불구하고 말이다.

숫자는 정확성에 대한 환상도 심어 준다. 42세인 사람과 54세인 사람을 비교해 보자. 첫 번째 사람이 더 젊다는 것 외에 두 사람에 대해 우리가 무엇을 아는가? 전자가 더 건강하거나 더 활력 넘치는지, 더 창의력이 있는지 알아낼 방법이 있을까? 당연히 없다. 우리는 애당초 그들에게 나이를 물어본 이유에 대해서도 전혀 알지 못한다.

수치의 불완전성을 인지하라

숫자는 단일한 연속체를 따라 존재하며 우리가 믿는 것처럼 많은 정보를 전달하지 못한다. 어떤 이의 암세포 숫자가 다른 이의 2배라면, 그 정보만으로 우리는 무엇을 예측할 수 있을까? 누가 더 많이 아프고 누가 더 일찍 죽을까? 암세포 수치가 높은 사람이 매우 건강하고 낮은 사람이 매우 아프다면, 무엇을 예측하겠는가?

비만 여부를 측정하는 방법으로 인기가 높은 체질량 지수(BMI)를 계산하려면, 체중(파운드)을 키(인치)의 제곱으로 나눈 다음 703을 곱하면 된다. (미터법을 쓴다면, 즉 체중과 키의 단위가 각각 킬로그램과 미터라면 체중을 키의 제곱으로 나누기만 하면 된다.) 대단히 정확해 보이지만, 체질량 지수는 결코 개인의 비만도를 측정하기 위해 만들어진 것이 아니다. 체질량 지수는 개인의 신체 활동 수준을 전반적으로 측정하기 위해 만들어졌는데, 근육과 지방을 구분하지 못하므로 근육량이 많은 사람에게는 별로 유효하지 않다.

숫자는 사회적인 비교를 허락한다. 내가 사과 20개를 갖고 있는데 상대방이 30개를 가졌다면, 상대방의 몫이 더 많다고 말할 수 있다. 도대체 이게 무슨 의미가 있는가? 만약 내 사과 20개가 하나같이 상대방 사과보다 크다면 내가 가진 사과가 더 많다고 말할 수도 있겠지만, 상대방 사과가 더 잘 익었을지도 모르는데 말이다. 상대방 사과가 더 맛있을 수도 있고, 한창때를 지나쳤을 수도 있다. 숫자는 좀 더 정확한 비교에 필요한 주요 정보를 말해 주지 않는다.

연구원들은 여성들의 골다공증성 골절 위험도를 예측하는 공식을 개발했다. 이 공식의 정확도는 75퍼센트로 입증되었고, 의사들은 그에 따라 여성들이 약해진 뼈의 골절을 예방하도록 돕는 치료 전략을 세울 것이다. 이것이 대단한 진전으로 보일지도 있지만, 우리는 자

늙는다는 착각

신이 75퍼센트에 속하는지, 공식이 놓친 나머지 25퍼센트에 속하는지 알 수 없다.

숫자와 숫자를 드러내는 실험이 쓸모없다는 뜻은 아니다. 숫자는 도구이다. 도구는 해야 할 일과 하지 않아야 할 일을 결정하기 위해서가 아니라, 의식을 집중해 아이디어를 얻을 수 있게끔 우리를 인도함으로써 도움을 줄 수 있다. 하지만 숫자는 미래의 우리 건강을 불완전하게 예측할 뿐이므로, 그 자체로 우리가 누구인지 상태가 어떤지를 결정해서는 곤란하다.

말하지 않아도
전달되는
신호들

방금 머리를 자르고 왔는데 친구 하나가 "어머, 머리 잘랐네" 말한다고 상상해 보자. 잠시 침묵이 흐르고, "예쁘네"라는 말이 이어진다. 잠깐의 침묵에 불안했던데다 기분까지 살짝 나빠졌지만, 딱히 뭐라고 말하기는 어렵다. 어쨌든 친구가 예쁘다고 말했으니 말이다. 친구의 평가는 말이 아닌 침묵에 들어 있다. 우리는 그 침묵에 귀청이 찢어질 것만 같다.

침묵의 효과는 건강의 영역에서도 마찬가지로 존재한다. 80세인 당신이 성인 자녀와 병원을 찾았다고 상상해 보자. 당신은 의사에게 이야기하지만, 의사는 자녀에게 대답한다. 이 상황이 전하는 메시지는 명확하다. 바로 당신이 무능하다는 사실이다. 이어서 또 다른 의사 둘이 들어와 당신을 검진하고는 병력에 관해 서로 의논한다. 당신은 그 상황에서 소외되어 있다. 당신은 대상화되었고, 소통 부재는 당신에게 스스로가 곧 당신 자신의 질병이라고 생각하게끔 만든다.

환자들은 의료 과실 소송을 시작하며 종종 의사들이 결정의 중심 역할을 환자에게 맡기는 태도를 문제 삼는다. 날리니 암바디, 데비 라플랜트(Debi LaPlante), 타이 은구옌(Thai Nguyen), 로버트 로젠설(Robert Rosenthal), 나이절 초미턴(Nigel Chaumeton), 웬디 레빈슨(Wendy Levinson)은 의학적인 맥락에서 목소리 톤의 효과를 살펴보았다.[74]

의사를 고소한다는 결정은 의심할 나위 없이 어려운 것이다. 이 연구는 법정 소송의 일부가 사람 사이에서 일어나는 문제에 대한 불만임을 지적한다. 연구자들은 의사의 목소리 톤이 의료 과실 청구 전력과 어떤 연관이 있는지 조사했다.

먼저 상담 중인 의사와 환자 사이의 대화 일부를 발췌해 목소리 톤만 남도록 모든 내용을 삭제한 뒤 이 연구의 가설을 모르는 사람들에게 따뜻함, 적대감, 우월감, 불안감 같은 태도로 기호화해 달라고 부탁했다. 그러고 나서 이런 인자와 의사의 의료 과실 전력 사이에 어떤 관계가 있는지 조사했다.

연구 결과, 의사의 목소리 톤이 다정하지 않고 우월감을 전하는 것으로 판단되었을 때 소송당할 확률이 더 높았다. 미처 깨우치지 못한 순간에도 우리는 침묵, 목소리 톤, 말로 하지 않은 신호에 반응하고 있는 셈이다.

의도적으로 언어를 선택할 수 있다면

나는 학생들과 함께 진행한 연구에서 언어적인 불확실성에 직면한 '전문가'가 비언어적인 방법으로 확신을 전달하면 어떤 일이 벌어질지 알아보려 했다.[75] 이 문제를 살펴보려 우리는 강사들에게 확신에 차 있거나 확신이 없는 태도를 취하라고 했다. 이 연구에서는 똑바로 선 자세(또는 구부정함), 잦은 눈 맞춤(또는 회피), 매끄러운 발언(또는 어눌한 말)으로 확신을 정의했다.

그다음 친구나 가족에게 밀봉된 봉투 하나를 주라고 부탁했는데, 봉투 안에는 조건부 언어나 무조건적인 언어 중 하나로 기술된 긴장 완화 방법이 적혀 있었다. 봉투는 밀봉되어 있었으므로 강사는 상대방이 의식에 집중하는(조건부 언어 사용) 집단인지 무의식적인(절대적인 언어 사용) 집단인지 알 수 없었고, 따라서 결과에 영향을 미칠 수도 없었다. 친구와 가족 구성원들이 봉투를 열어 내용을 읽어 실험이 끝난 것처럼 보이는 순간에, 강사는 목덜미가 아프다고 말하며 친구나 가족에게 어떻게 해야 할지 물었다.

우리가 관심을 갖고 살핀 점은 봉투 속 방법에 목이 언급되어 있지 않지만 사람들이 긴장 완화 방법에 대해 응답하며 그 정보를 고려하는지의 여부였다. 관찰 결과, 확신에 찬 태도를 지켜보고 조건부 언어에 노출된 집단의 경우 자신 없는 태도를 지켜본 집단에 비해 주어진 정보를 창의적으로 이용하려는 사람이 2배나 많았다.

사실상 모든 것을 숫자로 나타내려는 문화 속에서 우리는 무엇을 할 수 있을까? 이 같은 말과 숫자가 정말로 우리에게 말해 주는 것은 무엇이고 말해 주지 않는 것은 무엇인지 스스로에게 상기시킬 수 있다. 또한 숫자 뒤에 감춰진 불확실성을 거듭 지적할 수도 있다.

내가 수십 년 전에 수집했으나 발표할 기회를 갖지 못한 자료를 살펴보자. 나는 노인들에게 언어 연구, 특히 대명사 연구에 참여해 달라고 부탁했다. 한 집단에게는 일주일 동안 주어로서의 '나(I)'를 많이 써 달라고 부탁하고, 대조군에게는 목적어로서의 '나(me)'나 '그(he)' 또는 '그녀(she)'의 사용 횟수를 늘려 달라고 했다. 일주일이 끝날 무렵 우리는 실험 참가자들에게 그동안 얼마나 활동적이었는지, 삶에 대한 주도권을 얼마나 많이 느꼈는지 묻는 간단한 설문 조사를 진행했다. 그 결과 주어 '나(I)'의 사용을 늘린 집단에서 주도권과 활동성이 높아졌음이 드러났다.

언어는 우리에게 이롭지 못한 방식으로 행동과 사고, 감정을 미묘하게 유도할 수 있지만, 우리는 의도적으로 언어를 선택해 의도적으로 원하는 방향으로 나아갈 수도 있다.

8장

어쩌면 가장 무책임한 사람들

전문가의 한계 인식하기

이 모든 의무를 침착하고 능숙하게 수행하며, 환자를 돌보는 동안에는 대부분의 내용을 환자가 알지 못하게 하라. 필요한 지시 사항은 유쾌하고 평온하게 내려, 환자가 치료 내용에 관심을 쏟지 않게 하라. 환자의 미래나 현재 상태에 관해 아무것도 드러내지 않으면서 때로는 예리하고 단호하게 나무라고 때로는 염려와 관심으로 위로하라.

_히포크라테스 선서

COUNTER

CLOCK

WISE

명백한
실수 없이도
문제는 발생한다

인간의 건강은 매우 복잡한 문제여서 우리는 여기저기서 의료과실에 대한 이야기를 듣곤 한다. 병원에서 환자의 안전 문제를 연구한 에이미 에드먼슨(Amy Edmonson)은 의료 과실이 어떻게 발생하는지, 특히 의료 체계가 어떤 방식으로 그런 실수를 조장하는지에 관해 중요한 연구를 실시했다.[76] 이 연구는 사람들이 실수, 관찰, 염려의 보고를 주저하기 때문에 건강 관리 기관에서 실수로부터 배우는 일이 드물다는 점을 분명하게 꼬집는다.

많은 간호사가 자신의 의견을 강력하게 주장하다가 질책당할까 봐 두려워한다. 당연히 나서서 자기 의견을 주장하지 않는다. 대부분의 병원, 사실상 모든 기관은 '적응력 뛰어난 순응형', 즉 반대 의견을 내

세우지 않고 쉽게 적응하며 매끄럽게 다른 사람의 실수를 고쳐 주는 직원들을 선호한다. 문제가 있으면 거리낌 없이 밝히고 자신과 남들이 저지른 실수에 대해 목소리를 높이며 "왜 이런 식으로 일하죠?" 같은 짜증 나는 질문을 던지는 '파괴적인 문제 제기형'과 달리 그들은 매사를 순조롭게 만든다. 문제는 에드먼슨이 지적하듯 그런 기관이야말로 파괴적인 문제 제기형 인물이 필요한 곳이라는 점이다.

작은 규모의 집단도 '집단 사고'나 무의식적인 행동에 취약하다. 심리학자 어빙 제니스(Irving Janis)는 《집단 사고의 희생자(Victims of Groupthink)》에서 집단 내에서 반대 의견자의 역할을 합법화하면 그 집단이 무의식적으로 의견 일치에 도달하는 것을 막는 데 도움을 준다고 지적했다.[77] 그러나 의료진이 생각 없이 행동하는 것을 피하고, 열린 마음으로 실수에서 배움을 얻도록 훈련시키는 병원은 거의 없다. 이처럼 병원은 환자들을 안전 체계의 일부로 인식하지 않지만, 환자인 우리는 의식을 집중해 자신의 건강에 대해 배우는 학습자로서 파괴적인 문제 제기자의 역할을 일부 할 수 있다. 아니, 반드시 그 역할을 맡아야 한다.

집단에서는 새로운 기술의 도입이 어렵다. 새로운 기술이 일상에서 반복되던 일처리 방식과 충돌할 때는 더더욱 그렇다. 심장 절개 수술에는 외과 의사, 간호사, 마취과 의사, 관류 기술자(심장 및 폐혈관의 우회 장치를 담당하는 기술자)가 모두 함께 일하며, 그들은 지금까지 수백 번도 넘게 그 일을 해 왔다. 그런데 새로운 장치의 도입으로 뭔가 이전과 달라진다면, 그 변화는 어려울 수 있다.

에드먼슨은 새로운 심장 수술 기술이 도입되었을 때, 상황의 차이에 대한 염려를 최소화하는 리더가 있는 경우, 달리 말해 모든 해답을 갖고 있지 않다는 사실을 기꺼이 인정하고 아랫사람들로부터 조언을 구하는 지도자가 있는 의료팀의 경우 가장 효율적인 의사소통을 보였으며, 가장 많이 배우고 가장 쉽게 변화를 받아들였음을 확인했다.[78]

의사와 다른 의료진이 이렇게 상호작용하는 사례가 과연 빈번할까? 배움의 기회를 제공했을지도 모름에도 실수를 부인하고 보는 제도적인 관습이 주원인이기는 하지만, 의사들의 실수는 너무도 빈번해 의사들은 의원병, 문자 그대로 의사가 원인 제공자인 질병에 대해 집중 탐구하는 연구 위원회가 따로 있을 정도다.

미국 의학 협회에서 2000년에 발표한 〈실수는 인간의 일(To Err is Hunman)〉에 따르면, 미국 전역에서 고속도로 사고, 유방암, 에이즈를 포함한 주요 사망 원인보다 의료 과실 때문에 병원에서 죽는 사람의 수가 더 많아, 미국에서만 연간 9만 8,000명에 이른다고 한다.[79]

일반적으로 의사들이 자상하고 지적이며 잘 교육받은 사람들이라고 할 때, 어떻게 이런 일이 벌어지는 것일까? 면밀히 분석해 보면 아마도 주원인으로 무심함이 드러날 것이다. 훈련된 의사는 본인의 경험을 바탕 삼아 기준에서 벗어난 일탈을 알아차릴 것 같지만, 바로 그 경험 때문에 눈먼 상태일 수도 있다.

나는 병원에서 초심자와 전문가를 팀으로 구성하면 어떻게 될까 늘 궁금했다. 물론 지금도 그렇게 하고는 있지만, 언제나 초심자들이 전문가에게 배우는 입장이다. 그 반대의 경우는 볼 수 없다. 나의 궁금증은 배움이 상호간에 이루어지면 어떨까 하는 것이다. 그러려면 전문가는 오직 훈련을 거쳐야만 습득한 것만 보고 있을지도 모르며, 이렇게 전문가가 놓치고 있는 것을 초심자가 알아차릴 수 있음을 모두가 주지할 수 있게끔 교육이 이루어져야 한다.

진단의 불확실성을 염두해 두기

《합병증》에서 가완디가 언급한 한스 올린(Hans Ohlin)과 랠프 리트너(Ralf Rittner), 라스 에든브랜트(Lars Edenbrandt)의 연구는 대부분 1년에 1만 건 이상의 심전도를 검토하는 최고의 심장 전문의들과 심장 마비를 예측할 수 있도록 심전도 정보 해석 능력이 뛰어난 컴퓨터 프로그램을 비교한다.[80] 각각 2,244건의 심전도를 검토했는데, 그중 절반은 심장 마비를 일으킨 사람들의 것이었다. 컴퓨터는 심장 마비로 이어진 환자의 정보를 심장 전문의보다 20퍼센트 더 많이 확인했다. 진단 작업은 의사들보다 컴퓨터가 더 잘하는 듯하다.

의사인 가완디는 의사의 전망에 대해 멋지게 기술한다. 그가 보기에 이 연구 결과는 기술을 신뢰해야 한다는 결론으로 우리를 인도한다. 내 눈에는 컴퓨터가 여전히 384건이나 놓치고 있다는 사실이 더욱 두드러져 보이지만 말이다. 가완디는 진단 과정에서 기계에 좀 더 의존하거나 의사들에게 기계처럼 행동하도록 가르치라는 해결책을 제시한다.

의식을 집중한 상태와 무의식적인 상태에 대해 30년간 연구해 온 나는 가완디가 제시한 해결책들에 이의를 제기한다. 내 생각에 우리가 무의식적으로 행동해도 되는 유일한 경우는 아래의 두 가지 조건을 모두 충족시킬 때뿐이다.

1. 어떤 일에 대해 최선의 방법을 알고 있다.
2. 아무것도 변하지 않는다.

우리는 주어진 상황이 첫 번째 조건에 부합하는지 절대로 확신할 수 없고, 두 번째 조건 또한 만족시킬 수 없음을 알고 있다. '자동'으로 만들려는 행위가 무엇이든 상관없다. 건강 문제에서는 우리 중 누구도 '우리'가 아니므로 통계학적으로 최선의 방법이란 존재하지 않는다. 그리고 우리의 건강은 늘 변한다.

의사인 데이비드 베이츠(David Bates)와 루시언 리프(Lucian Leape)가 제시한, 병원에서 약을 처방하고 투여하기까지 실수가 일어날 수 있고, 실제로 실수로 이어지는 일련의 단계를 살펴보자.[81]

1. 의사가 처방전을 쓴다.
2. 처방전이 비서에게 전달된다.

3. 지시 사항이 기록된다.

4. 간호사가 처방전을 집어 든다.

5. 간호사가 처방전과 지시 사항을 다시 확인한다.

6. 처방전이 약사에게 전달된다.

7. 약사는 약을 조제한다.

8. 약이 간호사에게 전달된다.

9. 약이 환자에게 설명된다.

10. 환자가 약을 받는다.

각 단계에서 실수는 매일 발생한다. 종합 병원 환자는 평균 하루에 10회에서 12회의 약물을 투여하며 약 5일간 입원해 있기 때문에 전 과정에서 실수가 있을 확률이 현저히 높다.

약이 환자에게 전달되는 마지막 단계에서조차 어떻게 일이 틀어질 수 있는지 설명하기 위해, 사회 심리학자 로버트 시알디니(Robert Cialdini)가 언급한 경우를 살펴보자. [82] 귀의 통증을 치료하기 위한 약물에 대해 의사가 내린 지시 사항은 '오른쪽 귀에 투여(administer in Rear)'였다. 간호사는 그것을 '오른쪽 귀(right ear)'가 아닌 '후방(rear)'으로 잘못 읽고 환자의 직장에 약을 집어넣는다. 의사와 간호사가 무능해서 일어난 일은 아니다. 그들은 무의식적으로 행동했을 뿐이다.

의사들이 명백한 실수를 저지르지 않는 경우에도 문제는 발생한다. 주치의에게 진단받은 다음 다른 의사에게 두 번째 의견을 구한다고 상상해 보자. 얼핏 간단해 보여도 면밀히 살펴보면 과정이 그리 간단하지가 않다. 여기서도 사전자극으로 작용하는 언어의 효과가 숨겨져 있다.

얼마나 달라졌든 상관없이 두 번째라는 말은 대부분 첫 번째에 미치지 못한다. 그리고 우리가 주치의의 말을 진실로 받아들인다면, '진실'을 '의견'과 비교하면서 무엇을 기대할 수 있겠는가? 두 번째가 첫 번째보다 못한 것과 마찬가지로, 의견은 사실보다 믿음이 덜 간다. 강의 시연에서 나는 학생들 절반에게 다음같이 물었다.

"어느 의사가 당신에게 수술이 필요하다고 말합니다. 두 번째 의사의 의견을 구했더니 그 의사는 수술이 필요 없다고 말합니다. '절대 하지 않겠다'를 0, '반드시 하겠다'는 의미를 10이라고 할 때, 당신이 수술을 받을 확률은 얼마나 될까요?"

나머지 절반의 학생들에게는 이렇게 물었다.

"어느 의사가 당신에게 수술이 필요하다고 말합니다. 다른 의사는 수술이 필요 없다고 합니다. 당신이 수술을 받을 확률은 얼마나 될까요?"

첫 번째 집단에게는 두 번째 의사의 의견이라는 말이 언급되었지만 두 번째 집단에게는 그렇지 않았다. 의사가 '두 번째 의견'을 제시한 집단의 학생들이 응답한 단계의 평균은 5였다. '두 번째 의견'이라는 말이 언급되지 않은 집단의 경우 평균 단계는 2.5였다. 즉, '두 번째' '의견'에 반해서 첫 번째 의사의 견해를 따르겠다는 확률이 2배나 높았다.

펜실베이니아 대학교 에이브람슨 암 센터의 존 글릭(John Glick) 박사는 환자들이 치료 계획과 관련해 두 번째 의견을 청하러 왔을 때, 자신의 견해가 첫 번째 의사의 의견과 완벽하게 일치하는 경우는 30퍼센트 정도라고 추정했다. 나머지 30~40퍼센트의 경우 그와 동료 의사들은 상당히 다른 치료 계획을 추천한다. 때로는 그의 팀이 완전히 다른 진단을 내리기도 한다. [83]

의사들이 모두 동일한 접근법으로 훈련받았다면 똑같은 행동 방향을 제시할지 모른다. 만약 다르게 훈련받았다면 다른 의견이 우세할 것이다. 우리가 같은 사실을 보여 주더라도 그들의 견해는 서로 다를 수 있다. 다른 의사들이 정한 다른 사실을 고려할 수도 있다.

많은 사람이 두 번째 의견을 구하지 않는다. 이것이 과연 합리적일까? 두 번째 의견을 구하더라도 또 다른 50명의 의사들이 뭐라고 말할지 우리는 결코 알 수 없다. 표본의 크기가 너무 작기 때문에 신뢰하기 어려운 것이다. 그럼에도 여기에는 긍정적인 부작용이 숨어 있다. 두 번째 의견이 왜 필요한지 고민함으로써 은연중에 불확실성을 인정하는 셈이기 때문이다.

늙는다는 착각

대립하지 않는
방식으로
계속 질문하라

건강을 유지하기 위해 우리는 대개 1년에 한 번 의사를 찾아가 정기 검진을 받고 당시에 권장하는 검사를 거친다. 결과가 괜찮으면 건강이 좋음을 짐작하고, 일상을 벗어나는 다른 일이 발생하지 않는 한 다음 해까지 마음 편히 지낸다.

우리는 종종 자동차를 다루는 방식으로 신체를 다루며, 기술자에게 자동차를 넘겨주듯 의사에게 자신에 대한 통제권을 넘긴다. 어떤 검사든 확인 절차만 통과하면 우리는 모든 것이 괜찮다고 간주한다.

내가 보기에는 많은 사람이 자신을 돌보는 것보다 자동차에 더 깊은 관심을 갖고 있는 듯하다. 우리는 자동차가 무언가 잘못되었음을 가리키는 미묘한 변화, 즉 미약한 진동이나 귀에 거슬리는 브레이크

소리 또는 평소보다 커진 소음기를 알아차리고, 자동차에 대해서 별로 아는 것이 없으면서도 걷잡을 수없이 문제가 커지기 전에(그 비용을 감당할 수 있다면) 정비소로 달려간다.

반면 건강에 대해 우리 몸이 알려 주는 미묘한 변화에 대해서는 그다지 관심을 기울이지 않고 의사에게 지나치게 의존한다. 이에 대한 쓸모 있는 대안은 의사를 상담자로 활용하는 것이다. 어쩌면 모든 전문가들에게 이런 식으로 조언을 청해야 마땅할 것이다. [84]

가변성에 주목하며 우리 몸을 공부하면 건강과 관련해 더욱더 유용한 정보를 얻을 수 있다. 의사가 지닌 지식의 한계를 인식함으로써, 정보 공유의 중요성을 더욱 확신할 수 있게 되는 것이다. 우리는 건강 학습자로 행동하며, 자기 건강을 온전히 살펴 전문가와 더 잘 협력할 수 있다. 우리가 개인의 건강에 대한 전문가로 거듭나면 의사는 우리의 상담자가 될 것이다.

만일 우리 스스로가 전문가라면, 신체의 다른 부분에 따라 다양한 상담자를 찾는 것이 아니라 한 부분이 아프더라도 다양한 견해를 얻을 수 있게끔 여러 상담자를 활용할 생각을 품을 것이다. 다양한 견해가 존재한다는 것은 결국 우리가 책임자라는 의미이다. 의학 자료의 한계를 이해할 때 우리는 다수의 사람이 내놓은 똑같은 견해라고 해서 반드시 옳지는 않다는 사실도 받아들일 수 있다. 그것은 의사들이 비슷한 훈련을 받았다는 의미일 뿐일 수도 있다.

의사들의 견해가 서로 다르더라도 스트레스받을 필요는 없다. 치료 과정에서 우리 스스로의 역할이 얼마나 중요한지 더 잘 알게 될 뿐이니까 말이다. 스스로 결정하는 데 도움을 받기 위해, 우리는 주어진 정보를 고민하는 역할 뿐만 아니라 논의에 필요한 정보를 수집하는 좀 더 적극적인 역할을 맡을 수도 있다.

의사들이 진단에 도움이 된다고 믿는 질문을 그저 기다리기만 해서는 안 된다. 의사들의 질문은 많은 사람에게 적용되는 표준 데이터를 근거로 한다. 스스로 전문가라면 우리는 현재 느끼는 감각과 관련 있다고 여겨지는 정보를 오히려 의사에게 물어야 한다. "이것과 저것이 관련이 있나요?" 묻는 대신에 "이것은 저것과 어떻게 관련이 있습니까?" 물어야 한다. 이런 질문은 다른 종류의 정보 탐색을 장려함으로써 의사가 일반적인 사례가 아닌 나라는 특정 개인에 대해 심사숙고하게 만든다.

결정의 심리학에 대한 세미나 수업에서 나는 종종 학생들에게 "비강 스프레이로 임신을 막을 수 있을까요?"라고 묻는다. 대답은 언제나 부정이다. 반면 "비강 스프레이를 어떻게 사용하면 임신을 막을 수 있을까요?"라고 물으면, 몸 전체가 연결되어 있음을 인식한 창의적인 답변이 나온다. 생물학적으로 박식한 학생들은 온갖 경로를 탐색한다. 이와 마찬가지로 우리도 우리 건강에 의미 있다고 여겨지는 질문 몇 가지는 최소한 책임지고 있어야 한다.

책임자 위치에 있을 때 우리는 의사에게 도전한다는 느낌 없이 쉽사리 대안을 물을 수 있다. 대체 치료 방안뿐만 아니라 또 다른 가능

약물 및 잠재적인 부작용에 대해 고민할 수도 있다. 제시된 조언이
어떤 자료를 근거로 하는지에 대해서도 질문을 망설이지 말아야 한
다. 일단 질문하면, 의사 역시 현재 알고 있는 내용의 한계에 좀 더
의식을 집중할 것이다. 대립하지 않는 방식으로 질문할 수 있다면,
의사는 겸손해진 효과로 기꺼이 우리 건강을 위한 상담자 겸 동반자
가 되겠다고 마음먹을 가능성이 높다.

책임자로서 스스로를 사전자극해야 한다

한번은 세미나 수업 학생들에게 건강 데이터베이스를 조사하고
우리가 수업에서 논의한 건강 문제들을 대변하는 독창적인 질문을
만들어 보라는 과제를 냈다.

학생 가운데 로라 앵글린(Laura Anglin)이 상당히 타당하면서 도발적
인 아이디어를 냈다. 그녀는 1995년 질병 관리 센터의 행동 위험 요
인 감시 결과에서 얻은 자료를 조사했다. 그녀의 관심사는 건강 관
리 기관의 접근권과 활용성이었는데, 10개의 주(알래스카, 애리조나, 일리
노이, 캔자스, 루이지애나, 미시시피, 뉴저지, 노스캐롤라이나, 오클라호마, 버지니아)에
서 "평소 찾아가는 병원이 한 군데뿐입니까?"라고 질문했다. 9개 주
의 응답자 다수(75퍼센트에서 85퍼센트)가 "그렇다"고 응답한 것과 달리
노스캐롤라이나에서는 65퍼센트가 단순히 의사 1명을 만나지는 않
는다고 대답했다. 데이터베이스의 다른 곳에서, 로라는 한 달에 며
칠이나(0에서 30일까지) 육체적·정신적 건강의 이상을 경험하는지에 대

한 응답을 찾아냈다. 전국 평균에 비해 노스캐롤라이나 주민들은 다른 지역 주민들에 비해 "없다(즉, 건강에 이상이 있는 날이 없음)"고 대답한 확률이 높았다. 한 달에 1~3일, 3~7일, 8~29일 건강에 이상이 있다고 대답한 응답자 수 역시 더 적었다. 정신 건강에 대한 결과도 같아서, 노스캐롤라이나에서 정신 건강의 이상을 보고한 일수가 가장 적었다.

사실상 모든 의료 데이터와 마찬가지로 이 결과는 상관관계를 갖고 있다. 다들 알다시피, 이것은 절대적 결론 대신 무언가를 시사하는 내용이다. 위의 결과는 앞서 말한 것처럼 다수의 상담의 조언을 구하는 것이 우리 건강에 이로울지도 모른다는 사실을 뒷받침한다.

여러 사람의 견해를 구하려면 누구로부터 견해를 얻을 것인지 사람들을 선택해야 한다는 번거로움이 수반되기는 하지만, 우리는 그 과정에 훨씬 더 깊숙이 개입하게 된다. 더욱이 누구에게 의견을 묻고 그들에게 어떻게 말할 것인지 책임지는 입장에 놓이면서 우리는 스스로가 지닌 능력을 사전자극한다.

진단을 받고 치료를 위한 의학적 선택에 직면할 때 환자는 매우 어려운 딜레마에 빠진다. 전문가인 의사의 손에 앞으로의 치료를 전적으로 맡기고픈 충동이 드는 것은 이해가 된다. 모든 선택을 의사에게 일임하면 결과적으로 손해가 될 수도 있는 결정에 책임져야 한다는 존재론적인 공포에서 벗어날 수 있기 때문이다. 그렇지만 그 과정에 개입하지 않는 것이 더 큰 손해일 수도 있다.

의사는 신이 아니다

환자의 암은 어느 시점에 불치 또는 치료 불가능으로 간주될까? 의사들은 다소 자의적인 근거를 바탕으로 그 같은 판단을 내리는 듯하다. 나의 제자인 보 맹(Bo Meng)이 지적했듯, 오늘날 과학자들은 우유 한 팩의 유효 기간조차 완전히 확신하며 예측하지 못한다. 우유가 보관된 온도, 우유에 들어 있는 박테리아의 다양한 조건, 우유 팩 안으로 들어갈 수 있는 외부 미생물의 정도는 우유가 상할 때 영향을 미치는 수많은 요인 중 겨우 세 가지일 뿐이다. 우유 팩의 상대적인 단순함과 비교해 인체의 엄청난 체계적 복잡성을 감안할 때, 우유가 상하는 과정조차 결정하지 못하는 상황에서 그 많은 종류의 암에 대해 불치 단계를 정확하고 틀림없이 판단하는 일이 가능할 리없다.

하지만 우리 본인은 알 수 있을지도 모른다. 온몸 구석구석으로 암이 전이되어 환자가 당장이라도 죽을 수 있는 경우는 존재한다. 그러나 치유 불가능한 말기 환자로 진단된 많은 환자들의 상태가 그렇게까지 심각하지는 않다. 이러한 경우 판단의 근거는 무엇인가? 이런 결정들이 최소한 어느 정도까지는 자의적이라는 사실을 이해함으로써 환자로 하여금 얼마라도 희망의 이유를 찾아내게끔 만든다면, 환자 스스로가 상태를 호전시키려 애쓰게 될지도 모른다. 희망은 몸소 경험해 온 증상의 가변성에 대한 인식에 근거할 수 있다. 가끔은 실제로 증상이 다른 때만큼 나쁘지 않을 때도 있다. 우리는

늙는다는 착각

의료 상담자와 이런 가변성에 대한 의견을 교환할 수 있어야 한다.

의사들이 우리보다 암에 대해 더 많이 안다는 것이 우리 스스로 처한 상황의 전후 사정을 몰라도 된다는 의미는 아니다. 오늘날 암 환자의 약 3분의 2는 본인이 받은 진단을 사실상 이해하지 못한다. 진단의 전후 사정에 대한 이해 없이 암을 대하는 것은 훨씬 어려운 일이다. 규칙을 전혀 모르는 스포츠 경기에 뛰어드는 것과 마찬가지이기 때문이다. 전 세계적으로 수백만 명의 말기 암 환자가 매일 이런 경기를 치르고 있다.

오늘날 암은 본질적으로 세 가지 연속 집단으로 구성된다. 암에 걸렸을 리 없는 사람들, 치료 가능한 암에 걸린 사람들, 말기 상태의 암에 걸려 불치로 간주되는 사람들이다. 이 분류 사이에는 꼭 필요함에도 대부분 무시되는 중대한 구분이 존재한다. 예를 들어, 수술 가능한 암과 말기 암 사이의 경계에 놓인 환자는 높은 전이율이나 암의 성장 때문에 수술이 불가능하게 여겨질 수도 있다. 그러나 특정 치료를 받으면 전이 과정을 늦출 수도 있기 때문에 이 환자는 다시 '치료 가능한' 분류로 되돌아갈 수 있다. 나의 질병이 해당 분류에 속하는 대부분의 환자들과 어떤 식으로 다른지 의료 상담자에게 물어봄으로써 우리는 본인 상태를 좀 더 차별화할 방법도 배울 수 있다.

임상의보다 각자의 고유한 역사와 신체적, 감정적, 인지적 기질 등 스스로에 대해 훨씬 더 잘 알고 있다. 그러므로 어떤 치료법이 잘 맞는지 알 수 있는 사람도 바로 우리 자신이다. 치료에 대한 만족도는 특정 치료법이 우리의 고유한 필요조건을 얼마나 만족시키는지에 따라 좌우된다. 통계학적으로 확인된 일반인의 요건은 중요하지 않다. 본인의 가치와 성격, 감정적·인지적 기질의 파악은 치료에 대한 결정을 내릴 때 필수적인 요소다. 이 점만 명심하면 최선의 선택에 도움을 받을 것이다. 의사가 아니라면 과연 누구를 따를 것인지 질문에 대한 최선의 답 역시 바로 우리 자신이다. 병의 일반적인 진행에 대해서라면 의학 전문가들이 최고의 전문가이겠지만, 우리의 여정에 있어 최고의 전문가는 우리 자신이기 때문이다.

9장

늙는다는 착각

지혜롭게 나이 드는 법

노년은 징징거릴 곳이 아니다.

_베티 베이비스

COUNTER

CLOCK

WISE

노화에 대한
무의식적인
편견

　대부분 성인기 후반에 아마도 쇠약해진 기력, 통증, 질병에 대해 가장 많이 걱정할 것이다. 그럼에도 우리 인생의 말년은 여전히 성장의 단계일 수 있다. 우리가 경험하는 수많은 쇠약함은 노화의 자연스러운 과정일지 모르지만, 상당수는 노화의 과정이 아닌 노년에 대한 우리의 사고방식이 작용한 결과이다. 시계 거꾸로 돌리기 연구에서 살펴보았듯이 인지능력은 물론 시력과 관절염 증상조차 좀 더 의식을 집중하면 향상될 수 있다.

　노년에 대한 보편적이고 부정적인 편견은, 최소한 서양에서는 절대적으로 받아들여진다. 노인들은 건망증이 있고, 행동이 굼뜨며, 약하고, 소심하며, 자기 방식에 갇혀 있다는 연구 결과까지 있다.[85]

연령대가 높은 성인들은 종종 젊은 성인들만큼, 아니 어쩌면 그보다 더 노인들에 대해 부정적인 느낌을 갖고 있다. 노화에 대한 미국인의 태도를 판단하기 위한 연구 분석에서 메리 카이트(Mary Kite)와 블레어 존슨(Blair Johnson)은 사람들에게 노인들이 지닌 신체적인 매력이나 정신적인 능력의 평가를 요구했을 때 노화에 대한 부정적인 편견의 표현이 가장 심하다는 사실을 발견했다.[86] 이 연구에서 드러난 또 다른 사실은 노화에 관한 부정적인 편견이 상당수 무의식적이거나 반사적인 과정으로 경험된다는 점이다.

나이에 관련된 편견은 나이 든 성인들을 바라보고 대하는 방식에 강력한 영향을 줄 뿐만 아니라, 종종 노인들에게도 내면화되어 사회의 젊은이들과 어울리는 능력과 의지에 영향을 미친다.

30년 전 나는 생물학과 행동, 노화 연구를 위해 의사와 심리학자로 구성된 소규모 집단의 일원이었다. 나는 그곳에서 가장 어렸지만, 노화 과정에 대해서 가장 긍정적이었다. 다른 사람들에 비해 상대적으로 노화에 대한 개인적인 경험이 부족했던 내가 어떻게 노화에 긍정적인 태도를 가질 수 있었을까? 나는 이 점이 의아했다. 어쩌면 다른 사람들은 이미 노화나 노령의 부모님들을 직접적으로 경험한 탓에 노화에 대해 더 부정적이었을지도 모른다. 그렇지만 내가 순진해서가 아니라 무언가 경험을 바탕으로 근본적으로 노화에 대해 다른 견해를 지녔을 가능성은 없을까? 나는 어떻게 노화가 쇠락만을 의미하지 않는다고 생각하게 되었을까?

젊은 조부모가 손주에게 미치는 긍정적인 영향

나는 어린아이들에게 '할머니'라는 말이 '늙은 사람'을 의미하며, 우리들 대다수에게 처음으로 늙는다는 개념을 접하게 만드는 요인일 가능성이 높다는 점을 생각해 보았다. 늙음에 대한 개념을 처음 접했을 때 우리 할머니는 나이뿐만 아니라 정신, 능력 면에서도 상당히 젊으셨다. 내가 늙음에 대한 나의 견해는 그 경험으로부터 파생되었을 수도 있다. 실제로 우리는 대부분 어릴 때 조부모로부터 늙음의 의미를 배우고 추측한다. 조부모가 노년에 대한 편견에 걸맞은 모습을 하고 있었다면, 의도치 못한 사이 우리는 노인의 신체적·정신적 능력의 한계에 대한 과장된 견해를 무의식적으로 받아들였을지 모른다.

나는 이를 알아보기 위해 2세 이전에 조부모와 살았던 노인들과 13세 이후에 조부모와 살았던 노인들을 비교해 보았다. 2세 아이가 13세가 되면 당연히 아이들의 조부모도 나이가 많아질 테니 말이다.[87] 첫 번째 집단의 조부모는 두 번째 집단의 조부모보다 젊었을 테니 행동도 젊었을 것이다. 상대적인 나이를 고려할 때, 스스로도 노인이 된 2세 집단 피험자들은 13세 집단과 비교해 상대적으로 사고방식이 더 젊었다. 정말로 그렇다면, 더 어린 집단은 나이를 먹으면서 노년에 대해 '더 젊은' 견해를 갖고 있어야 마땅하다.

우리는 위 가설이 사실임을 확인했다. 노인 피험자들은 우리의 가설을 알지 못하는 연구자들에게 따로 평가를 받았는데, 더 어린 나이에 조부모와 살았으며 노년에 대해 더 젊은 사고방식을 갖고 있던 피험자들은 좀 더 민첩하다는 평가를 받았다. 그들은 좀 더 활동적이고 좀 더 독립적인 경향을 보이기도 했다. 이 실험 결과는 필요 이상으로 제한된 사고방식에 노출됨으로써 우리들 대다수가 노화에 대해 무의식적으로 학습하고 있을지도 모른다는 사실을 보여 준다.

의식의 집중에 대한 연구에서 우리는 노인에 대한 부정적인 편견의 영향을 상쇄하는 데 도움이 될 만한 네 가지 교훈을 얻을 수 있다. 우리는 다음 네 가지에 주목해야 한다.

1. 노인을 평가하는 데 사용된 기준
2. 자신의 발달 단계 이상의 시각을 갖지 못하는 우리의 무능함
3. 변화 대 쇠락의 개념
4. 노년에 대해 보다 의식을 집중한 접근 방식(노인들은 물론 그들을 정형화시키는 사람들 모두에게 해당)

세발자전거는 25세 남성을 위한 것이 아니다

어린아이들에게 '나이답게 행동하라'고 꾸짖을 때는 근면성과 엄숙함, 책임지는 자세에 대한 기대가 동반된다. 그러나 노인들에게 나이답게 행동하라는 명제는 좀 더 부담스러운 의미를 함축한다. 역설적이게도 노인들은 종종 주체성의 정도, 책임감, 자기 인생에 대한 통제력을 포기한 채 어린아이처럼 행동하리라는 기대를 받는다.

특정 나이를 넘어선 어른이 '노인처럼 행동하기' 시작할 것이라는 기대는 극단적으로 말해 인간의 행위가 개개인이 통제할 수 없는 연대 기표에 따라 결정될 수밖에 없음을 시사하며 억압으로 작용할 가능성이 있다.

물고기는 자전거를 타지 못한다. 자전거를 타는 사람들이 정한 기준에 따르면 물고기는 능력이 떨어지는 것이다. 여기서 의인화된 물고기와 노인 사이의 차이는 주로 노인과 노인 이외의 사람들이 개인과 개인이 처한 환경 사이의 관계를 바라보는 시각에 있다. 자전거를 타지 못한다는 사실을 물고기의 열등함으로 여기는 것은 분명 우스꽝스러워 보인다. 자전거의 유용성은 물고기가 사용할 수 있는지의 능력 여부로 판단되어서는 안 되며, 물고기의 유용성 또한 두 팔과 두 다리, 잘 발달된 엉덩이를 지닌 인간에게 맞춰 설계된 기구의 사용 가능성 여부로 판단되어서는 안 된다.

노인의 능력을 평가할 때 우리는 종종 이 같은 유용성의 서열을 까먹는다. 예를 들어 나이 든 사람이 차에서 내리기 어려워하면 우리는 다리 근육의 약화와 균형 감각 상실 때문에 그렇다고 여길 가능성이 높다. 옆으로 몸을 움직이는 대신 승객이 정면으로 내릴 수 있도록 회전하지 않는 자동차 좌석에 결함이 있다고 여길 수도 있는데 말이다. 자동차의 결함에 초점을 맞추는 것이 쓸모없는 짓처럼 보일지도 모른다.

그렇다면 25세 남자가 세발자전거를 타기 어려워하는 까닭이 기다란 팔다리와 부족한 유연성 탓이라고 결론 내리는 게 얼마나 우스꽝스러운 일인지 생각해 보라. 세발자전거가 25세 남자를 염두에 두고 만들어진 물건이 아니듯, 자동차 좌석도 75세 노인을 염두에 두고 만들어지지 않았다. 그럼에도 불구하고 75세 노인이 자동차에서 내릴 때 어려워한다고 그 사람에게 결함이 있다고 말한다면, 25세 젊은이가 세발자전거 경주에서 무능하다고 말하는 것과 같다.

노인은 젊은이가 아니다. 나이 든 어른들은 자신들이 설계하지도 않았고 그들을 위해 만들어진 것도 아닌 환경과 매일 강제로 타협한다. 우리가 물고기를 자전거에게 맞추는 대신 자전거를 물고기에 맞추면서 인식한 결함의 외부 원인에 주목한다면, 노인들에 대한 부정적인 인식을 줄이고 나아가 주변 환경을 대하는 데 있어 모든 연령층에게 도움이 될 만한 창의적인 해결책의 모색을 장려할 수 있을지도 모른다. 식료품 꾸러미를 안은 채 문을 열지 못하는 할머니를 위한 해결책으로 아파트 문 밖에 선반을 만들었던 선례를 다시 한번 떠올려 보자.

노인의 정신적인 능력을 평가할 때 그들의 욕망과 의도, 관심이 젊은이들과 동등하다고 여기는 경우도 흔하다. 물고기 이야기로 되돌아가면, 물고기가 자전거에 별 관심이 없다는 사실은 매우 분명하다. 반면 노인들의 행동 설명(또는 이해)에 그러한 유추가 적용되는 일은 드물다. 만화 캐릭터들을 구분하지 못하거나 도입부 몇 마디만 듣고 인기 순위 40위 안에 드는 최신곡을 알아차리지 못해도, 아이들은 부모가 얼굴 인식 능력이나 음악에 대한 기억력이 떨어졌다고 결론짓지 않는다. 오히려 아이들은 부모가 〈포켓몬스터〉나 아이돌에 관심이 없다고 올바르게 결론짓는다.

노인들은 기억력 검사 수행 능력을 포함해 젊은이들의 관심사에 단순히 신경을 쓰지 않기 때문에 더 건망증이 심한 것처럼 보일 가능성이 있다. 어떤 개인에게 전혀 관심 없는 정보가 주어진다면, 그 정보는 기억 저장고에 담기지 못할 것이다. 시간이 지나 그 정보 관련 질문에 그 사람이 대답하지 못한다면, 그 정보는 잊혀진 것일까? 나중에 잊힐 수 있으려면 학습부터 되어야 한다. 어쩌면 노인은 우리의 추측만큼 건망증이 심하지 않다. 부분적으로 그런 노인들이 있다면, 단순히 기억 저장에 좀 더 선별적인 것일 수도 있다.

세상에서 가장 쓸데없는 비교

기억을 연구하는 학자들은 대개 젊은이의 능력이 노인을 능가한다는 사실을 확인한다. 기억력 실험을 자세히 살펴보자. 연구원은 피험자가 기억할 낱말을 선택하지만, 모든 낱말이 모든 이에게 동일하게 익숙할 수는 없다. 극단적으로 예를 들면, 기억해야 하는 단어 목록이 '게임보이' 같은 용어로 이루어졌다면 당연히 젊은이들은 노인을 능가할 것이다. 반면 '마작' 같은 낱말로 구성되었다면, 노인들이 쉽사리 젊은이들을 이길지 모른다. 그리고 수많은 실험에 참여한 피험자들은 대개 연구원들과 똑같은 학교 환경에서 시간을 보내는 대학생들이다. 연구원들은 이렇게 반박할지도 모른다.

"빈번하게 사용되는 실용 낱말 목록에서 선택한 낱말인데요."

이 말은 객관성을 띤 것처럼 보이지만, 그 낱말 목록을 만든 누군가가 전 국민이 말하거나 읽은 단어를 모두 동일하게 고려했을 가능성은 거의 없다. 앞에서 논의했듯이, 매사에는 감추어진 결정과 숨겨진 결정권자들이 존재한다. 그런데도 대중 앞에서 그러한 '사실'은 우리 모두를 염두에 두었을 수도 있고 아닐 수도 있는 사람들이 내린 결정 사항을 근거로 삼은 것이 아니라, 하늘에서 내려 준 불변의 진리인 양 제시된다.

무의미한 기억과
유의미한 기억

정식으로 입증되진 않았지만 노인들은 어린 시절에 겪은 사건에 대한 기억은 또렷한 반면 최근 사건에 대한 기억력은 떨어지는 것으로 종종 관찰된다. 이는 어쩌면 오래된 기억이 노인들에게 더 의미 있기 때문일지 모른다. 즉, 그 같은 정보는 과거에 저장해 둘 가치가 있었고 현재에 재생할 가치가 있는 것이다.

노인의 수행 능력이 어떤 기준에 '못 미치면', 우리는 그 기준의 타당성에 의문을 품는 대신 예외 없이 그 사람이 실패한 것으로 여긴다. 노인이 아닌 연구원들이 이처럼 부적절한 기준에서 벗어나지 못하는 이유는 무엇일까? 가령, 어느 연구에서 나이 든 피험자들이 읽은 내용의 골자는 기억하는 반면 세부 사항은 기억하지 못한다는 사실이 드러났다. 실험 내용의 주제도 분명 젊은 연구원들이 선택했을 텐데, 대강의 골자 이상의 내용이 노인들의 인생에서 중요한 의미를 지닐 가능성이 얼마나 될까?[88]

현재 나는 젊은 시절보다 훨씬 더 사람을 많이 만난다. 지위도 더 높아졌다. 젊은 시절 나는 사람들의 이름을 쉽게 기억했으나 이제는 그러지 못한다. 그렇지만 어떤 사람을 여러 번 만나고, 그 만남이 중요해지면 나는 그의 이름을 학습할 것이다. 그렇다면 나는 건망증이 있고, 바쁘고, 자신에게만 몰입하고, 지쳐 있고, 따분한 특징을 모두 갖고 있는 사람일까, 아니면 이 중 어느 것에도 해당되지 않는 사람일까?

노인에 대한 상투적이고 일관된 편견

누구든 자신의 발달 수준을 넘어서는 시각을 갖기는 어렵다. 어린아이에게 30세가 되면 어떨지 물어보면, 그 아이는 현저히 부족한 통찰력을 보일 것이다. 30세에게 80세가 되면 어떨 것 같은지 물어보아도 마찬가지일 것이다. 나이 든 사람들은 종종 그들을 판단하는 사람들과 동일한 가치관과 기준을 지녔으리라는 가정을 바탕으로 판단된다. 예를 들어, 일부 학자들은 노년이 되면 사람들이 자연스레 어린아이 상태로 후퇴한다고 주장하지만, 과거와 똑같이 행동하는 것과 처음으로 그렇게 행동하는 것 사이에는 중대한 차이가 존재한다.

늙는다는 착각

7세 지미와 97세의 제임스가 저녁 식사를 하러 온 손님에게 대화가 지루하다고 말한다고 상상해 보자. 둘은 똑같은 단어를 사용할 수도 있지만, 그렇다고 똑같이 행동했다고 볼 수는 없다. 의식을 집중해 분석해 보면 지미는 사회적 제약을 받지 않았지만, 즉 아이는 저녁 식탁 대화에서 사교적으로 적절한 반응을 아직 배우지 못한 반면, 제임스는 사회적 제약에서 벗어났다. 제임스는 사교적인 행동 규범을 잘 알면서도 그것을 무시했다. 이처럼 서로 다른 두 행동에서 관찰된 유사성은 노년을 아동기와 동일시하는 거짓 공식으로 이어진다.

누구도 자신의 발달 수준을 넘어서는 시각을 갖지 못한다는 점과 함께 관찰자가 자기 입장에서 가장 의미 깊은 방식으로 행동을 이해하는 경향이 있다는 사실은 노인의 행동에 대해 전적으로 부정확하지만 상투적으로 일관된 편견으로 이어질 가능성이 있다. 노인들이 어째서 판에 박힌 듯이 '부정적'으로 행동하는지 설명할 만한 다른 원인을 고민해 본다면 아마 우리 모두에게 도움이 될 것이다. 예를 들어 건망증은 애초에 학습할 가치가 없는 정보였다거나 오히려 현재에만 열심히 집중하는 능력이라고 긍정적으로 해석될지 모른다. 천천히 운전하는 것 또한 운전의 위험에 관해 축적된 지혜를 반영한 행동으로 볼 수 있는 것이다.

노화인가,
퇴화인가?

노화는 변화를 의미하지만, 변화가 퇴화를 의미하지 않는다. 발달이라는 용어는 인간의 인생 주기 전반에 걸친 변화에 적용될 수 있음에도, 흔히 초반 20년 동안의 변화에만 사용된다. 이러한 태도의 영향력은 끈질기다. 젊은 사람들은 '발달'한다고 묘사되는 반면, 말년에는 대개 '노화'한다고 묘사된다. 이는 밤(night)과 날(day)이라는 표현과 비슷하다. 즉, 날이 공식적으로는 24시간 전체를 지칭하지만 비공식적으로는 하루 중 밝은 시간만 가리키듯이, 노화라는 말 역시 발달의 어두운 면만 가리키는 것이다. 말년에 어떤 변화를 일으키려면 인간은 이전까지 성장으로 '인식'했으나 이제는 사회적 합의를 거쳐 고정된 온갖 종류의 선입견과 맞서 싸워야 한다. 만일 발달이 다른 맥락에서 조명된다면 정당하게 노화를 인정받으려는 이 같은 몸부림이 널 고달플 것이다. 안타깝게도 지금 당장은 노화의 부정적인 측면에 대한 우리의 편견이 아주 만연해 있지만 말이다.

80세 남자는 더 이상 50세 때만큼 테니스를 칠 수 없다는 사실에 좌절한다. 하지만 문제는 그가 더 이상 똑같은 방식으로 경기할 수 없다는 사실이 아니라 여전히 그렇게 하려고 애쓴다는 점일 수도 있다. 키 190센티미터에 여자 테니스 선수 가운데 가장 굵은 라켓을 사용하는 비너스 윌리엄스와 158센티미터에 가장 가는 라켓을 쓰는 아만다 코처가 비슷한 전술로 경기를 펼칠 리는 없다. 코처는 작은 체구 덕분에 코트에서 재빠르게 움직일 수 있으며, 윌리엄스는 큰 키 덕분에 자신의 타격에 엄청난 힘이 실린다는 사실을 알고 있다.

사회적인 환경과 편견의 무심한 내면화 탓에 80세의 테니스 선수는 본인 경기가 발전하지 못하고 노화한다고 배웠으므로, 새로운 기술로 경기에 임하겠다는 생각은 애초에 머릿속에 떠오르지 않는다. 젊은 사람들과 나이 든 사람들 간의 차이를 쇠락으로 받아들이기 때문에 나이 든 사람들이 '경기 방식을 바꿀' 방법을 우리 모두 찾아내지 못할 확률이 높다.

모두에게 도움이 되는 방식으로

적응의 가능성을 알아차리기 시작했더라도 우리는 여전히 그 변화를 보완책 정도로 여기는 실수를 범할 수 있다.

"이렇게 안 되니까 저렇게 하지, 뭐."

생각만 약간 바꾸면 우리는 체념하는 대신에 모든 연령층의 사람들에게 도움을 줄 만한 방식을 찾을 수 있다. 그러면 지금 안쓰럽게 여기는 바로 그 사람들로부터 많은 것을 배울 수 있을지도 모른다.

출생 연도만 덮어 두면 인간의 나이는 상대적으로 바뀌며 문제가 되는 영역에 따라 얼마든지 달라질 수 있다. 통제력을 얻기 위해 스스로가 증상의 가변성에 주목하듯이, 우리는 자기 능력의 변화에도 집중할 수 있다. 메리는 이웃들과 브리지 게임을 할 때는 늙었다고 느끼지만, 손자들과 보드게임을 즐길 때는 젊다고 느낀다. 지역 관현 악단에서 프렌치 호른을 연주할 때는 스스로가 더욱 젊게 느껴진다. 앞서 살펴보았듯이, 특정한 맥락에서 노인들에게 이름표가 붙고 나면 거기서 벗어나기가 어려워진다. 사회적으로 다양한 맥락에서 다양한 역할을 담당하며 본인이나 타인을 바라본다면, 다들 더욱 의식을 집중한 상태에서 판단할 수 있을 것이다.

나이와 관련된 변화와 육체적 정신적 쇠락 사이의 관련성은 보편적인 진실이 아니다. 베카 레비와 내가 노인들에게 부정적인 편견이 없는 두 공동체, 본토 중국인과 청각 장애 미국인의 젊은이와 노인 구성원을 연구한 실험을 다시 떠올려 보자. 해당 실험은 본토 중국인과 청각 장애 미국인 집단이 공히 네 가지 기억력 과제에서 정상 청각의 미국 노인들보다 우수함을 보여 주었다. 노년의 기억력 상실이 오로지 생물학상의 쇠퇴 메커니즘에 따라 결정되는 것이라면, 이

두 문화의 노인들이 미국인 노인 참가자들보다 뛰어난 기억력을 보여 주지는 못했을 것이다.

이 연구 결과는 나이 관련 변화가 필연적으로 쇠퇴를 의미하지는 않음을 지적한다. 기억력 상실에 관한 전반적인 연구도 이 같은 결론을 뒷받침한다. 일부 학자들은 그러한 기억력 감퇴가 불가피하다고 주장하며 계속되는 동향을 발표하고 있지만, 다른 이들은 기억력 악화의 일부 측면이 환경적으로 결정되며, 기대감 및 사회적 맥락으로 형성될 수 있다고 믿는다.

점화 효과로 파생되는 부정적 고정 관념

노화의 부정적인 영향력 상당수는 점화 효과의 결과다. 베카 레비와 동료 교수들이 진행한 한 연구에서, 나이 든 성인들은 스스로 깨닫지 못하는 사이 노화와 관련된 긍정적이거나 부정적인 고정 관념에 사전자극을 받았다.[89] 긍정적인 조건에서 사전자극된 고정 관념은 '성취, 조언, 경계, 기민함, 창의성, 통달, 안내, 향상, 통찰력, 현자, 지혜' 등의 낱말이었다. 부정적인 조건에서 사전자극된 고정 관념은 '알츠하이머, 혼동, 쇠퇴, 노쇠, 치매, 의존, 질병, 죽음, 망각, 무능함, 부적절함, 노년' 등이었다. 다양한 수학 및 구술 시험을 치르라는 요청을 받았을 때, 부정적인 고정 관념에 노출된 참가자들은 스트레스 때문에 수축기 및 확장기 혈압 상승과 심박수 증가를 포함해 심혈관계의 반응이 고조되었다.

점화 효과가 긍정적인 변화를 가져올 수도 있다. 건강과 능력을 사전자극하면 누구에게나 존재한다고 추정되는 나약함을 일부 되돌릴 수 있다. 도입부에서 소개한 화분 연구를 떠올려 보자. 요양원 거주 노인들에게 자율성을 부여해 매사에 스스로 결정하고 화분을 가꾸는 책임까지 맡기자 불과 3주 뒤에 민첩함과 만족도, 적극적인 참여도, 전반적인 행복감 측면에서 유의미한 차이를 보였다. 18개월 뒤, 그 차이는 단순히 육체적 정신적 건강의 수준을 넘어서 사망률에까지 영향을 미쳤다. 이와 유사한 연구에서 심리학자 리처드 슐츠(Richard Schultz)는 보호시설에서 생활하는 노인들에게 면회객 방문 시기를 스스로 결정하게끔 함으로써 통제권을 늘려 주었더니, 그들의 정신적·육체적 건강 수준이 향상되었음을 확인했다. [90]

찰스 알렉산더(Charles Alexander)와 나는 다른 동료들과 함께 실시한 또 다른 연구에서 슐츠의 실험 결과를 그대로 복제한 듯한 결과를 얻었는데, 이 연구에서는 의식의 집중을 촉진하기 위해 의식의 집중(새로운 것을 알아차리는 방법으로서)과 초월 명상(명상 실행 이후 의식의 집중을 강화할 것으로 추정)이 공히 이용되었다. [91] 의식의 집중을 이끌어 낸 양쪽 집단은 신체적인 건강뿐만 아니라 지적인 기능 면에서도 월등하게 향상되었다. 또한 스스로 인지하는 통제력이 증가했고, 현저히 젊어짐을 느꼈으며, 간호사들에게 정신 건강도 향상되었다는 평가를 받았다. 양쪽 집단 모두 3년간의 추적 연구 기간 동안 대조군보다 오래 살았다. 이 모든 결과는 예상되는 환경이 아닌, 노인들이 고정 관념에 맞서 도전할 수 있는 환경을 조성할 때 부정적인 영향이 줄어든다는 사실을 보여 준다.

보호 시설 안에서의
무의식적인
삶

시계 거꾸로 돌리기 연구의 참여자는 대부분 성인 자녀들과 함께 살고 있었으므로 살고 있는 집은 물론이고 자기 방까지도 온전한 자신의 소유가 아니었다. 이 같은 정황을 고려할 때 그들의 가정에는 젊은 시절과 과거의 활기를 상기시켜 줄 만한 것들이 부족했다. 그 점과 관련해서 수도원이 그들에게 더 좋은 환경을 제공한 것으로 여겨졌다. 완벽히 개인에게 맞춘 공간은 아니었지만, 방에는 그들의 인생에서 훨씬 강건한 시절을 상징하는 20년 전 잡지들이 가득했다. 방은 전부 다르게 꾸며졌는데, 추억을 돌이키는 데 도움을 줄 뿐만 아니라 보호 시설이 아닌 여관에서 일주일 동안 지낸다는 느낌을 주기 위해서였다. 모든 방이 똑같이 생긴 요양원에서 산다면 나는 분

늙는다는 착각

명히 내 방인 줄 착각하고 다른 방으로 걸어 들어가는 실수를 종종 저지를 것이다. 동료들이 미로에 집어넣은 생쥐들이 매번 나오는 길을 찾는다는 사실이 절대 이해 불가인 나로서는 보호 시설에서 방을 헤맬 사람이 나뿐만은 아닐 것이라고 생각한다.

시간을 초월해 산다는 것

연구 시작 전, 참가자들은 모두 최근 사진과 20년 전 사진을 제출했다. 우리는 실험군 참가자들에게는 젊은 시절 사진을 나눠 주고, 대조군 사람들에게는 현재 사진을 나눠 주었다. 실험군 사람들이 서로를 더 젊고 활력 넘치는 모습으로 보도록 돕기 위해서였다.

또한 참가자들에게 1959년 이후의 물건은 절대로 수도원으로 가져오지 말고, 어릴 때부터 간직해 오던 사소한 물건 하나를 꼭 가져오라고 요구했다. 존은 펜을, 프레드는 맥주잔을 가져왔다. 벤은 지포라이터를 가져 왔는데, 옛날 말보로 광고에서 카우보이가 사용하는 모습을 보자마자 산 물건이었다. 어빙은 아버지에게 물려받은 빗과 브러시 세트를 가져왔다. 피터는 브루클린 다저스 야구 모자를 가져왔는데, 실험 시작 며칠 뒤 모자 이야기가 나오자 그는 다저스가 불과 2, 3년 '전'에 로스앤젤레스로 옮겨 간 것에 대해 성토했다. 맥스는 깜박하고 아무 물건도 가져오지 않았지만, 우리가 방에 놓아둔 《스포츠 일러스트레이티드》지에 각별한 애착을 보이는 듯했다. 중앙 거실에는 1959년 같은 주에 발행된 《라이프》잡지와 《새터데이

이브닝 포스트》가 여러 부 마련되어 있었다. 구식 라디오에서는 과거처럼 연속극 〈건스모크〉나 밥과 레이의 만담 같은 옛날 라디오 프로그램이 방송되었다. 노인들은 특히 〈테드 맥의 아마추어 장기자랑 시간〉, 밀턴 베를, 페리 코모, 그리고 당연히 잭 베니를 좋아하는 듯했다. 이 같은 오락거리는 모두 젊은 시절의 생각과 감정을 이끌어내기 위해서 선택된 것이었다.

신체적인 신호와 관련해 우리가 마련한 가장 중요한 선택은 수도원에 '노인 편의'를 위한 배려가 전혀 없다는 점이었다. 노인들이 지내는 곳이라면 어디든 생활이 용이하도록 장애물이 대부분 치워지기 마련인데, 장애물이 없다는 것은 곧 무능함을 가리킨다. 수도원에서는 참가자들이 성취감을 즐길 수 있도록 계단을 오르내리거나 스스로 방을 찾아 들어가는 문제, 떨어뜨린 물건을 집어 올리는 일 같은 사소한 난관을 극복하도록 했다.

의학 장비를 들여오고 심리 검사를 실시하면 그들이 스스로 문제가 있다고 생각하는 경우가 종종 있기 때문에, 우리는 평가를 자연스러운 일과로 짜 넣으려고 애썼다. 예를 들어, 기억력 검사는 유명인의 슬라이드를 보여 주며 누구인지 알아차리는 순간 버튼을 누르는 게임으로 진행했다. 실험군은 반응이 더 빨랐고 좀 더 정확했다.

연구 시작 전에 나누어 준 홍보물에는 모두 어떤 옷을 가져와야 하는지도 안내되어 있었는데, 최신 유행이 아닌 편안하고 오래된 옷을 가져올 것을 권장했다. 진행 요원들에게도 실험실 가운이나 지위를 드러내는 옷 대신 '시대를 초월한' 옷차림을 요구했다. 대학원생들이 평소 입는 옷을 감안하면 전혀 어려울 것 없는 요구 사항이었다.

모든 사람이 대체로 평등해, 우리가 책임자이고 그들은 관찰의 대상이며 그들에게 문제가 있다는 등의 생각을 표면적으로 드러낼 만한 단서는 아무것도 없었다. 본질적으로 우리는 두드러지지 않게 각자에게 주어진 역할을 수행하면서 서로 교류하는 사람들이었다. 우리는 각자의 역할을 드러내는 외적인 표시를 없앤 채 노인으로서가 아닌 개인으로서의 참가자들과 친구처럼 지내며 모든 이야기가 시간을 초월한 것처럼 보이는 환경 속에서 일주일을 보냈다.

의문을 제기할 때 변화는 시작된다

오늘날 너무도 많은 노인이 무심한 일상이 반복되는 보호 시설 같은 환경에서 살고 있다. 어떤 곳은 실내 장식조차 변화의 부재를 나타낸다. 우리가 수행한 여러 실험이 시사하듯, 의식을 집중하는 것으로 삶을 개선할 수 있다면, 과도하게 예정된 인생은 때 이른 죽음으로 이어질 수도 있다. 그러한 환경에서는 의식을 집중해 살아갈 방법도 찾기 어렵다.

그렇다면 의식을 집중해 살아가기 힘든 환경에서, 지나친 무심함에 대한 대안은 무엇일까? 아마도 세 가지 대안이 가능할 것이다. 어떻게든 의식을 집중하는 인생을 찾거나, 때 이른 죽음을 맞거나, 노망이 들거나. 이상하게 들리겠지만, 나는 노망이 과도하게 판에 박힌 환경에 대해 의식을 집중한 반응이라고 주장하는 바이다. 다시 설명하겠지만, 우리 연구는 이 같은 해석을 증명한다. 만일 노망이 좀 더 의식을 집중하라는 외침이라면, 사회적으로는 부적응 행동일지라도 생물학적으로는 적응력의 발현일지 모른다.

이 같은 주장을 확인하고자 1979년, 나는 심리학자인 로니 제노프 불먼(Ronnie Janoff-Bulman), 펄 벡(Pearl Beck), 린 스피처(Lynn Spitzer)와 함께 요양원에서 '노망'으로 분류된 사람들과 그렇지 않은 사람들을 비교했다. 92) 우리는 병증을 꾸준히 파악했고, 노망이라는 꼬리표를 단 사람들이 사실상 6년에서 9년 더 오래 산다는 사실을 발견했다. 노망에 대한 이 연구는 뇌 CT(computed tomography, 컴퓨터 단층 촬영)가 대중화되기 전에 실시되었기 때문에 오늘날 뇌 CT로 치매임이 드러난 사람들은 우리의 실험 대상들과 뭔가 다를 수도 있다. 그 부분은 우리로서도 알 수가 없다. 어쨌거나 심지어 오늘날에도 많은 사람, 특히 거대한 의료계 집단으로부터 멀어진 사람들은 행동의 일부만으로 진단받으므로, 우리가 설명한 사람들처럼 본인이 경험한 환경을 대체할 만한 의식적인 대안을 찾고 있을지 모른다.

노인의 육체적 쇠락을 당연하게 여긴다면, 그들에게 큰 변화를 일으킬 수도 있는 별도의 의학적 관심을 기울일 가능성은 낮아진다. 미세한 차도는 눈에 띄지 않을 확률이 높으므로, 의학적인 자원이 부족할 때 노인들은 맨 처음에 도움을 거절당할 것이다. 나이 많은 노인들이 이런 편견을 진실로 받아들임으로써 문제는 더욱 악화된

다. 의학계도, 노인 환자들 자신도 그 같은 짐작에 의문을 품지 않는
다. 성인이 된 자식들 또한 노년의 부모를 다룰 때 종종 무기력감을
느끼면서 사태는 더욱 심각해진다. 이 모든 사고방식에 의문을 제기
하는 것으로부터 변화는 시작될 수 있다.

부정적인
고정 관념에
압도되지 않으려면

부정적인 고정 관념에 대한 무의식적인 수긍은 다음 세 가지 과정으로 연결되어 나이 든 성인들의 건강에 부정적인 결과를 낳을 수 있다. 첫 번째 과정은 쇠락에 대한 자기 충족적 예언이다. 나이 든 성인들이 노화가 신체 또는 인지력의 손상과 관련 있다고 여기는 한, 그 같은 짐작은 행동에 대한 의식적인 압력을 통해 사실로 입증될 수 있다. 이 같은 자기 충족적 예언의 또 다른 측면은 모호한 정보에 대한 해석과도 연관된다. 나이 든 성인들은 스스로 부족하리라 예상하기 때문에, 자신의 행동과 경험을 육체적인 쇠락의 증거로 해석할 가능성이 높다.

손녀와 온종일 정원에서 일한 할아버지가 다음 날 아침 깨어나 허리 통증을 느끼는 상황을 상상해 보자. 할아버지는 나이 든 사람들이 여기저기 쑤시고 아플 가능성이 많다는 것을 알기 때문에, 허리 통증을 나이 때문이라고 여긴다.

"허리가 아프네. 내가 나이 들었다는 증거가 틀림없어."

이 같은 연상 작용은 스스로 만들어 낸 사전자극으로 작용해, 단순히 허리가 아픈 결과 이상으로 걸음까지 느려지게 만들 수 있다. 이런 식으로 나이와 연관된 또 하나의 고정 관념을 확인해 주는 것이다. 나이와 육체적인 쇠락을 곧장 연결시켰으므로, 할아버지는 손녀도 다음 날 아침 똑같이 뻐근한 허리로 깨어났지만 그 이유를 네 시간이나 잡초를 뽑은 탓이라고 여겼다는 사실은 상상도 하지 못한다.

노화에 대한 개인의 부정적인 예상은 다른 사람들의 예상과 상호 작용해 다시 자기 충족적 예언으로 이어지기도 한다. 83세 조지와 45세 마사는 둘 다 노화가 인지력 쇠퇴와 관련이 있다고 믿는 사람들이다. 조지에게 어떤 개념을 설명할 때, 마사는 내용을 단순하게 전달하려고 시도한다. 지나친 단순화는 특정한 세부 사항을 빠뜨리기 마련이라 조지는 마사의 이야기가 단순하게 정리되었음을 알아차리지만, 세부 사항이 빠졌으므로 내용상 혼란을 느낀다. 연구 결과에 따르면, 조지는 자신의 혼란스러움을 마사의 설명이 부족했기 때문이라고 여기는 대신 나이 탓이라 여기며 걱정할 뿐만 아니라, 두 사람의 예상대로 행동까지 변화한다.

이러한 효과에 대한 긍정적인 본보기를 시도한 연구에서는, 교사로부터 지적인 성장이 크게 향상되려는 순간에 놓여 있다는 칭찬을 들은 학생들이 또래들에 비해 교사들에게 훨씬 호의적인 평가를 받았을 뿐 아니라 대조군의 학생들보다 IQ도 높아졌음이 관찰되었다.[93] 자기 충족적 예언에 대한 수많은 조사는 주어진 상황에서 상호작용에 참여한 이들 모두의 태도와 행동에 유사한 효과가 있음을 입증한다.

자신에 대한 통제력을 잃지 말아야 한다

의존적인 느낌 또한 건강에 미치는 부정적인 효과에 직접적인 관련이 있다. 노화에 대한 부정적인 고정 관념은 통제력 상실을 악화시킴으로써 노인들에게 건강이 악화될 수 있다는 사회 심리적인 불안감을 키운다. 통제력의 발휘 자체가 중요한 것이 아니라 진실이든 아니든 주어진 상황에서 통제력을 발휘할 수 있다는 믿음이 중요하다는 연구 결과는 흔히 볼 수 있다. 환경의 제한이나 신체적인 한계로 통제력을 발휘할 기회가 박탈되면 우리는 일종의 '학습된 무기력감'을 경험한다. 이어서 마틴 셀리그먼(Martin Seligman)의 무기력감 실험에서 볼 수 있는 것처럼 환경적인 제약이 더 이상 존재하지 않는 상황에서도 계속 통제력을 포기한다.

이러한 상실감은 곧장 건강 관리 측면에서의 통제력 발휘 부재로 전환된다. 60세가 넘은 사람들은 흔히 자신의 건강과 관련한 결정에 통제권이 주어지는 것을 원치 않아, 주어지는 정보가 적은 것을 선호하며 건강 관리 전문가가 대신 결정해 주기를 바란다고 알려져 있다. 하지만 연구 결과 통제력에 대한 욕망 감소와 나이의 관계는 자신감 인식에 영향을 받는다는 것이 밝혀졌다. 즉, 스스로 결정하는 능력이 부족하다고 인식하는 사람이 통제력에 대한 욕망도 적다는 의미다. 94)

신체적·환경적 변화가 나이 든 성인들에게 통제력을 제한하는 한, 인생의 일부 측면에 대한 통제력 인식은 더욱 중요해진다. 심리학자 로렌스 펄뮤터(Lawrence Perlmuter)와 안젤라 이즈(Angela Eads)가 실시한 연구에서, 기억력 향상을 위해 병원을 찾은 나이 든 성인 남성들에게 과제에 대한 어느 정도의 통제력을 부여한 조건과 통제력을 전혀 부여하지 않은 조건에서 기억력 테스트를 받게 했다. 95) 그 결과, 강화된 통제력 조건에서 테스트 받은 실험 참가자들은 통제력 없이 테스트에 임한 참가자들에 비해 좋은 성적을 보였다. 두 번째 연구에서도 추후 기억력 과제에 대한 성과가 향상되었으므로, 통제력 상실이 성과를 방해하는 것과 동일한 방식으로 통제력 증가가 성과에 동기를 부여할 수 있음을 보여 준다.

지나친 배려가 노인들의 삶을 악화시킨다

노화에 대한 부정적인 고정 관념이 나이 든 성인들에게 피해를 줄 수 있는 세 번째 메커니즘은 그들을 배려하기 위해 생겨난 보호 시설 자체에서 비롯된다. 건강 관리 전문가들도 노화에 대한 부정적인 고정 관념의 영향에서 자유롭지 못하다. 오히려 노인 개개인의 건강을 위협하는 고정 관념의 지배를 받을 가능성이 있다. 간호사들은 다른 연령대보다 노인 환자들에 대해 더욱 부정적인 선입견을 품고 있다. 노인들에 대한 이 같은 오해와 염려는 전문가들이 노인에게 건강 관리를 제공하는 데 장애물로 작용한다. 의사들도 나이 든 환자들에게는 치료법의 성공 여부나 병의 진행 과정에 영향을 미칠 수 있는 다른 의학적 요인을 고민하는 일 없이 덜 적극적인 치료를 제공해 왔다.

50세 이상의 미국과 캐나다인을 대상으로 한 어느 조사에서는 건강 관리를 책임진 의료진이 질병의 원인을 단순히 환자들의 나이 탓이라거나 '너무 늙어서' 어떠한 활동에 참여할 수 없기 때문이라고 말한 적 있다고 응답한 비율이 50퍼센트 이상이었다.[96] 이런 식이라면 노인에 대한 부정적인 고정 관념이 의료 관리에 대한 접근을 제한하고, 환자와 의료진 간의 소통을 방해하며 치료에 대한 선택권을 감소시킴으로써 잠재적으로 건강 관리에 직접적으로 악영향을 미친다고 봐도 무방할 것이다.

노인을 치료하기 위해 만들어진 대다수의 관리 체계는 의존성과 통제력 상실의 느낌을 지속시킨다. 요양원에서 실시된 연구에 따르면, '지나친 도움'은 개개인에게 스스로의 무기력함과 무능함을 암시함으로써 이전에는 해낼 수 있던 과제의 성취도마저 형편없이 떨어뜨리는 원인이 될 수 있음을 지적한다. 마치 시계 거꾸로 돌리기 연구가 보여 준 결과처럼 말이다.

마르그레트 발테스(Margret Baltes)와 동료 교수들이 수행한 여러 연구는 '의존성 지원 규약'이 노인과 교류하는 동반자들 사이에 이루어지는 수많은 사회적 상호작용을 정의하며, 독립적인 행동은 무시하고 계속해서 도움을 주면서 의존적인 행동을 강화시킨다는 사실을 입증했다. [97] 이 연구들은 의존성 지원 규약이 보호 시설 환경에서 가장 확고하고 만연해 있다고 설명한다. 예를 들어 아이들이 '수양 조부모를 선정하는' 프로그램을 마련한 요양원과 노인들 쪽에서 '수양 손자를 선정하는' 프로그램을 마련한 요양원이 있다고 생각해 보자. 노인들이 은연중에 주도권을 갖게 되는 것은 후자다.

과거와 현재는
서로
비교될 수 없다

수년 전 심리학자인 로렌스 펄뮤터와 나는 요양원 거주 노인들의 통제력을 높일 방법을 개발했다. 바로 다양성에 주목함으로써 통제력을 향상시킬 수 있다는 생각을 주입시키는 것이었다. 간단히 말하자면, 우리는 아침에 어떤 종류의 주스를 먹을 것인가 같은 가장 일상적인 활동에서조차 노인들이 외면해 온 다양한 대안에 주목하도록 했다. 이러한 관찰 과제는 가장 무의식적으로 대하던 일상 활동에 내포되어 있던 선택권을 노인들에게 상기시켜 주었고, 그에 따라 그들이 인지하고 있는 통제력을 향상시켰다.

많은 노인에게 노화는 점점 좁아지는 자아 정의(self-definition)와 관련이 있다. 능력이나 기회, 관점의 변화는 스스로 자신의 '과거 모습'

과 현재를 비교함으로써 지금 맞닥뜨린 한계에 집중하도록 만들 수 있다. 노화를 한계나 상실감이 늘어나는 과정으로 이해하면 행동을 곧 자신의 정체성과 동일시하는 결과로 이어진다. 즉, 제한된 특정 행동의 측면에서만 자신의 본모습을 정의할 수 있는 것이다.

화가로서의 정체성이 강한 노인의 손에 붓을 잡기 어려울 만큼 관절염이 진행되었다고 상상해 보자. 아무 생각 없이 이 상황을 평가하면 어느 시점에 이르러 그에게 더 이상 화가일 수 없다는 사실을 받아들이도록 종용하게 될지도 모른다. 도움을 받아 새로운 취미를 개발할 수도 있고, 젊은 시절에 창작한 예술 작품 전체를 반추해 달라는 부탁을 받을 수도 있는 데 말이다.

화가로서의 경력이 끝장났다는 사실을 받아들이는 대신에 이로 붓을 물거나 손가락 채색 기법, 스프레이형 물감을 실험할 수도 있다. 캔버스에 물감을 쏟는 등 그림 그리는 방법을 달리 생각해 보는 것도 가능하다. 새로운 그림 화법에 관심이 없거나 만족하지 못한다고 하더라도, 능력에 의식을 집중한다면 여전히 탁월한 솜씨를 보일 수 있는 여러 행동의 주인으로서 '화가'라는 개념을 확장할 수 있다.

'화가'란 세상을 바라보는 특별한 방식, 예술을 이해하고 해석하는 방식, 색깔을 맞추고 의미를 부여하는 재능을 의미할 수 있다. 이 사람은 그러한 측면의 자아를 포기할 필요가 없으며, 그림을 그리지 않는 순간에도 언제나 화가일 것이다. 가장 중요한 점은 여전히 붓으로 그림을 그린다고 하더라도 관절염을 앓기 전과 전혀 다른 그림을 그리리라는 점이다.

만일 변화를 열등함이 아닌 차이로 받아들인다면, 완전히 새로운 화법을 개발할지도 모른다. 자아를 정의하는 범주에 이해와 행동을 구체화하는 환경적·동기적 영향의 다양성을 확장시킨다면, 나이 든 사람들도 단순히 상실감을 느끼는 대신 일생에 걸친 연속성에 초점을 맞출 수 있다.

앞서 예로 들었던 전직 테니스 선수 노인처럼 체력이나 민첩성이 떨어져 과거에 즐기던 스포츠를 똑같이 즐길 수 없더라도 얼마든지 스스로를 운동선수라고 여길 수 있다. 이 같은 개념의 확장은 하향 비교를 권장하는 사회적인 경향과는 차이가 있으며, 노인들이 동년배와 비교해서 여전히 훌륭한 상태를 유지하고 있으므로 스스로 '운동선수'라는 데 뿌듯함을 느낄 수 있도록 장려한다. 대조적으로, 이러한 자아 정의의 틀은 사회적인 비교에 의존하지 않기 때문에 더 흡족하고 더 오래 지속된다.

세상과 주변에
관심을
기울이라

의식을 집중해 세상을 바라보면 사람들에 대한 차별이 아니라 사람들 사이의 차별을 늘임으로써 편견과 고정 관념을 줄일 수 있다. 특정 개개인을 적극적으로 구별함으로써 얻어지는 의식의 집중은 한 가지 특징만으로 상대를 정의하는 잘못을 막아 준다.

'톰과 조운은 늙었다' 같은 포괄적인 특징은 '톰은 백발이고 휘파람을 분다, 조운은 손톱에 빨간색 매니큐어를 칠했고 지팡이를 짚고 걷는다' 같은 식으로 보다 차별화되어 그 사람이 어디에 속해 있는지가 아니라 개인의 개성으로 인식될 수 있다.

이 같은 차별화가 없다면 겉보기 나이와 실제 나이의 상관관계는 가공의 상관관계 때문에 과장될 가능성이 높다. 가령 노인들이 젊은 사람들보다 백발일 확률이 더 높지만, 우리는 모두 예외를 떠올릴 수 있다. 그럼에도 우리는 낯선 사람들에 대해서는 대개 이런 가설을 확신하여 백발의 젊은이는 실제보다 훨씬 나이가 많다고 짐작하고 검은 머리를 지닌 노인은 더 젊으리라 짐작한다.

특징과 능력 역시 마찬가지다. 우리는 만나는 사람들에 대해 보다 많은 차이를 알아차림으로써 우리는 그들을 구분하는 능력을 키우고 자의적인 분류가 얼마나 쓸모없는지에 대한 이해력까지 연마할 수 있다.

노화를 쇠락이 아닌 변화로 받아들일 때

인지력의 쇠락은 그 자체만으로도 중요하지만 대개 육체적인 쇠락으로 이어지기 때문에 더욱 중요하다. 이제껏 살펴보았듯, 인지력 쇠락에 대한 추정은 몇 가지 요인을 간과한다.

1. 노인과 젊은이는 서로 다른 동기에 의해 자극된다.
2. 모든 인지 능력 검사는 젊은 성인들이 고안한 것이다. '게임보이', '마작' 같은 용어를 사용한 기억력 검사 결과를 상기해 보자.
3. 나이 들수록 기억력이 감퇴하는 것일까? 아니면 일단 전반적인 규칙을 갖추고 나면 규칙의 예시들이 덜 중요해지는 것일까?
4. 대인 관계에 대한 관심과 염려는 인지력 상실을 덮어 주는 가면이 될 수 있으며, 골칫거리(누가 했고 왜 했는지 무슨 상관인가. 인생은 지

^{금부터다.})가 아니라 재산이 될 수 있다. 나쁜 일들을 '잊어'버리면 우리는 과거에 연연하지 않고 앞으로 나아갈 수 있다. 망각은 현재를 살아가고 있다는 신호다.

나이 많은 성인들은 노화와 관련된 진짜 난관에 직면할 수도 있다. 그러나 노인이든 아직 아니든 사람은 자신의 발달 수준을 넘어서는 상황을 볼 수 없다.

이 사실을 깨닫고, 노화가 쇠락이 아닌 변화라는 사실을 받아들이자. 자율성을 부추기고, 적극적으로 분별력을 키우며, 자신은 물론 자신을 둘러싼 주변 사람들의 다양성에 관심을 기울이자. 그렇게 나이를 근거로 능력을 판단하는 기준의 유용성에 의문을 제기하며 사는 편이 훨씬 낫다.

이제는 '그들'을
어떻게
대할 것인가

우리의 몸은 끊임없이 변한다. 의식을 집중해 그 사실을 받아들이고 언급하면 무심한 관찰자에게는 사라져 갈 뿐인 심신의 기능에 대한 통제력을 회복할 수 있다. 말하자면 우리의 몸 구석구석은 서로 다른 속도와 방식으로 변하는 중이다. 마찬가지로, 우리 문화도 서로 다르게 나이 먹어 가는 사람들로 이루어져 있다.

우리는 어떠한 집단이든 단일한 독립체로 보는 경향이 있다. 그들은 똑같이 생기고 똑같이 행동하는 것처럼 보인다. 따라서 아직 늙지 않은 이들의 눈에 비친 노인들은 좀 더 가까이에서 관찰할 때 드러나는 것보다 유난히 더 비슷해 보일지 모른다.

우리가 집단 내 구성원 간에 차이점을 알아차리는 이유는 그들과

늙는다는 착각

상호작용하고 개별 존재로 인식하려는 필요가 크기 때문이다. 마찬가지로 주변 노인들에게도 의식을 집중해 대해야 한다. "왜 오늘 이 시간에 내 천식이 좀 나은 것 같지?" 묻는 것처럼 "93세의 존이나 96세의 낸시가 요즘 저렇게 건강하시지?" 묻는 것도 가능하다.

그들의 활기찬 심신을 유전적 요인 덕분이라 여길 수도 있지만, 그러면 그들에게 배움을 얻을 가능성을 부인하는 꼴이다. 그들이 젊은 시절에 규칙적으로 운동하고, 건강한 식습관을 유지했으리라 추측할 수도 있지만, 우리 자신이 50세가 넘었을 때 그런 추측이 도움이 되리라고 기대할 수는 없다. 지금 그들은 무엇을 하고 있는가? 활력의 원인을 좀 더 구체적으로 파악할수록 우리가 그들에게 배움을 얻기도 쉬워진다.

우리의 이해가 정확한지는 결코 알 수 없겠지만, 최소한 세 가지 면에서 얻는 것이 있다. 첫째, 관찰은 의식의 집중을 높인다. 둘째, 노인들은 우리가 의식을 집중해 대하는 태도를 긍정적으로 받아들일 가능성이 높다. 셋째, 노인들에 대해 잘못 이해하더라도 우리가 만들어 낸 변화는 스스로에게 도움이 될 수 있다. 예를 들어, 낸시가 오늘 아침 식사 전 산책했음을 알아차린 나는 그것이 낸시의 건강 비결일지 모른다고 짐작해 한번 시도해 보기로 결심한다. 낸시의 건강 비결이 만약 유전자의 결과라고 하더라도, 그 행동은 나에게 도움이 될 것이다.

사실은 노망이 아니었던 할머니

가족 구성원 모두가 의식을 집중하도록 배운다면, 우리 모두가 직면하는 문제가 줄어들 수 있다. 앞서 설명했듯 수년 전 우리 할머니가 노망으로 진단받았을 때, 내가 보기에는 할머니가 여전히 멀쩡했으므로 나는 틀림없이 진단이 잘못되었을 것이라고 생각했다.

좀 더 나이가 들고 나서 나는 노망(이제는 치매라고 불린다.) 진단을 받은 사람들이 항상 그런 증상을 보이지는 않는다는 사실을 알게 되었지만, 한동안은 그렇게 믿고 지냈다. 할머니의 경우 노망 진단을 받은 다른 노인들처럼 종종 문제가 드러났지만 항상 그런 것은 아니었으므로 나는 진단이 옳을지 모른다고 생각했다. 그런데 의사들이 할머니의 노망 진단은 틀렸으며, 사실은 뇌종양이었음을 발견했다.

내 머릿속은 또다시 할머니의 증상이 더러 나타났지만 항상 그런 것은 아니었다는 문제로 가득 찼다. 가까운 사람이 비이성적으로 보이는 경우는 아마 우리 모두 겪는 일이라고 생각한다. 확실한 치매로 진단받으려면 얼마나 비이성적여야 하며 얼마나 오래 그런 증상을 보여야 할까? 하루 중 15퍼센트를 완전히 '정신을 놓으면' 자격이 될까? 20퍼센트? 대체 누가 그 정도를 결정하는 것일까?

내 머릿속에는 또 다른 의문이 생겨났다. 어떤 사람이 주어진 시간의 65퍼센트 동안 비이성적이어서 대부분의 사람이 이 사람에게 진짜 문제가 있다고 생각한다고 치자. 나머지 35퍼센트의 시간에는 어떤 일이 벌어질까? 이것이야말로 학자들이 이 문제를 연구할 때 고려해야 할 부분이 아닐까?

우리 할머니가 하루 중 대부분 노망기를 보이지만 나와 함께할 때는 멀쩡하다면, 따뜻하게 대하고 위협적이지 않은 환경이 병을 막아 주는 것이 아닐까? 단순히 내가 면회 간 시간 때문이었을까? 만일 그렇다면 그 시간대에 할머니의 신체 상태는 다른 때와 어떻게 차별화되는가? 이러한 관점에서 생각해 보면 심사숙고해 볼 만한 다양한 의문점이 발생한다. 그리고 다양한 의문에는 다양한 해답이 따를 확률이 높다.

'기억력이 나쁘다'고 자가 진단을 내린 우리 아버지는 이 책을 집필 중인 현재 플로리다주 보카 레이턴의 어느 요양 시설에 있다. 사실 나는 아버지가 쉬고 있는 동안 아버지 방에서 이 글을 쓰고 있다. 우리는 조금 전 카드놀이를 했다. 나는 어릴 때 아버지에게 진(카드놀이의 일종-역주)을 배운 다음 아버지와 만날 때마다 이 게임을 한다. 첫 번째 게임이 한창 진행되어 내 패가 좋아 보이자, 나는 아버지가 이기도록 해야 할지, 그렇게 하면 너무 잘난 체하는 것은 아닌지 고민에 빠졌다. 내가 고민하느라 바쁜 사이, 아버지가 "진"을 외쳤다. 아버지의 카드를 보니 정말로 이긴 판이었다. 아버지는 다음 판도 내리 이겼다. 나는 세계적으로 유명한 대학의 교수이고 카드 솜씨도 나쁘지 않다. 그런데도 치매를 앓고 있다고 여겨지는 사람이 방금 다섯 게임 가운데 세 게임을 이겼다.

10장

마지막 순간까지 건강한 사람

건강 학습하기

노년에는 양식 대신 지혜를 먹고산다는 사실을 마음 깊이 새긴다면,
늙어서 궁핍하지 않도록 젊은 시절에 열심히 지혜를 쌓아 둘 것이다.

_레오나르도 다 빈치

COUNTER

CLOCK

WISE

착각에서
벗어난
삶

시계 거꾸로 돌리기 연구의 끝이 가까워지면서 나는 참가자들의 달라진 겉모습을 눈치채지 않을 수가 없었다. 서 있는 자세가 꼿꼿해졌고, 전보다 빨리 걸었으며 좀 더 자신감 있게 이야기를 나누었다.

마지막 날 아침이었다. 혈압을 재려고 프레드에게 왼팔 셔츠를 올려 달라고 부탁하자, 그는 다정하지만 확고하게 오른팔로 재는 것이 좋겠다고 말했다. 프레드는 우리보다 자신에게 더 편한 자세를 알고 있었고, 그것을 망설이지 않고 우리에게 말했다. 존은 나와 식욕이 거의 비슷한 수준으로 올라왔으며 저녁마다 식사하러 가는 발걸음이 점점 빨라지는 듯했다. 프레드가 그렇게 많이, 빨리 먹으면 안 된다고 말하자 존은 이렇게 대꾸했다.

"누가 그럽디까?"

며칠 뒤 이 말은 거의 후렴구가 되었다. 누군가 다른 사람에게 무엇을 해야 한다거나 하지 말아야 한다고 참견하면, "누가 그럽디까?"라는 말이 튀어나왔다. 때때로 이 말을 하며 미소 짓기도 했다.

1981년에 처음 이 연구에 관해 글을 썼을 때는 나의 경험을 온전히 묘사하기가 망설여졌다. 그랬다가 실험 결과가 받아들여지지 않고 거부될지 모른다는 생각 때문이었다. 좀 더 나이가 들고 보니 전체적인 경험에서 가장 보람 있었던 부분을 묘사한다고 해서 큰 위험이 있을 것 같지는 않다. 연구에 참여한 노인들 상당수는 그 전까지 죽을 날이 얼마 남지 않은 사람들로 여겨졌는데, 실험이 끝난 뒤 어떤 노인은 지팡이 없이 걷기 시작했다.

노인들이 보여 준 특별한 변화

수도원에서의 마지막 날, 우리는 건물 밖에서 버스를 기다렸다. 대학원생 하나가 미식축구 공을 가져온 터라 다른 학생들과 던지고 받으며 놀고 있었다. 나는 인터뷰에서 상당히 쇠약해 보였던 짐에게 혹시 캐치볼에 참여하고 싶은지 물었다. 그는 그러겠다고 했고 다른 이들도 재빨리 우리와 함께하겠다고 나섰다. 어느 틈에 우리는 앞뜰 잔디밭에서 즉석 미식축구 경기를 벌이고 있었다. 우리의 놀이를 NFL(북아메리카 프로 미식축구 리그-역주)과 혼동할 사람은 아무도 없겠지만, 연구 시작 전까지만 해도 이런 일이 가능하리라고는 아무도 예상하지 못했다. 15분 뒤, 방금 일어난 일에 깜짝 놀라기도 하고 활기로 충만해진 나는 살짝 아쉬운 마음으로 귀가 버스에 몸을 실었다.

하버드 대학교의 윌리엄 제임스 홀에 있는 연구실로 돌아온 우리는 연구 과정에서 수집한 자료들을 분석했다. 아직은 참가자들의 향상 여부를 판단할 올바른 평가 방법을 선택했는지, 자료가 통계학적으로도 유의미할지 알지 못했지만, 솔직히 나에게는 모든 것이 별 상관없었다. 노인들이 보여 준 변화는 각 집단과 일주일씩, 2주간 우리가 기울인 모든 노력에 대한 충분한 보상이었다.

앞에서도 이야기했듯, 두 집단 모두 체력, 손재주, 걸음걸이, 자세, 이해력, 기억력, 인지력, 미각 민감성, 청력, 시력 평가에서 결과가 향상되었음을 확인했다. 그러나 우리가 시계를 거꾸로 돌려놓은 집단(1959년을 '현재'로 경험한 이들)이 대부분의 평가에서 더 크게 향상된 결과를 보여 주었다. 그 집단이 더 건강하고 젊은 것 같다는 우리 느낌을 확인하기 위해 우리는 연구에 대해 전혀 모르는 4명에게 수도원으로 떠나기 전과 연구 마지막 날 찍은 노인들의 사진을 모두 무작위로 보여 주었다. 이 객관적인 관찰자들은 각 참가자의 실험 이전이나 이후 사진 중 하나만 보고 노인들의 나이를 짐작해 보라고 요청받았다. 그들은 우리가 시계를 거꾸로 돌려 놓은 참가자들의 외모가 연구 이전보다 이후에 2살 이상 젊어 보인다고 말했다.

낯선 이들과 불과 일주일을 함께 지낸 후에 나타난 결과였다. 우리 문화가 노년에 대해 갖고 있는 우리의 고정 관념과는 사뭇 다른 사고방식을 제공한다면 어떤 일이 일어날까? 그 가능성을 상상해 볼 수 있는 대목이다.

죽음이 아닌
삶을
바라보라

　죽음은 피할 수 없고 이후에 대해서는 알 수 없지만, 우리는 분명 죽음 이전의 삶에 영향을 미칠 수 있다. 이제껏 배운 사실을 모두 취합하면 우리는 건강을 이해하는 새로운 방법과 만날 수 있다. 내가 제시한 몇몇 연구 결과는 우리가 의학 정보에 반응하는 전통적인 방법에 의문을 품어야 하는 이유와 새로운 방법을 찾아야 하는 동기를 제공한다.

　의사들도 어느 정도까지만 알 수 있으므로 의학 자료는 절대적인 진실이 아니다. 의료계의 언어에 우리의 선택권을 박탈해 버리는 결정이 숨어 있고, 불치라는 말은 사실 불확실하다는 의미이며, 우리의 믿음 및 그와 관련된 외부 세계 대부분은 사회적으로 구성된 것임을 인식한다면 이제 새로운 길을 모색할 마음가짐을 갖췄다고 말할 수 있다. 가변성에 주목하고 우리가 만들어 낼 수 있는 사소한 발전이 언제나 존재함을 이해한다면, 우리는 이 새로운 길을 떠날 준비가 된 셈이다.

자동차 브레이크에서 처음으로 끽 소리를 들으면 나는 브레이크 패드를 교체해야 함을 깨닫는다. 매일 조금 더 브레이크에 주의를 기울였다면 나는 약간이나마 덜 끔찍한 소음의 단계에서 문제를 알아차렸을 것이다. 그다음에는 좀 더 주의를 기울여 일찍 문제를 잡아낼 수도 있을 테고, 마침내 브레이크 작동에 대단히 민감해져서 문제가 일어나기도 전에 피할 수 있다. 우리 건강 문제도 똑같다. 발목에 약간 '이상한' 느낌이 감지되었다면 좀 더 주의를 기울여 곧장 겪을 가능성이 있는 염좌나 골절을 피할 수 있다. 피부색이나 소변의 색깔에서 미묘한 변화를 알아차린다면 응급 상황 전에 충분히 문제를 파악해 조치할 수 있을 것이다.

이러한 것을 얻으려면 더욱 의식을 집중하겠다는 결심부터 해야 한다. 나는 가끔 거의 쓰러질 때까지 전속력으로 질주한다. 종종 배가 터질 듯 부른 다음에야 먹는 것을 멈춘다. 내가 좀 더 일찍 주의를 기울인다면, 먹는 것을 멈추고 포크를 내려놓도록 유도하는 신호가 분명 존재할 것이다.

작은 걸음에 주목하기

20대에 나는 매우 자주 기절했다. 의사들은 경미한 간질에 걸렸을지도 모른다고 말했고, 나는 겁을 먹었다. 이후 검사를 받고 그들은 내가 간질에 걸린 것이 아니라는 결론을 내렸지만, 무엇이 잘못됐는지는 찾아내지 못했다. 나는 문제를 직접 해결할 수밖에 없었고 기절할 것 같은 느낌이 들 때마다 점점 더 빨리 스스로를 '붙잡으려고' 시도했다. 정확히 내가 무슨 행동을 했는지는 알 수 없지만 이후로는 기절하지 않았다. 과학자로서 나는 증상이 저절로 사라졌을지도 모른다는 가능성을 인정한다. 그럼에도 상황을 통제하려는 나의 시도는 자체적으로 힘을 발휘했다.

그렇지 않다는 것을 알면서도 일이 불가능하게 느껴질 때가 종종 있다. 앞에서 이미 지적했지만, 20킬로그램을 빼는 것이 어마어마하게 생각된다면 30그램만 뺀다고 상상해 보라. 이 전략을 채택하면 아마도 진척 과정이 일직선으로 이어지지 않을 것이다. 쉽게 전진할 때도 있지만 때로는 그렇지 못하다. 어제의 전진이 오늘 보면 실패다. 이처럼 작은 걸음에 주의를 기울여 변화의 양상을 깨닫고 전진이 얼마나 불안한지 아는 것은 제논의 역설 뒤집기 전략을 좇는 과정에서 아마도 가장 중요한 부분이다. 그리하여 얻어지는 결과는 가변성에 쏟는 주목이다.

문제와 맞닥뜨릴 수밖에 없는 대부분의 상황에서 우리가 가변성에 관해 배운 내용을 실용적으로 써먹을 방법이 존재한다. 2, 3시간마다 특정한 증상을 경험하는지의 여부와 증상이 나타날 때의 주변 상황을 기록하는 식으로. 이런 방식으로 얻을 수 있는 것은 여러 가지다. 첫째, 대부분의 시간 동안 아마도 증상이 나타나지 않는다는 사실을 보여 줄 것이다. 둘째, 우리가 증상을 겪을 경우의 유사성이 드러나 은연중에 그것을 통제할 방법이 제시될지도 모른다. 셋째, 기록하기 위해 상황 인식에 시간을 들이는 행위 자체가 의식을 집중하는 행동이라는 장점이 있다.

제임스 펜베이커(James Pennebaker)는 의식을 집중해 글을 쓰면 스트레스로 병원을 찾는 빈도수가 줄어들고 면역 체계 기능 향상, 혈압 강하, 폐 기능 향상, 간 기능 향상, 병원 입원 기간 단축, 기분 및 감정 향상, 정신적인 행복감 증가, 시험 전 우울증 감소를 포함해 다방면으로 건강이 향상되는 결과를 낳는다는 연구 결과를 확인했다.[98]

의식을 집중해 맥락을 만들어 내기

우리들 대다수는 몸의 변화를 눈치채지 못해 다 망가질 때까지 기다린다. 내 친구 메리도 그랬다. 메리는 가슴에 멍울이 있어 조직 검사가 필요하다는 말을 듣고 겁을 먹었다. 나는 메리 나이 또래 여성들에 관한 통계로 친구를 안심시키려 했다. 숫자상으로 그녀는 암에 걸릴 확률이 거의 없었다. 메리는 아무리 확률이 낮더라도 자신이 100명 중 하나일 수도 있다며 내 의견을 거부했다.

"때가 되기도 전에 미리 걱정하지 마."

늙는다는 착각

암으로 판명된다면, 그때 가서 걱정할 시간은 충분할 터였다. 그러나 조직 검사 일정이 즉각 잡히질 않아 친구는 공포 속에 살아야 했다. 다행히 내 친구의 이야기는 좋게 끝났다. 종양은 양성이었다. 검사 결과를 기다리는 동안의 어려운 시간 동안 내가 어떻게 해야 메리에게 도움이 되었을까? 암이 곧 사형 선고라는 믿음은 너무도 강렬하고 두려움에 사로잡혔을 때 우리 정신력은 형편없이 약해짐을 감안할 때, 대부분의 합리적인 생각은 '쇠귀에 경 읽기'로 전락할 것이다.

이때 친구가 자신을 어떻게 도울 수 있을지 고민했다면 어떨까? 그녀가 간혹 좀 나을 때도 있고 나쁠 때도 있는 자기 몸의 생리학적인 상태의 가변성에 주목했다면 몸 상태를 낫게 하기 위한 식이 요법이나 운동, 다른 요인들을 고민하며 자제력을 되찾으면서 결국 심리상태도 나아졌을 것이다.

스스로를 도우려 노력을 기울이는 것만으로도 실제로 도움을 받을 수 있다. 이는 매우 귀중한 방법이다. 기다림은 어려운 일이다. 마냥 기다려서는 안 된다. 정신을 다른 곳에 두는 일은 유용할지 모르지만 아주 오래 지속되지는 못한다. 메리의 경우, '딴 데 정신 팔기'는 실제로는 자신이 직면한 문제에 더 집중하는 일이었다. 스스로를 도우려고 노력한다면 남들은 물론, 무엇보다도 자기 자신에게 무력해 보이지 않을 것이다.

어느 연구에 따르면, 개는 종양에 걸린 사람을 알아차릴 수 있다고 한다.[99] 우리도 미묘함에 대한 감각을 강화시키면 그렇게 될 수 있을지도 모른다. 한 번에 아주 작은 한 걸음씩 말이다. 현재 우리가 그럴 수 없다는 사실은 아직 우리가 방법을 찾지 못했음을 뜻할 뿐이다. 그러나 가능성을 열어 둔다면 그 방법을 찾을 확률이 더 높다.

　내가 30년 이상 연구한 의식의 집중은 적극적으로 대상을 구별 짓는 단순한 과정이다. 그것은 우리가 이미 알고 있다고 생각할지 모르는 대상에서 무언가 새로운 것을 찾아내는 일이다. 우리가 무엇을 알아차리든, 영리한 발견인지 어리석은 발견인지는 상관 없다. 중요한 것은 그저 알아차린다는 사실이다. 그렇게 하면 우리는 현재에 발을 딛고 맥락과 관점을 더 잘 파악하며, 미처 알아차리지 못하고 지났을지 모를 기회를 이용할 준비된 자신을 발견할 것이다. 사회 심리학을 연구하는 나의 동료들은 행위가 맥락 의존적이라고 말하기를 즐긴다. 의식을 집중하면 우리가 맥락을 만들어 낼 수 있다는 뜻이다.[100]

과학적 분류의 덫에서 빠져나오기

　우리는 과학이 따라잡을 때까지 기다렸다가 과학이 제안하는 대로 행동할 수도 있고, 아니면 오늘 당장 자기 자신을 돌보는 일에 좀 더 개입할 수도 있다. 과학자들도 종종 우리와 똑같이 무심함의 덫에 빠져들기 때문에 기다린다면 꽤 오래 걸릴지도 모른다. 분류 자체가 애당초 불확실한 결정을 바탕으로 삼고 있음을 잊고, 우리가 얼마나 맹목적으로 그 분류의 덫에 빠져 있는지 생각해 보자.

과학자로서 우리는 뇌를 반으로 나누어 좌우를 비교한다. 이는 여러 측면에서 유용하지만, 뇌를 다른 방식으로 분류해도 유용할 수 있음을 우리가 잊는다면 한계로 작용하기도 한다. 지금 현재 좌뇌와 우뇌를 들여다봄으로써 뇌를 연구하는 이유는 공간상 반구형으로 분명히 경계가 있고 해부학적으로 유사하기 때문이다. 가령 우뇌에 집중해 있는데 그곳에서 문제가 발생한다면 뇌의 모든 부분이 제대로 기능하고 있지 않으므로 치료의 가능성이 없다고 결론 내릴지도 모른다. 논의를 위해 좌우가 아니라 상하로 나눈다면 뇌의 일부가 아직 기능한다고 여겨 성한 부분을 보강하고 나머지를 '고칠' 방법을 찾아볼 수도 있는데 말이다.

지금 현재 우리는 의료계가 위약에 맞서 실험된 약물을 공급하기를 기다린다. 다른 이들은 위약 자체가 강력한 약물임을 인정했다. 플라시보 효과를 조명하는 수많은 연구에서 피험자들은 자기네들이 먹는 알약이 '진짜' 약이라고 생각하거나, 카페인이 든 커피를 마셨다거나, 진짜 덩굴 옻나무 잎을 만졌다고 여기는 속임수에 넘어갔다. 플라시보의 힘을 밝히는 이 모든 본보기에서도 의문은 남는다. 치료 작용을 하는 것은 대체 누구인가? 플라시보는 비활성 물질이므로, 증상이 나아진 책임은 틀림없이 우리에게 있다. 만일 우리가 플라시보의 효능에 책임이 있다면 건강에 영향을 미칠 좀 더 직접적인 방법을 배울 수도 있다.

'이 알약은 건강해지도록 우리의 생각을 사전자극하는 것밖에는 하는 일이 없다고 할 때, 애당초 이 알약을 왜 먹어야 하지?'

이런 질문이 가능해진다. 그뿐만 아니라 일부 플라시보 효과가 다양성에 대한 관심 덕분이 아닌지에 대해서도 의문을 품어야 한다. '어떠한' 약이든 일단 먹으면 우리 몸에 대한 자각을 좀 더 일깨워 주는 것이 아닐까? 만일 그렇다면 전반적인 약효의 정도가 우리 자신이 몸에 기울이는 관심의 결과라는 흥미로운 생각도 가능해진다. 어쩌면 대부분의 약이 이제껏 생각한 것만큼 필요하지 않았음을 깨우칠지도 모르겠다.

의식을
집중해
살아간다는 것

이 책에서 내가 다룬 연구는 새로운 것을 적극적으로 알아차리려는 시도가 실질적으로나 비유적으로 생기를 부여한다는 사실을 분명히 보여 준다. 의식의 집중은 피곤한 일이 아니라 오히려 기분을 들뜨게 만든다. 이는 우리가 완전히 몰입했을 때 느끼는 방식이다.

건강을 더욱 잘 이해하고 통제하려는 노력에 의식을 집중하지 않을 이유가 없다. 명상의 긍정적인 효과를 조명한 새로운 연구 결과도 우리에게 그렇게 하기를 권한다. 심리학자 리처드 데이비드슨(Richard Davidson)은 명상과 의식 집중의 결과로 생겨나는 우리 두뇌의 변화를 보여 주는 방법을 연구해 왔다.[101]

그렇다고 의식의 집중이 명상을 요구하지는 않는다. 댄 시걸(Dan

Siegal)은 자신의 저서 《의식이 집중된 뇌(The Mindful Brain)》에서 명상을 위한 묵상 연습이 내가 30년 넘게 연구해 온 의식의 집중으로 이어지는 좀 더 즉각적인 단계, 즉 '다양성에 주목하기'보다 건강을 더 향상시키는 결과로 이어지지는 못한다고 지적한다. [102]

어떤 시점에 스스로를 병들었거나 건강하다고 바라보는 대신에 복합적인 기준에 따라 건강을 조명한다고 생각해 보자. '병에 걸렸거나 걸리지 않았거나' 하는 이분법적인 태도로 진단 내용을 받아들일 것이 아니라, 연속적으로 자신을 바라보는 데 도움이 되는 정보를 수집해야 한다. 그러면 질병이 양자택일의 대상이 아니라는 점이 명확해지고 우리의 생각보다 훨씬 더 통제 가능함을 깨달을 것이다.

완전히 병든 상태에서 완치 상태로 이동하는 것보다는 연속적인 건강을 따라 움직이는 편이 훨씬 상상하기 쉽다. 이처럼 복합적인 연속성은 우리가 어떤 면에서 볼 때는 늘 건강하지만 천하무적은 아니라는 사실을 깨우쳐 준다. 따라서 의식을 집중하며 우리 몸에 관심을 기울이는 일은 병들고 난 후에야 비로소 시도하는 임시방편 이상의 중요성을 갖는다.

여기서 가장 중요한 점은 어떤 질병은 더 많이 존재하고 또 다른 질병은 덜 존재한다는, 여러 차원을 보여 줌으로써 우리에게 자신이 곧 질병은 아니라는 생각을 강화한다는 사실이다. 우리가 여러 차원 중 어디에 놓여 있는지 알아차리고 과거에 사용한 평가 방법을 몇 차례 더 적용해 보면, 이 같은 지표가 고정되어 있지 않음을 알 수 있다. 일단 그렇게 되면, 어째서 때로는 상태가 좀 더 나아지는지 의문이 생기고, 그와 함께 통제의 가능성도 열린다.

숨 쉬는 마지막 순간까지 삶을 영위해 나갈 것

우리는 건강 대 질병의 이분법에 적극적으로 의문을 제기해야 할 뿐만 아니라, 건강은 단순히 질병의 부재가 아님을 인식함으로써 발전할 수 있다. 병들지 않은 지금의 상태를 왜 최상의 건강 상태라고 생각하는가? 그 상한선은 누가 정했을까?

이 책에 설명된 수많은 연구는 우리 몸과 연결되어 있거나 유전적으로 미리 결정되어 있다고 다른 사람들이 받아들이는 한계에 의문을 던진다. 학자들은 시력이 좋아질 수 있는지, 노화는 현재의 시각으로만 바라보아야 하는지, 운동에 정신적인 요인이 강하게 내포되었는지, 수많은 차원에서 시계를 거꾸로 돌리는 것이 가능한지 의문을 던져 왔다.

이런 연구는 무의식적인 사전자극의 부정적인 효과와 싸우는 방법을 보여 주고, 우리의 선택권을 앗아 가는 감추어진 결정에 의문을 던지며, 세상이 사회적으로 구성해 놓은 방식이라고 해도 우리에게 맞지 않으면 해체해 특수 상황에 맞게끔 재구성하는 방법을 보여 준다. 이러한 정보의 활용을 막을 사람은 아무도 없다.

우리가 자기 자신을 치료하고자 시도함으로써 의사에게 전적으로 책임을 전가하지 않는다면, 모든 단계가 의식적으로 이루어질 수 있다. 우리는 몸으로부터 얻어진 것이든 책에서 얻은 것이든 기꺼이 새로운 정보를 받아들인다.

우리가 질병을 바라보는 시각은 의학계의 단일한 견해를 넘어설 수 있다. 스트레스 많은 일터든, 종합 병원의 우울한 환경이든 계속 맥락을 바꾸려 노력해야 한다. 마지막으로 의학의 도움으로 균형을 잡는 대신 건강을 유지하려고 시도함으로써 우리는 그저 결과만 기다리는 대신 과정에 개입할 수 있다. 그 가능성을 이처럼 크게 확장하는 것도 의식의 집중이 가져오는 신중한 특성이다.

의식을 집중하며 건강을 지키는 것은 질병이 심각해지기 이전에 예방하고 치료하는 과정에서 가장 의미가 있다. 심각한 우울증이나 이미 주요 장기까지 퍼져 버린 암, 또는 극단적인 ADHD 상황에서도 의식을 집중해 건강을 대하는 일에 도움을 받을 수 있겠지만, 해결책을 찾기가 쉽지는 않을 것이다. 인생의 목표는 더 젊고 혈기왕성했을 때의 기분으로 돌아가는 것이 아니라 숨 쉬는 마지막 날까지 의식을 집중한 상태로 삶을 영위하는 것이어야 한다. 인생의 매 순간을 완전히 의식하며 사는 삶, 그것은 분명 추구할 가치가 있으면서 실제로 이룰 수도 있는 목표다.

사적인
인간관계가
우리를 치유한다

우리 문화는 의식을 집중해 건강을 대하는 대신, 일상생활을 정신병리학적으로 바라보는 경향이 강하다. 어떤 상황에서는 슬퍼하는 것이 이성적일 수 있다고 인정하는 대신 우리는 스스로를 우울증 환자라고 치부한다.

어떠한 상황이든 한 가지 이상의 견해가 있을 수 있음을 인정하지 않고, 지배적인 견해에 동의하지 않는 사람들을, 심지어는 우리 자신까지도 '현실 부정형' 인물이라 여긴다. 어떤 사건에 대해 긍정적인 견해를 보이면 합리화한다는 핀잔을 듣기 일쑤다. 거의 모든 고통은 증후군이 된다. 단 하룻밤만 잠을 못 자도 불면증에 시달렸다고 토로하는 사람이 얼마나 많은가?

위 사례 중 불면증을 한번 살펴보자. 잠자리에 들자마자 찾아오는 정적은 많은 사람에게 이런저런 문제를 떠올리기에 좋은 시간을 제공한다. 당연히 모든 문제가 쉽게 해결되지는 않기 때문에, 쉽사리 떠오르지 않는 해결책을 계속 고민하다 보면 꼬박 밤을 지새우게 될 수도 있다. 그러다 다음 날 TV 광고를 보며 잠들지 못하는 것은 불면증에 시달린다는 의미일 뿐만 아니라 광고에 나오는 약을 먹어야 한다는 뜻이라는 강박 관념을 느끼는 것이다.

내일 아침 아주 일찍 일어나야 해서 다른 날보다 일찍 잠자리에 들었을 때, 곧장 잠들지 못한다면 그것은 불면증일까? 우리에게 필요한 잠은 우리가 막 보낸 하루 및 전날 밤에 취한 숙면의 양과 함수관계에 있다. 앞으로 우리에게 필요한 잠의 양과는 아무 관련이 없다. 우리에게 하루 8시간의 잠이 필요하다는 것은 어떻게 결정되었을까? 수면 연구의 피험자들은 누구였으며, 그 실험에는 어떤 결정들이 숨어 있을까? 대단히 수많은 사람이 잠들지 못한다고 토로한다면, 문제는 우리 자신이 아니라 필요하다고 여겨지는 수면의 양에 대한 기대일 수도 있다. 필수적인 수면의 양은 우리가 스스로 부과하는 기대감이 아니라 잠자리에 들기 전까지 무엇을 먹고 얼마나 운동했으며 어떤 경험을 했는지에 따라 달라져야 하지 않을까?

인간은 서로에게 가장 좋은 치료제다

스스로 만들어 내는 질병은 우리가 의사나 의료계와 맺고 있는 거의 병적인 관계를 상당 부분 설명해 준다. 사람들은 대부분 입원하는 일이 심한 스트레스라는 데 동감한다. 이 믿음은 어느 정도 의사들이 환자를 염려하되 분리되도록 교육받았다는 사실에서 비롯된다. 의사들은 분명 환자를 염려한다. 하지만 심리학자 해럴드 리프(Harold Lief)와 르네 폭스(Renée Fox)의 연구에 따르면, 죽음을 다루는 것이 너무 어렵기 때문에 의학 교육은 염려보다 환자로부터의 분리에 더 초점을 맞춘다.[103] 문제는 대부분의 사람에게 사적인 인간관계가 스트레스를 줄이고 병을 낫게 하는 데 큰 도움이 된다는 사실이다.

의사들은 인간적인 관계를 형성하면 어려운 의료 절차의 수행이 더 힘들어질 수 있으므로 환자로부터 분리된 태도를 취하라고 배운다. 환자로부터 자신을 분리시키면 불확실함을 감출 수 있을지 모른다. 만일 내가 당신을 깊이 염려하고 있으며 당신 팔을 절단하면 어려운 수술임에도 확실히 목숨을 구할 수 있음을 안다고 할 때, 나는 절단 수술을 망설이지 않을 것이다. 그러나 내가 당신을 대단히 염려한 나머지 실수를 저지르고 싶지 않은데다 내 판단이 불확실할 수도 있다면, 지시된 절차를 쉽사리 따를 수가 없을 것이다. 만일 의사들이 확신이 없을 때 치료를 계속하도록 돕는 것이 환자로부터의 분리라면, 우리는 정말 그들에게 치료받기를 원할까? 답이 무엇이든, 인간관계는 치유에 도움이 되며 우리가 의사들의 분리된 태도를 수용할 필요는 없다. 오히려 의식을 집중하며 개입하는 의사들이 환자를 대할 때도 의식을 집중할 확률이 높다.

더욱 풍요롭고 주체적인 삶을 위하여

앞서 이야기했듯이 의학 자료는 분명 유용하지만 전적으로 신뢰할 수가 없다. 그것은 우리의 행동을 좌우하는 것이 아니라 안내하는 수준이어야 마땅하다. 제아무리 특정한 편견에서 자유로워 보이는 경험이라고 해도 완전히 객관적일 수는 없다. 인정하든 아니든, 경험은 이미 배우리라 기대한 내용만을 우리에게 가르칠 뿐이다.

그렇다면 건강 학습자로서 우리는 어떻게 해야 할까? 기준이 되는 의학 자료와 개인적인 과거 경험에서 얻은 단서를 현재의 경험으로 통합해야 한다. 의식을 집중하면서 이를 실천한다면, 우리가 경험으로부터 진짜 배우는 것은 존재의 경험일 것이다.

우리 어머니는 지적인 여성이었지만 의식을 집중해 학습하는 사람은 아니었다. 나는 어머니가 전화를 걸어 라디오에서 존 웨인이 막 사망했다는 소식을 들었다고 한 날을 또렷이 기억한다. 6개월째 유방암 투병 중이던 어머니는 겁에 질려 당신도 죽게 되는 것이냐고 나에게 물었다. 나는 어머니와 존 웨인은 걸린 암의 종류도 다르고 공통점이 거의 없다고 말했다. 그러나 중요한 것은 어머니 상태가 어떤지 가장 먼저 알아차리는 사람은 어머니 자신이어야 한다는 점을 일깨웠다는 점이다.

우리는 스스로에 대해 본인만 알 수 있는 사적인 정보를 가지고 있으면서도, 타인은 그저 짐작만 할 뿐인 그 소중한 내용을 소홀히 여긴다. 그 정도로 전문가와 기술에 의존하는 사회에 살아가면서 우리

늙는다는 착각

는 어떠한 문제에 직면했는가?

어머니가 의식을 집중하는 건강 학습자였다면 더 오래 살았을지는 알 수 없지만, 살아 있는 동안 어머니의 삶이 더 풍요로웠을 것임은 짐작할 수 있다.

가능성을
향한
열린 마음

이 책은 각자 선택할 수 있는 여정을 서술하며 우리가 지향했어야 하는 더 나은 삶에서 이제껏 얼마나 멀어져 있는지에 대해, 안전하게 의식을 집중해 그 삶으로 되돌아갈 방법에 대해 전하려는 시도이다. 그리고 오직 자신만이 접근할 수 있는 개인적인 정보를 수집하고 존중할 것을, 의학적인 정보는 절대적인 진실이 아니라 안내 지침으로 활용할 것을 제안한다.

이 책의 서두에서 내가 제안한 것처럼 모든 질병을 심리적인 것이라고 생각한다면 어떤 일이 벌어질까? 우리는 자신과 질병에 관해 뭔가 새로운 것을 배우게 될까? 질병이나 증상에서 벗어나는 시간을 알아챌 가능성이 더 높아질까?

몇 주 전까지만 해도 우리 아버지는 강건했고 기본적으로 정신도 온전했다. 미약한 심장 발작 이후 너무 많은 치료를 받고 약물을 투여하면서 아버지는 훨씬 더 쇠약하고 정신이 오락가락하는 상태가 되었다. 의료계는 아버지를 무능한 존재로 여겼다. 만약 정신이 오락가락하는 것이 복용한 약 때문이라면, 자신을 무능하다고 여기는 사람들의 생각을 바꾸기 위해 아버지가 할 수 있는 일이 있을까?

일단 진단이 내려지면, 진단 내용은 특히 노인들에게 존재를 바라보는 렌즈로 작용한다. 몇 살이든 우리 행동의 상당수는 저마다 고유한 특성을 지니기 때문에, 그런 렌즈로 누군가의 행동을 바라본다면 당연히 이상하게 보일 것이다. 치매에 관한 연구는 환자가 제정신이 아닌 상태로 보내는 시간에 초점을 맞춘다. 우리가 그 사람이 완벽하게 잘 지내고 있을 때를 위주로 관찰한다면 어떤 일이 벌어질까? 환자가 증상을 보일 때와 증상을 보이지 않을 때의 MRI를 찍어서 비교해 볼 생각을 품을 지도 모르겠다. 병증이 아니라 건강의 잣대로 관찰하면 전혀 다른 정보가 수집된다.

당시 나의 아버지는 상태가 나아졌으며 심신의 기능도 회복되었다. 아버지도 나도 그것을 알아차렸다. 그래도 진단 내용은 바뀌지 않았다. 의학 이론과 마찬가지로, 사실상 모든 이론이 그러하듯 진단이 바뀌는 경우는 드물다. 우리 아버지의 경우, 의사들이 한 말은 고작 치매의 진전이 느려졌다는 것이었다.

우리는 더 지혜로워질 수 있다

오늘 우리가 발견한 모든 것이 어제는 불가능하다고 간주되었다는 사실은 불확실성과 한계성에 대한 전반적인 의문을 좀 더 건강하게 받아들이도록 인도할 수 있다. 그러나 새로운 발견은 그것을 일반화하는 이론의 특정 변화로만 이어지는 경우가 너무도 흔하다. 한계성이라는 전체적인 개념에 의문을 품는다면 더 많은 것을 이룰 수 있다. 당연한 것으로 여겨지는 한계성에 의문을 품는 것은 가능성을 연구하는 심리학의 핵심이다. 우리가 얼마나 좋아질 수 있는지 아는 유일한 방법은 기분이 최상일 때, 건강이 최고조일 때 왜 더 나아질 수 없는지 의문을 품는 것뿐이다.

가능성의 심리학은 우리가 바라는 궁극을 시작점으로 간주한다. 마비나 시각 장애, 두뇌 손상, '말기' 암을 되돌린다거나, 심지어 잘려나간 사지를 재생시킬 수 있을 것인지에 단순히 의문을 던지는 문제가 아니다. 우리가 이제껏 그것들은 불가능하다고 배웠기 때문이다. 과거는 우리의 현재를 결정하며 달라지기 전까지는 모든 것이 똑같다. 하지만 매사가 변하며 현재 우리가 겪는 '사실'이 불변이 아님을 인정할 때, 가능성은 스스로 모습을 드러낸다. 이 모든 것을 효과적으로 바꿀 수 있을지 의문을 품는 대신 이룰 방법을 묻는다면, 우리는 그 방법을 찾을 수 있다.

바로 그 첫걸음만으로도 몸과 마음을 다시 하나로 합치는 것이 가능해질지 모른다. 몸과 마음을 별개로 볼 때 몸의 중요성은 종종 마음의 중요성보다 우위를 차지한다. 그래서 우리는 먼저 건강을 위해 건배하고 그다음에 행복을 위해 마신다. 지금껏 살펴보았듯이, 우리의 태도와 생각, 믿음은 적어도 식이 요법이나 주치의만큼이나 건강에 중요하다. 우리의 몸과 마음은 서로 떨어져 있지 않다.

우리의 정신을 지배하려 드는 사람들에게 격렬히 반대하는 사이, 우리는 몸에 대한 통제력을 너무 쉽게 쉽사리 포기한다. 이제는 통제력을 되찾고 의식을 집중해서 우리의 몸과 우리를 둘러싼 환경, 관계 속에서 일어나는 미묘한 변화를 알아차리고, 우리가 아끼는 사람들도 그처럼 똑같이 행동하도록 도와주어야 할 때다.

나의 지인 도디 파월(Dodi Powel)은 90세의 나이에도 의식의 집중이 건강과 행복에 얼마나 중요한지 이해했다. 그녀는 스스로를 관리하고 책임질 때 생겨나는 장점을 잘 알고 있었다. 세상을 떠나기 직전, 그녀와 마지막으로 만났던 순간은 노년에 대한 나의 오랜 관심과 노인으로 살고 계신 내 아버지의 인생 때문에 특별히 내게 중요했다. 도디의 침대 옆 탁자에는 책 몇 권과, 꽃병, 볼펜이 꽂힌 머그 컵, 약, 화장지, 식어 가는 우리 두 사람의 찻잔이 놓여 있었다. 우리는 수많은 노인이 말년을 살아가는 방식에 대한 이야기를 나누었다. 그녀는 노년에 대해 위안이 되는 말을 했지만, 자신의 긴 생애에 대해 확고한 생각을 갖고 있었다. 헤어지기 전에 그녀가 말했다.

"죽는 건 두렵지 않아, 엘렌, 하지만 분명 사는 게 더 즐거울 거야."

우리는 누구나 그렇게 지혜로울 수 있다.

독자를 대표해 나의 에이전트이자 편집자이며 다정한 친구인 데이비드 밀러에게 감사하고 싶다. 그의 예리한 지성과 세부적인 내용에 대한 관심 덕분에 나는 대단히 많은 것을 얻었다. 사려 깊은 질문과 도움이 될 만한 제안으로 내 주장의 논리를 높여 주었으며 읽기 더 쉬운 책으로 만들어 준 밸런타인 출판사의 편집 담당자 마니 코크런에게도 고마움을 전한다. 이 책 원고의 초창기 초고를 읽고 귀중한 수정 작업을 해 준 나의 절친한 친구 파멜라 페인터와 멀로이드 로렌스에게도 고마움을 전하고 싶다.

이 책은 여러 해에 걸쳐 이루어진 연구를 근거로 삼고 있기에 전·현직 연구실 제자들에게 많은 도움을 받았다. 벤지언 채노위츠, 사리트 골룹, 베카 레비, 탤 벤샤카르, 애덤 그랜트, 로라 델리조나, 앨런 필리포위츠, 스티븐 제이콥스, 마크 팔마리노, 필립 세이어, 마크 로즈, 알리 크럼, 에이린 마덴치, 로라 수, 정재우, 마이클 퍼슨, 로리 고울러, 메건 파스리치, 롱 위양, 짐 리치던햄, 폴 테플리츠, 엘리자베스 워드, 제인 줄리아노, 라이언 윌리엄스가 그들이다. 그들은 하나같이 이 책에 언급된 아이디어뿐만 아니라 나의 지적인 삶을 풍요롭게 해 주었다. 세심한 기술적 지원에 힘써 준 줄리엣 맥클레던에게도 고마움을 전한다.

우리의 아이디어가 어디에서 나오는지는 아무도 모르지만, 지원을 아끼지 않는 학문 연구 환경은 분명 그 해답의 일부일 것이다. 앤터니 그린월드, 리처드 해크먼, 마자린 바나지, 엘리자베스 스펠크, 수전 캐리, 스티븐 코슬린, 스티븐 핑커에게는 특히 그 점에 있어서 감사하다.

몇 년 전 어느 날 초저녁, 나는 이 책에 담긴 시계 거꾸로 돌리기 연구를 바탕으로 한 영화 제작에 관해서 그랜트 샤보의 전화를 받았다. 그는 내 인생과 연구를 바탕으로 한 영화를 왜 다른 사람이 아닌 자기에게 맡겨야 하는지 흥분한 말투로 이야기를 이어 갔다. 그는 매력적이고 설득력 있었으며 나는 그의 계획을 듣고 짜릿한 전율을 느꼈다. 그는 자기 앞에 줄 선 사람이 많지 않음을 모르는 듯했지만, 그랬더라도 나는 그에게 동의했을 것이다. 영화 덕분에 수도원 연구는 이 책을 구성하는 주제가 되었다. 이런 일이 일어나도록 해 준 여러 제작자 그랜트 샤보, 지나 매튜스, 크리스틴 한, 제니퍼 애니스톤과 각본을 쓴 폴 펀바움에게 감사를 표해야 마땅할 것이다.

나는 관습을 잘 따르지 않는 사람이지만, 지금만큼은 가장 중요한 사람을 마지막으로 아껴 두었다. 나의 사고와 인생은 전부 낸시 헤넘웨이 덕분에 끊임없이 풍성해졌다. 당신의 지혜와 다정함, 관대함에 감사드립니다. 계셔 주셔서 감사합니다.

1) E. 랭어, J. 로딘, 〈노인의 사적인 책임 강화 효과: 시설 환경에서 임상 실험(The effects of enhanced personal responsibility for the aged: a field experiment in an institutional setting〉, *Journal of Personality and Social Psychology* 34 (1976), 191-98p.

2) C. 알렉산더(C. Alexander)와 E. 랭어 공저 《인간 발달의 상위 단계: 인간의 성장에 대한 견해(Higher Stages of Human Development: Perspectives on Adult Growth)》, New York: Oxford University Press, 1990. 또한 C. 알렉산더, E. 랭어, R. 뉴먼(R. Newman), H. 챈들러(H. Chandler), J. 데이비스(J. Davis), 〈노화, 의식 집중, 명상(Aging, mindfulness and meditation)〉, *Journal of Personality and Social Psychology* 57 (1989), 950-64p 참조.

3) 레프 톨스토이(Leo Tolstoy), 《이반 일리치의 죽음》, New York: Signet Classics, 2004.

4) 이브 바이스(Eve Weiss), 〈그루푸먼 박사의 처방: 의사가 환자를 진단하기 전에 환자 입장에서 의사를 진단하는 방법에 관한 전문가의 조언(Dr. Groopman's Prescription: Expert advice on how to diagnose your doctor before he diagnoses you)〉, *02138*, May/June 2007.

5) 윌리엄 제임스(William James), 《심리학의 원칙(The Principles of Psychology)》, Cambridge, MA: Harvard University Press, 1983.

6) 버니스 뉴가튼(Bernice Neugarten), 〈성인의 인격: 인생 주기의 심리를 향해(Adult personality: toward a psychology of the life cycle)〉, 버니스 뉴가튼 엮음, 《중년과 노화(Middle Age and Aging)》, Chicago: University of Chicago Press, 137-47p.

7) 데이비드 P. 필립스(David P. Phillips), 캐멀라 A. 밴 부리스(Camilla A. Van Voorhees), 토드 E. 루스(Todd E. Ruth), 〈생일: 생명줄인가, 마감일인가?(The birthday: lifeline or deadline?)〉, *Psychosomatic Medicine* 54, 5(1992), 532-42p.

8) 샌드라 블레이크슬리(Sandra Blakeslee), 〈생일: 삶과 죽음의 문제(Birthdays: a matter of life and death)〉, *New York Times*, September 22, 1992.

늙는다는 착각

9) B. R. 레비(B. R. Levy), M. D. 슬레이드(M. D. Slade), S. V. 카슬(S. V. Kasl), S. R. 쿤켈(S. R. Kunkel), 〈노화에 대한 긍정적인 자기 인식으로 길어지는 수명(Longevity increased by positive self-perception of aging)〉, *Journal of Personality and Social Psychology* 83, 2(2002), 261-70p.

10) H. Maier and J. Smith, "Psychological predictors of morality in old age," *Journals of Gerontology Series B: Psychological Sciences and Social Sciences* 54B, (1999), pp. 44-54.

11) E. 랭어, A. 블랭크, B. 채노위츠, 〈표면적으로 심사숙고한 행동의 무의식: 인간관계에서 위약 정보의 역할(The mindlessness of ostensibly thoughtful action: the role of placebic information in interpersonal interaction)〉, *Journal of Personality and Social Psychology* 36 (1978), 635-42p.

12) E. 랭어, A. 베네벤토, 〈자발성 의존(Self-induced dependence)〉, *Journal of Personality and Social Psychology* 36 (1978), 886-93p.

13) N. E. 밀러(Miller), 〈동기와 보상에 대한 분석 연구(Analytical studies of drive and reward)〉, *American Psychologist* 16 (1961), 739-54p.

14) L. 델리조나(Delizonna), R. 윌리엄스,(Williams) E. 랭어(Langer), 〈심박수 조절에 미치는 의식 집중 효과(The effect of mindfulness on heart rate control)〉, *Journal of Adult Development and Aging*, 근간.

15) 실번 톰킨스, 사적인 대화에서 로버트 에이벨슨(Robert Abelson)이 인용함.

16) L. 버피(Burpee), E. 랭어(Langer), 〈의식의 집중과 결혼 생활의 만족감(Mindfulness and marital satisfaction)〉, *Journal of Adult Development* 12 (2005), 43-51p.

17) E. 랭어(Langer), J. 로딘, P. 벡(Beck), C. 와인먼(Weinman), L. 스피처(Spitzer), 〈장년기 이후 기억력 향상의 환경적 요인(Environmental determinants of memory improvement in late adulthood)〉, *Journal of Personality and Social Psychology* 37 (1979), 2003-13p.

18) D. E. 니(Nee), M. G. 버먼(Berman), K. S. 무어(Moore), J. 조니데스(Jonides), 〈단기 장기 기억력 구분에 대한 뇌과학적 증거(Neuroscientific evidence on the distinction between short- and long-term memory)〉, *Current Directions in Psychological Science* 17, 2(2008), 102p.

19) B. 레비(Levy), E. 랭어(Langer), 〈요양원 직원과 거주자 간의 권력 균형 변화(Shifting the balance of power of nursing home staff to residents), *Nursing Home Economics* (1995).

20) R. L. 앳킨슨(Atkinson), N. V. 두란다(Dhurandhar), D. B. 앨리슨(Allison), R. L. 보웬(Bowen), B. A. Israel(이스라엘), J. B. 알부(Albu), A. S. 아우수스터스(Ausustus),

〈인간의 아데노바이러스-36은 체중 증가 및 혈장 내 지질 감소와 관련이 있다(Human adenovirus-36 is associated with increased body weight and paradoxical reduction of serum lipids), *International Journal of Obesity* 29, 3(2005), 281-86p.

21) D. H. 브렌델(Brendel), 《힐링과 정신 의학: 과학과 인간성 구분에 다리 놓기(Healing and Psychiatry: Bridging the Science/Humanism Divide)》, Cambridge, MA: MIT Press, 2006.

22) 애슐리 피터스(Ashley Pettus), 〈처방전에 의한 정신 질환: 향정신성 약물은 질병과 건강의 경계를 흐릴까?(Psychiatry by prescription: do psychotropic drugs blur the boundaries between illness and health?), *Harvard Magazine* 108, 6(July-August 2006)

23) S. 포트(Port), L. 드머(Demer), R. 젠리치(Jennrich), D. 월터(Walter), A. 가핀클(Garfinkel), 〈수축기 혈압과 치명률(Systolic blood pressure and mortality)〉, *Lancet* 355,9199 (2000), 175-80p.

24) 로빈 마런츠 헤니그(Robin Marantz Henig), 〈지방 요인(Fat factors)〉, *New York Times Sunday Magazine*, August 13, 2006.

25) 도로타 거티그(Dorota Gertig), 존 호퍼(John Hopper), 그레엄 가일스(Graham Giles), 〈신체 활동과 체격, 체질, 난소암 발병률에 관한 코호트 기획 연구[멜버른 집단 코호트 연구](A prospective cohort study of the relationship between physical activity, body size and composition, and the risk of ovarian cancer [Melbourne Collaborative Cohort Study]), *Cancer Epidemiology Biomarkers and Prevention* 13 (2004), 2117-25p. 〈골다공증 여성 환자의 골절 위험에 대한 정확한 예측(Accurate prediction of fracture risk in osteoporotic women)〉, *Medical News today*, September 28, 2006도 참조 바람

26) K. M. 플레걸(Flegal), B. I. 그로버드(Graubard), D. F. 윌리엄슨(Williamson), and M. H. 게일(Gail), 〈저체중, 과체중, 비만과 관련된 과도한 죽음(Excess deaths associated with underweight, overweight, and obesity)〉, *Journal of the American medical Association*, 293 (2005), 1861-67p.

27) M. E. P. 셀리그먼(Seligman), W. R. 밀러(Miller), 〈인간의 우울증과 학습된 무력감(Depression and learned helplessness in man), *Journal of Abnormal Psychology* 84, 3 (1975), 228-38p. M. E. P. 셀리그먼과 S. F. 마이어(Maier)의 〈학습된 무력감: 이론과 증거(Learned helplessness: theory and evidence)〉, *Journal of Experimental Psychology* 105, 1 (1976), 3-46p도 참고 바람.

28) C. P. 리처(Richter), 〈동물과 인간의 돌연사 현상(One the phenomenon of sudden

death in animals and man)〉, *Psychosomatic Medicine* 19 (1957), 191-98p.

29) C. 페터슨(Peterson), M. E. P. 셀리그먼(Seligman), G. E. 바일런트(Vaillant), 〈질병의 위험요인으로서 우울증 관찰: 35년간의 연구(Pessimistic explanatory style as a risk factor physical illness: a thirty-five year longitudinal study)〉 *Journal of Personality and Social Psychology* 55 (1988), 23-27p.

30) D. P. 필립스(Phillips), T. E. 루스(Ruth), and L. M. 와그너(Wagner), 〈심리학과 생존 (Psychology and survival), Lancet 342 (1993), 1142-45p.

31) S. 코언(Cohen), W. J. 도일(Doyle), R. B. 터너(Turner), C. M. 앨퍼(Alper), D. P. 스코너(Skoner), 〈흔한 감기 증상의 감정 유형과 민감성(Emotional style and susceptibility to the common cold)〉, *Psychosomatic Medicine* 65, 4 (2003), 652-57p.

32) M. 마서(Mather), T. 칸리(Canli), T. 잉글리시(English), S. 화이트필드(Whitefield), P. 와이스(Wais), K. 옥스너(Ochsner), J. D. 가브리엘리(Gabrieli), L. L. 카스텐슨 (Carstensen), 〈청년 및 노년에게 감정적으로 균형 잡힌 자극을 주었을 때 나타나는 소뇌 편도 반응(Amygdala responses to emotionally valenced stimuli in older and younger adults)〉, *Psychological Science* 15, 4 (2004), 259-63p.

33) M. F. 스키어(Scheier), C. S. 카버(Carver), 〈정신적, 육체적 건강에 미치는 낙천주의의 영향력: 이론적 개괄 및 최신 임상 정보(Effects of optimism on psychological and physical well-being: theoretical overview and empirical update)〉, *Cognitive Therapy and Research* 16, 2 (1992), 201-28p. M. F. 스키어(Scheier), K. A. 매튜스 (Matthews), J. F. 오웬(Owen), 〈관상 동맥 우회 수술의 회복 과정과 기질적 낙천주의: 육체적 정신적 건강에 미치는 긍정적인 영향력(Dispositional optimism and recovery from coronary artery bypass surgery: the beneficial effects on physical and psychological well-being)〉, *Journal of Personality and Social Psychology* 57, 6 (1989), 1024-40p도 참조 바람.

34) 저드 기거렌저(Gerd Gigerenzer), 《예측된 위험(Calculated Risks)》, New York: Simon and Schuster, 2002.

35) R. 태미(Tamimi), S. 핸킨슨(Hankinson), W. Chen(첸), B. 로스터(Rosner), G. 콜디츠(Colditz), 〈완경기 여성의 에스트로겐과 테스토스테론 혼합제 사용과 유방암 위험(Combined estrogen and testosterone use and risk of breast cancer in postmenopausal women), *Archives of Internal Medicine* 166 (2006), 1483-89p.

36) 사리트 골룹(Sarit Golub), 〈낙천주의 및 비관주의와 에이즈 관련 위험 행동: 동기 부여인가, 합리화인가?(Optimism, Pessimism, and HIV Risk-Behavior: Motivation or Rationalization?)〉, 하버드 대학교 심리학과, 의학박사 학위논문, 2004.

37) 암에 걸리지 않았다는 말을 들었지만 우리가 진단의 경계선에 놓여 있다면, 경계선 집단의 경계에 놓인 이들은 여전히 존재할 것이다.

38) A. G. 그린월드(Greenwald), M. R. 바나지(Banaji), L. A. 러드먼(Rudman_, 〈암묵적인 태도와 고정 관념, 자존감, 자기 개념에 대한 통합 이론(A unified theory of implicit attitudes, stereotypes, self-esteem, and self-concept)〉, *Psychological Review* 109, 1 (2002), 3-25p.

39) J. A. 바지(Barge), M. 첸(Chen), L. 버로우즈(Burrows), 〈사회적 행동의 무의식성: 기질 형성과 고정 관념에서 비롯된 행동에 미치는 직접적인 영향(Automaticity of social behavior: direct effects of trait construct and stereotype activation on action)〉, *Journal of Personality and Social Psychology* 71, 2 (1996), 230-44p.

40) M. 지킥(Djikic), E. J. 랭어(Langer), S. F. 스테이플턴(Stapleton), 〈무의식을 통한 고정 관념 줄이기: 고정 관념이 유발한 행동의 영향력 줄이기(Reducing stereotyping through mindfulness: decreasing effects of stereotype-activated behaviors)〉, *Journal of Adult Development* 15 (2008), 106-111p.

41) J. 에이본(Avorn) and E. J. 랭어(Langer), 〈요양원 환자들의 유도된 무능력: 통제된 시도(Induced disability in nursing home patients: a controlled trial)〉, *Journal of the American Geriatrics Society*, 30, 6 (1982), 397-400p.

42) E. J. 랭어(Langer), S. 피스크(Fiske), S. E. 테일러(Taylor), 〈자극, 빤히 보기, 불편함: 신기한-자극 가설(Stigma, staring, and discomfort: a novel-stimulus hypothesis)〉, *Journal of Experimental Social Psychology* 12, 5 (1976), 451-63p.

43) J. 버군(Burgoon), E. 랭어(Langer), 〈개인 소통간의 무의식과 언어(Interpersonal mindlessness and language)〉, *Communication Monographs* 59 (1992), 324-327p.

44) E. J. 랭어(Langer), A. M. 그랜트(Grant), 〈사람들을 평형 상태로 돌려놓기: 인간의 돌출 효과(Putting people back in the equation: the person salience effect)〉, 하버드 대학교, 심리학과, 2004.

45) E. J. 랭어(Langer), J. 로딘(Rodin), 〈노인의 책임과 사적인 책임 강화 효과: 시설 환경에서 임상 실험(The effects of choice and enhanced personal responsibility for the aged: a field experiment in an institutional setting)〉, *Journal of Personality and Social Psychology* 34, 2 (1976), 191-98p. ※1장 1번 주석 같은 논문임에도 제목이 다름.

46) J. 베네퐁(Bonnefon), G. 비예주베르(Villejoubert), 〈교묘함인가 의심스러움인가? 확률 단계의 해석에서 정확도 편향을 설명하는 예절에 대한 기대(Tactful or doubtful? expectations of politeness explain the severity bias in the interpretation of probability phrases)〉, *Psychological Science* 17, 9 (2006), 747-51p.

47) 마거릿 쉬(Margaret Shih), 토드 피틴스키(Todd Pittinsky), 날리니 암바디(Nalini Ambady), 〈고정 관념의 취약성: 정량적 성과에서 보이는 정체성의 두드러짐과 변화(Stereotype susceptibility: identity salience and shifts in quantitative performance)〉, *Psychological Science* 10(1999), 80-83p. 날리니 암바디, 마거릿 쉬, 에이미 킴(Amy Kim), 토트 피틴스키, 〈아동의 고정 관념 취약성: 정량적 성과에서 드러나는 정체성 발휘 효과(Stereotype susceptibility in children: effects of identity activation on quantitative performance)〉, *Psychological Science* 12, 5, (2001), 385-390p도 참조 바람.

48) B. 레비(Levy), 〈암묵적인 자기 고정 관념을 통한 노인의 기억력 향상(Improving memory in old age through implicit self-stereotyping)〉, *Journal of Personality and Social Psychology* 71, 6 (1996), 1092-107p.

49) B. R. 레비(Levy), J. M. 하우스도르프(Hausdorff), R. 헨케(Hencke), J. Y. 웨이(Wei), 〈노화에 대한 긍정적인 자기 고정 관념으로 심혈관 스트레스 줄이기(Reducing cardiovascular stress with positive self-stereotype of aging)〉, *Journal of Gerontology Series B: Psychological Sciences and Social Science* 55, 4(2000), 205-13p.

50) A. 뢰프스(Roefs), C. P. 허먼(Herman), C. M. 맥리오드(MacLeod), 〈첫눈에 판단하기: 음식을 절제하는 사람들은 어떻게 맛 있는 고지방 음식을 평가하는가?(At first sight: how do restrained eaters evaluate high-fat palatable foods?)〉, *Appetite* 44, 1 (2005), 103-14p.

51) B. 쉬브(Shiv), Z. 카르몬(Carmon), D. 애리얼리(Ariely), 〈마케팅 현장의 플라시보 효과: 소비자들은 돈을 지불한 대로 보상받을 수 있다(Placebo effects of marketing actions: consumers may get what they pay for)〉, *Journal of Marketing Research* 42, 4 (2005), 383-93p.

52) 레베카 웨버(Rebecca Waber), 바바 쉬브(Baba Shiv), 지브 카르몬(Ziv Carmon), 댄 애리얼리(Dan Ariely), 〈플라시보와 치료 효능에 대한 광고의 특징(Commercial features of Placebo and therapeutic efficacy)〉, *Journal of the American Medical Association*, 299, 9 (2008), 바바 쉬브 지브 카르몬, 댄 애리얼리, 〈마케팅 현장의 플라시보 효과: 소비자들은 돈을 지불한 대로 보상받을 수 있다(Placebo effects of marketing actions: consumers may get what they pay for)〉, *Journal of Marketing Research* 42, 4 (2005), 383-93p.

53) H. M. 레프코트(Lefcourt) 엮음, 《통제의 장소: 이론과 연구의 현재 트렌드(Locus of Control: Current Trends in Theory and Research)》, Hillsdale, NJ: Lawrence Erlbaum Associates, 1982.

54) E. J. 랭어(Langer), M. 딜런(Dillon), R. 커츠(Kurtz), M. 카츠(Katz), 〈믿음은 보는 것 (Believing Is Seeing)〉, 하버드 대학교 심리학과, 1988.

55) E. J. 랭어(Langer), M. 지킥(Djikic), A. 마덴치(Madenci), M. 퍼슨(Pirson), R. 도너 휴(Donohue), 〈믿음은 보는 것: 마음가짐을 저해하는 반전 시각(Believing is seeing: reversing vision inhibiting mindsets)〉, 하버드 대학교 심리학과, 2009.

56) C. 션 그린(C. Shawn Green), 대프니 바벨리에(Daphne Bavelier), 〈전투형 비디오 게 임은 시각의 선택적 주의력을 제한한다(Action video game modifies visual selective attention)〉, *Nature* 423 (2003), 534-37p.

57) H. 벤슨(Benson), D. P. 맥칼리(McCallie), 〈협심증과 플라시보 효과(Angina pectoris and the placebo effect), *New England journal of Medicine* 300, 25 (1979), 1424-29p.

58) A. H. 로버츠(Roberts), D. G. 큐먼(Kewman), M. 호벨(Hovel)l, L. 머시어(Mercier), 〈불특정한 치료 효과의 힘: 심리사회적, 생물학적 치료를 위한 함의(The power of nonspecific effects in healing: implications for psychosocial and biological treatments)〉, *Clinical Psychology Review* 13, 5 (1993), 375-91p.

59) I. 커시(Kirsch) and G. 사피르슈타인(Sapirstein), 〈프로작에 귀 기울이면서 플라시보 듣기: 항우울제 복용의 메타 분석(Listening to Prozac but hearing placebo: a meta-analysis of antidepressant medication)〉, *Prevention and Treatment* 1, 2 (1998).

60) S. 블레이크슬리(Blakeslee), 〈전문가도 놀랄 정도로 플라시보 효과의 강력함 입증 되다(Placebos prove so powerful even experts are surprised), *New York Times*, October 13, 1998. K. 네스빗 섀너(KNesbitt Shanor), 《솟아오르는 마음: 의식의 의 미에 대한 새로운 연구(The Emerging Mind: new Research into the Meaning of Consciousness)》, Los Angeles: Renaissance Books, 1999도 참조 바람.

61) A. J. 크럼(Crum), E. J. 랭어(Langer), 〈마음가짐이 중요하다: 운동과 플라시보 효 과(Mind-set matters: exercise and the placebo effect)〉, *Psychological Science* 18. 2 (2007), 165-71p.

62) J. N. 모리스(Morris), J. A. 헤디(Heady), P. A. 래플(Raffle), C. G. 로버츠(Roberts), J. W. 파크스(Parks), 〈관상 동맥성 심장 질환과 일터의 신체 활동(Coronary heart-disease and physical activity of work)〉, *Lancet* 265, 6795 (1953), 1053-57p.

63) Y. J. 쳉(Cheng), M. S. 로어(Lauer), C. P. 어니스트(Earnest), T. S. 처치(Church), J. B. 캠퍼트(Kampert), L. W. 기번스(Gibbons), S. N. 블레어(Blair), 〈당뇨병 환자에 대 한 심혈관 질환 및 전 원인 사망률 예측을 위한 최대 운동 검사 이후 심박수 회복(Heart rate recovery following maximal exercise testing as a predictor of cardiovascular disease and all-cause mortality in men with diabetes)〉, *Diabetes Care* 26, 7 (2003),

2052-57p.

64) I. M. 리(Lee), J. E. 맨슨(Manson), C. H. 헤네켄스(Hennekens), R. S. 파펜바저 주니어(Paffenbarger Jr.), 〈체중과 사망률: 중년 남성들에 대한 27년 추적 연구(Body weight and mortality: a 27-year follow up of middle -aged men)〉, *Journal of the American Medical Association* 270, 23 (1993), 2823-28p.

65) P. 슈노어(Schnorhr), H. 스칼링(Scharling), J. S. 젠슨(Jensen), 〈여가 시간 신체 활동의 변화와 사망 위험: 남녀 7,000명에 대한 관찰 연구(Changes in leisure-time physical activity and risk of death: an observational study of 7,000 men and women)〉, *American Journal of Epidemiology* 158, 7 (2003), 639-44p.

66) 〈신체 활동과 공중보건—미국 질병예방통제센터와 아메리칸 칼리지 스포츠의학과의 권고 사항(Physical activity and public health—a recommendation from the Centers for Disease control and Prevention and the American College of Sports Medicine)〉, *Journal of the American Medical Association* 273 (1995), 402-7p.

67) 디나 스콜닉 바이스버그(Deena Skolnick Weisberg), 프랭크 C. 케일(Frank C. Keil), 조슈아 굿스타인(Joshua Goodstein), 엘리자베스 로슨(Elizabeth Rawson), 제러미 R. 그레이(Jeremy R. Gray), 〈신경 과학 설명의 유혹적인 매력(The seductive allure of neuroscience explanations)〉, *Journal of Cognitive Neuroscience* 20 (2008), 470-77p.

68) 제럴드 데이비슨(Gerald Davison), 스튜어트 밸린스(Stuart Valins), 〈자신이 유발한 행동 변화와 약물이 유발한 행동 변화의 유지(Maintenance of self-attributed and drug-attributed behavior change)〉, *Journal of Personality and Social Psychology* 11 (1969), 25-33p.

69) L. 수(Hsu), J. 정(Chung), E. J. 랭어(Langer), 〈나이 인식이 건강과 수명에 미치는 영향: 기록 분석(The influence of age perception on health and longevity: an archival analysis)〉, 하버드 대학교 심리학과, 2009.

70) S. 카슨(Carson), E. J. 랭어(Langer), A. 플로드르(Flodr), 〈완화 대 완치: 건강과 웰빙에 대한 이름표 효과(Remission vs. cure: the effects of labels on health and well-being)〉, 원고 제출 상태. E. J. 랭어(Langer), 〈암: 완화인가, 완치인가?(Cancer: remission or cure?)〉, *Psychology Today* 33, 4 (2002), 28-29p도 참조 바람. 또한 S. 카슨(Carson), E. J. 랭어(Langer), 〈의식의 집중과 자기 수용(Mindfulness and Self Acceptance)〉, *Journal of Rational-Emotive and Cognitive-Behavioral Therapy* 참조, 근간.

71) B. 채노위츠(Chanowitz), E. J. 랭어(Langer), 〈조기 인지적 구속(Premature cognitive commitment)〉, *Journal of Personality and Social Psychology* 41, 6 (1981), 1051-63p.

72) R. 에이벨슨(Abelson), E. J. 랭어(Langer), 〈다른 어떤 이름으로도 부를 수 있는 환자: 이름 편향 속에서 보이는 임상 집단의 차이(A Patient by any other name: Clinician group difference in labeling bias)〉, *Journal of Consulting and Clinical Psychology* 42, 1 (1974), 4-9p.

73) D. L. 로젠넌(Rosenhan), 〈정신병 환경에서 제정신으로 있는 것에 대해(On being sane in insane places)〉, *Science* 179, 4070 (1973), 250-58p.

74) 날리니 암바디(Nalini Ambady), 데비 라플랜트(Debi LaPlante), 타이 은구옌(Thai Nguyen), 로버트 로젠설(Robert Rosenthal), 나이절 초미턴(Nigel Chaumeton), 웬디 레빈슨(Wendy Levinson), 〈외과 의사의 목소리 톤: 의료 과실 역사의 단서(Surgeons' tone of voice: a clue to malpractice history)〉, *Surgery* 132, 1 (2002), 5-9p.

75) E. J. 랭어(Langer), D. 허퍼넌(Heffernan), 〈의식을 집중한 관리: 자신감은 있지만 불확실한 관리자(Mindful managing: confident but uncertain managers)〉, 하버드 대학교 심리학과, 1988.

76) A. C. 에드먼슨(Edmonson), 〈건강 관리에서 실패로부터 배우기: 잦은 기회, 만연한 장벽(Learning from failure in health care: frequent opportunities, pervasive barriers)〉, *Quality and Safety in Healthcare* 13, suppl. II (2006), 3-9p.

77) 어빙 L. 제니스(Irving L. Janis), 《집단 사고의 희생자(Victims of Groupthink)》, Boston: Houghton Mifflin Company, 1972.

78) A. C. 에드먼슨(Edmonson), 〈수술실에서 목소리 높이기: 학제간의 활동이 이루어지는 팀에서 팀 리더가 학습을 증진시키는 방법(Speaking up in the operating room: how team leaders promote learning in interdisciplinary action teams)〉, *Journal of Management Studies* 40. 6 (2003), 1419-52p.

79) 린다 T. 콘(Linda T. Kohn), 재닛 M. 코리건(Janet M. Corrigan), 몰라 S. 도널드슨(Molla S. Donaldson) 엮음, 〈실수는 인간의 일: 더 안전한 건강 체계 구축하기(To Err Is Human: Building a Safer Health System)〉, Washington, DC: Committee on Quality of Heath Care in America, Institute of Medicine, National Academy Press, 2000.

80) B. 헤든(Heden), H. 올린(Ohlin), R. 리트너(Rittner), L. 에든브랜트(Edenbrandt), 〈인공 신경망을 활용해 12접지 심전도에서 급성 심근 경색 감지(Acute myocardinal infarction detected in the 12-lead ECG by artificial neural networks)〉, *Circulation* 96, 6(1997), 1798-802p.

81) D. W. 베이츠(Bates), L. L. 리프(Leape), S. 페트리키(S. Petrycki), 〈입원한 성인 환자의 투약 오류 사고 사례와 예방법(Incidence and preventability of adverse drug

events in hospitalized adults)〉, *Journal of General Internal Medicine* 8, 6(1993), 289-94p

82) 로버트 B. 시알디니(Robert B. Cialdini), 《영향력: 설득의 심리학(Influence: The Psychology of Persuasion)》, New York: Collins, 1998.

83) 데니스 그래디(Denise Grady), 〈평탄하지 못한 치료의 미로에 빠진 암 환자(Cancer patients, lost in a maze of uneven care)〉, *New York Times*, July 29, 2007.

84) 이 견해는 제이 카츠(Jay Katz) 박사의 중요한 책 《의사와 환자의 침묵 세계(The Silent World of Doctor and Patient)》 (Baltimore, MD: Johns Hopkins University Press, 2002)에 담긴 정서를 연상시키는데, 이 책에서 그는 자신의 건강 관리에 환자의 참여를 촉구했다.

85) J. 로딘(Rodin), E. J. 랭어(Langer), 〈노화라는 이름표: 통제력 감소와 자존감 추락 (Aging labels: the decline of control and the fall of self-esteem)〉, *Journal of Social Issue* 36 (1980), 12-29p.

86) M. E. 카이트(Kite), B. T. 존슨(Johnson), 〈노년 성인과 청년 성인에 대한 태도: 메타 분석(Attitudes toward older and younger adults: a meta-analysis)〉, *Psychology and Aging* 3, 3 (1988), 233-44p.

87) E. J. 랭어(Langer), L. 펄뮤터(Perlmuter), B. 채노위츠(Chanowitz), R. 루빈(Rubin), 〈무의식적인 행동 이론의 새로운 두 가지 사례: 노화와 알코올 의존증(Two new applications of mindlessness theory: aging and alcoholism)〉, *Journal of Aging Studies* 2 (1988), 289-99p.

88) E. J. 랭어(Langer), 〈무능함에 대한 환상(The illusion of incompetence)〉, L. 펄뮤터 (Perlmuter)와 R. 몬티(Monty)가 엮은 《선택과 인지된 통제(Choice and perceived Control)》, New Jersey: Lawrence Erlbaum Associates, 1979 중에서.

89) B. R. 레비(Levy), J. M. 하우스도르프(Hausdorff), R. 헨케(Hencke), J. Y. 웨이 (Wei), 〈노화에 대한 긍정적인 자기 고정 관념으로 심혈관 스트레스 줄이기(Reducing cardiovascular stress with positive self-stereotype of aging)〉, *Journal of Gerontology Series B: Psychological Sciences and Social Science* 55, 4(2000), 205-13p.

90) R. 슐츠(Schultz), 〈노인의 사회 과학적 안녕과 정신 건강에 미치는 통제력과 예측 가 능성의 효과(The effects of control and predictability on the physiological and psychological well being of the aged)〉, *Journal of Personality and Social Psychology* 33 (1976), 563-73p.

91) C. 알렉산더(Alexander), E. J. 랭어(Langer), R. 뉴먼(Newman), H. 챈들러 (Chandler), J. 데이비스(Davis), 〈노화, 의식의 집중, 그리고 명상(Aging, mindfulness

and meditation)〉, *Journal of Personality & Social Psychology* 57 (1989), 950-64p.

92) E. J. 랭어(Langer), P. 벡(Beck), R. 제노프불먼(Janoff-Bulman), C. 팀코(Timko), 〈노망난 노인과 건강한 노인의 인지 능력 저하와 수명 사이의 관계(The relationship between cognitive deprivation and longevity in senile and nonsenile elderly populations)〉, *Academic Psychology Bulletine* 6 (1984), 211-26p.

93) R. 로젠설(Rosenthal), L. 제이쿱슨(Jacobson), 《교실의 피그말리온: 교사의 기대와 학생의 지적 발달(Pygmalion in the Classroom: Teacher Expectation and Pupils' Intellectual Development)》, New York: Irvington Publishers, 1992.

94) 앨런 J. 크리스텐슨(Alan J. Christensen), 존 S. 와이브(John S. Wiebe), 에릭 G. 베노치(Eric G. Benotsch), 윌리엄 J. 로튼(William J. Lawton), 〈신장 투석 환자의 인지 건강 능력 및 통제력 추적과 유지(Perceived health competence, health locus of control, and patient adherence in renal dialysis)〉, *Cognitive Therapy and Research* 20, 4 (1996), pp. 411-21; N. J. 우드워드(Woodward), B. S. 윌스턴(Wallston), 〈나이와 건강 관리에 관한 믿음: 낮은 통제 욕구의 요인으로서 자기 효능감(Age and health care beliefs: self-efficacy as a mediator of low desire for control)〉, *Psychology and Aging* 2 (1987), 3-8p.

95) L. C. 펄뮤터(Perlmuter), A. S. 이즈(Eads), 〈통제: 인지력 및 동기 부여의 함의(Control: cognitive and motivational implications)〉, J. 롬란즈(Lomranz)가 엮은 《노화와 정신 건강에 관한 핸드북: 통합적인 접근(Handbook of Aging and Mental Health: An Integrative Approach)》. New York: Plenum Press, 1998.

96) E. B. 팰모어(Palmore), 〈캐나다와 미국의 연령주의(Ageism in Canada and the United States)〉, 듀크 대학교 노화 및 인간 발달 연구 센터, 2002.

97) M. M. 발테스(Baltes), H. 월(Wahl), 〈시설의 의존과 돌봄 시나리오: 공동체 환경의 일반화(The dependency-support script in institutions: generalization to community settings)〉, *Psychology and Aging* 7, 3 (1992), 409-18p.

98) 제임스 펜베이커(James Pennebaker), 《열린 마음: 감정 표현이 지닌 치유의 힘(Opening Up: The Healing Power of Emotional Expression)》, New York: Guilford Press, 1997.

99) C. 윌리스(Willi)s, 〈냄새로 방광암을 진단하도록 훈련받은 개들(Dogs trained to sniff our bladder cancer)〉, *British Medical Journal* 329 (2004), 712p. 캐럴라인 윌리스 박사는 방광암을 냄새로 알아차리도록 개 여섯 마리를 훈련했다. 각각의 개에게는 암 환자 1명과 암에 걸리지 않은 환자 6명의 소변 샘플 일곱 가지가 주어졌다. 우연이라면 성공률이 14퍼센트에 불과해야 했다. 그러나 개들의 성공률은 41퍼센트였다.

100) B. 채노위츠(Chanowitz), E. 랭어(Langer), 〈보여 줄 수 있는 것보다 더(혹은 덜) 알기: 무의식적인 행동과 의식적인 행동 구별을 통한 통제력 이해하기(Knowing more (or less) than you can show: understanding control through the mindlessness/mindfulness distinction)〉, M.E.P. 셀리그먼(Seligman)과 J. 가버(Garber)가 엮은 《인간의 무기력함(Human Helplessness)》, New York: Academic Press, 1980 중에서.

101) A. 루츠(Lutz), J. P. 더너(Dunner), R. J. 데이비드슨(Davidson), 〈명상과 의식의 신경과학: 입문(Meditation and the neuroscience of consciousness: an introduction)〉, P. 젤리조(Zelizo), M. 모스코비치(Moscovitch), E. 톰슨(Thompson)이 함께 엮은 《의식에 관한 케임브리지 안내서(Cambridge Handbook of Consciousness)》, New York: Cambridge University Press, 2007. 또한 리처드 J. 데이비드슨(Richard J. Davidson), 앙투안 루츠(Antoine Lutz), 〈부처의 뇌: 신경가소성과 명상(Buddha's brain: neuroplasticity and meditation)〉, *IEEE Signal Processing Magazine* 176 (2007), 176, 172-74p와 앙투안 루츠, 헬린 A. 슬레그터(Heleen A. Slagter), 존 D. 듄(John D. Dune), 리처드 J. 데이비드슨(Richard J. Davidson), 〈인지와 감정의 상호작용: 명상의 주의력 조절과 모니터링(Cognitive-emotional interactions: attention regulation and monitoring in meditation), *Trends in Cognitive Sciences* 12,4(2008), 163-69p도 참조 바람.

102) 댄 시걸(Dan Siegel), 《의식이 집중된 뇌(The Mindful Brain)》, New York: W. W. Norton and Company, 2007.

103) H. I. 리프(Lief), R. C. 폭스(Fox), 〈의과 대학생의 분리된 '염려' 훈련(Training for detached 'concern' in medical students)〉, H. I. 리프, V. F. 리프(Lief), N. R. 리프(Lief)가 공동으로 엮은 《의료 행위의 심리학적 기초(The Psychological Basis of Medical Practice)》, New York: Harper and Row, 1963 중에서.

- Dan Ariely, *Predictably Irrational: The Hidden Forces That Shape Our Decisions*, New York: HarperCollins, 2008.
- Mahzarin Banaji and Anthony Greenwald, *Ordinary Prejudice*, New York: Bantam Dell, 2009.
- Tal Ben-Shahar, *Happier: Learn the Secrets to Daily Joy and Lasting Fulfillment*, New York: McGraw-Hill, 2007.
- Harold J. Bursztajn, Richard I. Feinbloom, Robert M. Hamm, and Archie Brodsky, *Medical Choices, Medical Chances: How Patients, Families, and Physicians Can Cope With Uncertainty*, New York: Routledge, 1991.
- Mihaly Csiszentmihalyi, *Flow: The Psychology of Optimal Experience*, New York: Harper Perennial, 1991.
- Atul Gawande, *Complications: A Surgeon's Notes on an Imperfect Science*, New York: Picador, 2003.
- Daniel Gilbert, *Stumbling on Happiness*, New York: Vintage Books, 2007.
- Ellen J. Langer, *On Becoming an Artist: Reinventing Yourself Through Mindful Creativity*, New York: Ballantine, 2006.
- _____, *Mindfulness*, Boston: Da Capo Press, 1990.
- _____, *The Power of Mindful Learning*, Boston: Da Capo Press, 1998.
- Steve Pinker, *The Stuff of Thought: Language as a Window into Human Nature*, New York: Viking, 2007.
- Martin Seligman, *Authentic Happiness: Using the New Positive Psychology to Realize Your Potential for Lasting Fulfillment*, New York: Free Press, 2004.
- Daniel J. Siegal, *The Mindful Brain: Reflection and Attunement in the Cultivation of Well-Being*, New York: W. W. Norton & Company, 2007.
- Daniel M. Wegner, *The Illusion of Conscious Will*, Cambridge, MA: MIT Press, 2002.

노화에 대한 통념을 통쾌하게 뒤집는 내용으로 눈길을 끄는 이 책, 《늙는다는 착각》의 원제는 'Counterclockwise'다. 시계를 거꾸로 돌리는, 시계 반대 방향이라는 뜻으로 흔히 쓰이는 이 말은 1979년 하버드 대학교 심리학과 교수이자 저명한 사회 심리학자인 엘렌 랭어 박사의 '시계 거꾸로 돌리기 연구'로 세상을 깜짝 놀라게 하면서 더욱 심오한 뜻을 갖게 되었다.

자식들한테 얹혀 살거나 요양원에서 무기력하게 살던 70대 후반, 80대 초반의 노인들을 한적한 수도원에 모아 놓고 딱 일주일 동안 실험을 진행했다. 타임머신을 타고 20년 전으로 되돌아간 것처럼 젊게, 독립적으로 살아보도록 하는 이 연구의 결과는 아주 뜻밖이었다. 환자나 다름 없었던 노인들이 일주일 만에 눈에 띄게 활력을 되찾았을 뿐만 아니라, 청력, 기억력, 체중, 악력 같은 수치나 관절염 증상 같은 것들이 확실히 나아졌기 때문이다.

이 실험으로 육체를 지배하는 마음의 힘이 굉장히 엄청나다는 사실에 주목했던 랭어 박사는 이후 30여 년간 꾸준히 연구를 거듭해 왔다. 몸과 마음은 둘로 나눌 수 없는 하나이기 때문에 질병이나 인체의 노화에 대한 고정 관념을 깨뜨리면 더 행복하고 건강해질 수 있다는 것이 바로 랭어 박사의 심리학이 전하는 핵심이다. 그래서 랭어 박사의 심리학을 한마디로 정의한다면 가능성의 심리학이라고 하겠다.

100세 시대가 도래하면서 '유병장수'는 피할 수 없는 숙명처럼 느껴진다. 그 때문인지 건강과 노화에 대한 관심은 하늘을 찌를 듯 하고, 집 근처 공원과 산책로의 운동 기구마다 사람들이 가득하다. 건강 검진에서 혈관 나이라든지 근육량, 체지방량의 비율로 신체 나이가 실제 나이보다 조금만 더 적게 나와도 흐뭇하고, 그렇지 못하면 크게 낙담한다. '젊어 보인다'는 말은 언제 어디서나 통하는 칭찬이다. '안티에이징', '동안 열망'은 막대한 규모의 산업을 뒷받침하는 연료가 되고 있다. 성형 수술로 더 아름답고 젊은 모습을 간직하려는 욕망을 드러내는 것도 흔한 일이다. 불로초를 찾아 헤매던 진시황의 염원은 전 인류의 DNA에 깊이 새겨져 있는 것만 같다.

흥미롭게도 지은이가 품은 인간 심리에 대한 의문과 연구는 매우 현실적이다. 성형 수술로 젊은 외모를 되찾은 사람은 더 천천히 늙을까? 나이 차가 많이 나는 연상의 배우자를 둔 사람과 현저히 어린 배우자를 둔 사람 가운데 누가 더 오래 살까? 조기 탈모로 대머리가 된 사람들은 대머리가 아닌 사람들에 비해 다른 노화 현상이나 질병의 위험이 더 클까? 아이를 늦게 낳은 여성들과 아이를 일찍 낳아 키운 여성들 사이에서 평균 수명은 어느 쪽이 더 길까? 아이를 낳고 기른다는 것이 워낙 힘든 일이기 때문에 아무래도 중년에 아이를 낳아서 키우는 쪽이 수명이 더 짧을 것이라고 예상하기 쉽지만, 연구 결과는 그렇지가 않다. 아이들 때문에 상대적으로 어리고 젊은 신호에 더 많이 둘러싸여 지내기 때문이다. 배우자와의 나이 차가 아주 많이 나는 경우도 마찬가지다. 어떠한 요인과 자극에 더 많이 노출되었는가, 또 얼마나 의식을 집중하는가에 따라서 인간의 삶은 확실히 달라질 수 있다고 지은이는 강조한다.

'의식의 집중(mindfulness)'이라는 말은 이 책에서 대단히 중요하게 언급되는 개념이다. 마음의 힘이 얼마나 대단한지는 '플라시보 효과'라는 말에서도 짐작 가능하다. 아무 효과가 없는 가짜 약을 먹고도 사람들의 30퍼센트 정도는 증상이 나아진다. 똑같은 약을 먹거나 치료를 받더라도 의사를 굳게 믿고 긍정적으로 대하는 환자와 잘 못 믿는 환자 사이에 치료 효과는 2배나 차이가 난다고 한다.

이 책에서는 언어에도 이런 플라시보 효과가 있다는 점을 지적한다. 시계 거꾸로 돌리기 실험에서도 타임머신을 타고 과거로 돌아간 듯한 착각을 일으킨 가장 중요한 핵심은, 옛날 일들을 다시 현재 시제로 바꾸어서 지금 막 일어난 사건처럼 이야기를 나누는 것이었다. 올림픽에서 펜싱 선수가 경기를 앞두고 "할 수 있다, 할 수 있다"고 홀로 되뇌며 자신을 북돋은 뒤 실제로 승리를 거두던 모습은 많은 사람에게 감동을 주었다. 기량이 엇비슷한 최고 선수들 사이에서 성공을 거둘 수 있었던 것은 정말로 '말의 힘'이 아니었을까? 기분이

나쁜 상태로 식사를 했을 때 곧잘 체하는 것만 보아도 우리는 몸과 마음의 밀접한 관계를 여실히 체감한다. 다만 그걸 평소에 인지하지 못할 뿐이다.

랭어 박사는 젊은이의 변화는 '발달'이라고 하면서 왜 더 나이가 들어서 겪는 변화는 꼭 '노화'라고 묘사하는지, 왜 굳이 노화의 부정적인 측면만 강조하는지 지적하면서 그런 편견이 부당하다고 말한다. 나이와 관련된 변화가 꼭 쇠퇴를 뜻하지는 않는다고 말이다. 늙으면 당연히 기억력이 감퇴되고, 행동이 굼떠진다고 짜증을 낸다. 하지만 기억할 필요가 없는 무의미한 정보를 망각하는 건 일종의 선택이고, 또 굼뜬 행동은 환경에 대한 신체의 적응이라고 보아야 마땅하다. 불과 일주일간 수도원에 들어갔던 노인들의 회춘만 보더라도, 마음먹기에 따라 변화는 어느 쪽으로든 가능하기 때문이다.

그 밖에도 마음가짐에 따라 신체 기능과 건강의 지표가 아예 달라지는 다양한 연구 결과를 제시하며, 지은이는 별도로 시간을 내서 하지 않으면 운동이 아니다, 건강하지 않으면 병든 것이다, 이렇게 섣불리 결론을 내리는 태도를 바꿔야 한다고 말한다. 불가능, 숙명, 필연, 포기, 이런 종류의 말들은 지은이가 금기시하는 말들이다. 틀에 박힌 생각으로 모든 가능성을 처음부터 외면하는 인간의 무심함이야말로 반드시 경계해야 할 고질병이다.

우리는 누구나 죽음을 앞두고 있으며 언젠가는 다 노인이 된다. 공부에 힘쓰는 학생들 사이에서도 자기 주도 학습이 중요하다고 하듯이, 우리 삶을 바꾸고 행복을 누릴 힘이 우리 마음에 달렸다는 건, '그걸 누가 모르나?'라며 투덜댈 정도로 이미 다 알고 있는 흔한 진리일지 모른다. 그러나 일단은 설마 하는 의구심과 불가능할 것이라는 체념을 밀어 둘 용기와 믿음이 필요하겠다.

지인들과 100세 시대는 축복이 아니라 저주라는 서글픈 이야기를 나눈 적이 있다. 노화는 곧 질병이라는 생각 탓에, 준비되지 않은 노년과 벌써 여기저기 망가져 가는 몸에 대한 두려움이 앞선다. 하지만 정말로 시간에 따라 계속 늙어만 간다는 것이 고정 관념과 착각이라면, 우리도 한번 과감하게 덤벼들어 삶을 바꿔 봄 직하지 않을까. 개인적으로 이 책의 조언과 실천은 또 한번의 인생 실험이다. 참으로 감사한 기회다.

변용란

하버드 심리학 거장이 전하는 건강하고 지혜롭게 사는 법

늙는다는 착각

1판 1쇄 2022년 2월 4일
1판 13쇄 2023년 9월 11일

지은이 엘렌 랭어
옮긴이 변용란
펴낸이 유경민 노종한
기획편집 유노북스 이현정 조혜진 권혜지 정현석 **유노라이프** 권순범 구혜진 **유노책주** 김세민 이지윤
기획마케팅 1팀 우현권 이상운 **2팀** 정세림 유현재 김승혜 이선영
디자인 남다희 홍진기 허정수
기획관리 차은영
펴낸곳 유노콘텐츠그룹 주식회사
법인등록번호 110111-8138128
주소 서울시 마포구 월드컵로20길 5, 4층
전화 02-323-7763 **팩스** 02-323-7764 **이메일** info@uknowbooks.com

ISBN 979-11-90826-97-6 (03180)